교육다운
교육

어떤 교육이 교육다운 교육인가?

어떤 교육이
교육다운 교육인가?

교육다운

조용환 지음

교육

정답은 없다.
그렇지만 묻고 또 물어야 한다.
답하고 또 답해야 한다.

바른북스

들어가며

교육이 교육다워야 한다. 교육이 교육답지 못하면 교육의 이름들이 난무할 뿐 정작 참된 교육, 알찬 교육이 이루어질 수 없다. 그렇다면 어떤 교육이 교육다운 교육인가? 정답은 없다. 그렇지만 묻고 또 물어야 한다. 답하고 또 답해야 한다. 고매한 '전문가'들의 말에 귀를 기울일 필요는 있겠지만, 결국에는 내가 물어야 하고 내가 답을 찾아야 한다. 나만의 외딴 문답이 아니라 우리가 함께하는 문답이어야 한다. 교육은 우리 삶에 꼭 필요한 귀한 것이다. 그래서 비록 막연하고 고단할지라도 매번 '교육인가' 문답하고, '교육다운가' 대화해야 한다. 이 책에서 나는 나의 문답을 개진할 것이다. 그리고 우리의 진지한 대화를 청할 것이다.

1. 잘못된 만남

아이들이 '학교'라고 부르는 곳에 처음 발을 들이기 전까지 그들 대부분은 언니 오빠, 형 누나가 다니는 '학교'에 어서 가고 싶어 한다. 그러나 정작 학교에 다니면서부터는 학생 노릇에 싫증을 내고 학교에 안 가도 되는 날을 좋아하는 아이들이 늘어나며, 급기야 학교에 가지 않겠다고 떼를 쓰는 아이들도 나타나기 시작한다. 그러다가 그들이 커서 점점 '철이 들면' 학교에 가지 않겠다는 소리를 쉽게 할 수 없게 된다. 그것은 상급학교로 갈수록 학교가 '가고 싶은 곳'으로 바뀌어서가 아니라, 우리 사회에서 학교가 갖는 위력을 체험하게 되고 부모와 사회의 현실적 기대에 부응하는 데 점점 익숙해지기 때문이다.

아무튼 내 주위에 학교 가기 싫다는 아이들이 너무나 많다. 내 자녀들도 그랬다. 나도 자주 그랬던 것 같다. 공부가 지긋지긋하다는 아이들도 많다. 내 자녀들도 대체로 그랬다. 나도 그랬던 것 같다. 학원 공부까지 해야 하니 미치겠다는 아이들이 많다. 그러다가 정말 '미치는' 아이들도 있다.[1] 다행히 내 자녀는 아무도 '미치지' 않았다. 정말 다행히 나는 학원이란 데를 가보지 않았다. 그래서 불행히도 학원을 잘 모른다. 밀어닥치는 크고 작은 시험 때문에 죽겠다는 아이들이 많다. 심지어 입학시험에 좌절하여 정말 죽는 아이들도 적지 않다. 내 자녀들에게도 시험은 불안이었고 공포였다. 지금도 그렇다. 국민학교에서 대학원 박사 과정까지 긴 세월 나 역시 시험에 시달렸다.[2] 그 많은 시험들을 어떻게 치러냈는지 모르겠다. 기억하고 싶지 않다. 정말 다행히 지금 나는 시험을 치지 않아도 된다.

그런데 그 싫은 학교를 왜 다녀야 하고, 싫다는 학교를 왜 그리도

---

1) 많은 대안학교에서는 학원 수강을 허락하지 않는다. 혁신학교의 하나인 이우학교는 '사교육 금지'를 원칙화하고 있다. 학교에다 학원에다 '공부 압력'을 견디다 못해 급기야 각종 상담과 심리치료를 받아야 하는 아이들이 우리 주변에 의외로 많이 있다. 하지만 그런 여유와 혜택을 누릴 수 있는 아이들은 지극히 소수에 불과하다. 그런데 차라리 학원이 학교보다 더 편하고 좋다는 아이들도 있다. 학원 강사들이 학교 교사보다 더 낫고, 학원에서 공부하는 재미를 붙였다는 아이들도 있다. 학교교육의 입장에서 볼 때 이 '변고'는 왜 생기는 것인가?

2) 나는 초등학교가 아닌 국민학교를 다녔다. 중학교 입시와 고등학교 입시를 치렀고, 대학교 입시와 대학원 석사 박사 입시를 치렀다. 그 학교들 안팎에서 얼마나 많은 시험을 치렀는지는 이루 다 헤아릴 수 없고 정말 기억조차 하기 싫다. 내가 좋아서 치렀던 시험은 단 하나도 없었다.

보내야 하는가? 그 지긋지긋한 공부는 왜 해야 하고, 지긋지긋하다는 공부는 왜 그리도 시켜야 하는가? 나는 싫었지만 너는 다녀야 하고, 나는 지긋지긋했지만 너는 해야 한다? 내가 살아보니 그렇더라? 더더욱 그 미칠 노릇인 학원 공부까지 왜 해야 하고 시켜야 하는가? 공부를 위해서 시험은 꼭 쳐야 하는가? 조금이라도 더 뛰어난 학생을 선별하기 위해서 모든 아이들을 힘들게 하고 병들게 하고 심지어 죽음으로까지 내모는 입학용 시험을 꼭 쳐야 하는가? 상급학교 진학에 적합한 학생을 선발하는 다른 더 나은 방도는 없는가?

만나고 싶지 않아도 만나야 하는 **어떤 선생**들 **때문에 학교가 싫다**는 아이들이 있다. 그런 선생들도 있다. 만나고 싶지 않아도 만나야 하는 **어떤 학생**들 **때문에 학교가 싫다**는 선생들이 있다. 그런 아이들도 있다. 왜 이런 만남이 생기는가? 혹시 좋은 만남이 많아지면 학교가 좋아질까? 아니면, 세상에 워낙 '잘못된 만남'이 넘치는지라 학교 또한 어찌할 수 없고, 그러니 어떻게든 참고 이겨내야 하는 것인가? 재미없는 수업들 때문에 학교가 싫다는 아이들이 있다. 재미없어하는 학생들 때문에 수업이 두렵다는 선생들이 있다. 수업을 둘러싼 재미와 두려움은 왜 어떻게 생기는 것일까? 혹시 좋은 수업이 많아지면 학교가 좋아질까? 아니면, 학교는 본래 재미없는 곳이고, 수업도 워낙 그런 것인가? 시험 또한 싫더라도 겪어내야 하는 일종의 '필요악'이나 '통과의례'van Gennep, 1960 같은 것인가?

그리고 이 묘한 학교, 공부, 시험들을 다 모은 것이 교육인가? 학교교육만 그렇고 가정교육이나 사회교육은 그렇지 않은가? 가정이나 사회는 괜찮은데 학교 때문에 다 괴로운 것인가? 우리 가정과 사회는 학교, 공부, 시험에서 자유로운가? 더 근본적인 물음들이 생긴다. 도대체 학교가 무엇인가? 학교가 곧 교육인가? 도대체 교육은 무엇인가? 학교가 그렇듯이 교육도 싫고 재미없고 두려운 것인가?

교육은 흔히 미화된다. "교육"을 받아야 사람이 된다고, 좋은 사람이 된다고 한다.[3] 밀어닥치는 국난을 극복하고 '한강의 기적'을 이룬 것이 다 우리 사회의 "교육열" 덕택이라고 한다. 교육을 사회 문제의 만병통치약으로 여기는 사람도 있다. 반면에 교육은 맹렬한 질타의 표적이 되기도 한다. "가정교육"이 안 되어서 아이를 망쳤다고 한다. 자녀들 "교육" 때문에 등골이 휘도록 죽을 맛이라고 한다. "교육"이 우리 사회의 온갖 문제를 낳고 있다고도 한다. 어느 말이 맞는가? 앞의 교육과 뒤의 교육, 미화되는 교육과 질타받는 교육은 같은 것인가?

나라 밖에서도 우리나라 교육에 대한 이중적인 평가가 있다. 오바마 대통령을 비롯한 외국의 많은 지도자들이 '한국 교육을 배우자'고 했다. 수학 올림피아드와 과학 올림피아드에서 한국 학생들이 최고상을 휩쓸어 부러움의 대상이 되고 있다. 반면에, 〈Believe it or not믿거나 말거나〉 같은 외국의 TV 프로그램은 한국의 학교와 교육을 도무지 이해할 수 없는 무엇으로 비하하기도 했다. 노벨상 수상자가 발표될 때마다 우리나라는 언제 수상자를 가져보나 안타까워한다.

---

3) 여기서 따옴표를 붙여 "교육"이라고 표기한 것을 주목할 필요가 있다. 이 책에서 나는 아무런 부호가 붙지 않은 교육과 부호가 붙은 '교육', "교육", [교육] 네 가지를 구분할 것이다. 내가 의도적으로 따옴표를 붙이는 "교육"은 이 사람 저 사람이 여기저기 상황에 따라서 제각기 나름대로 일컫는 교육을 인용하는 것이다. 그와 달리 한국의 언어와 문화에 통념적이고 사전적인 용례의 경우에는 따옴표 없이 그냥 교육이라고 쓴다. 이 책 내내 특별한 부각 또는 강조 없이, 별 의식 없이 언급을 할 때에는 그냥 교육이라 쓸 것이다. 반면에 앞에서 언급한 것, 강조하기 위한 것, 학술적 전문용어인 것을 다룰 때는 홑따옴표를 붙여서 '교육'이라고 표기한다. 그리고 현상학적으로 판단중지(bracketing)를 한 '존재 자체로서'의 교육은 [교육]이라고 표기한다.

평화상 말고 말이다. 이웃나라 일본은 과학·의학 분야의 수상자가 줄을 잇고 있건만…. 그것이 우리나라의 잘못된 교육 탓이라고 지적하는 국내외 교육 전문가도 적지 않다. 물론 매사가 다 그러니 그런 이중적인 평가에 연연할 필요는 없다. 좋은 점은 키우고 나쁜 점은 바로잡으면 되기 때문이다. 하지만, 엇갈리는 평가 속에서 정말 우리 교육의 좋은 점은 무엇이고 나쁜 점은 무엇인가? 그 좋고 나쁨은 어떤 기준으로 판단해야 하는가?

2. 코로나 바이러스

이 글을 쓰고 있는 2020년, 아이들은 마음 놓고 학교에 갈 수 없다. 그 싫은 학교에 가지 않아도 되어 좋다는 아이들이 적지 않다. 그러나 못 간다고 하니 가고 싶다는 아이들도 있다. 습관적으로 가던 학교인지라 생활의 리듬을 잃고 혼란에 빠진 아이들이 대부분이다. 숙제가 아닌 수업 공부를 집에서 한다는 게 너무 낯설다. 학교에 가지 않는 자녀들과 어떻게 하루하루 지내야 할지 모르는 부모들의 곤란도 심각하다. 홈스쿨링을 시작한 부모들이 학교에 맡겼던 '교육의 짐'을 오롯이 도맡아야 하는 형편이_{서덕희, 2008} 이제 학부모 모두의 것이 되었다. 당연하던 등교와 대면 수업이 불가능해지면서 수업과 평가를 비롯한 학교교육의 새로운 방식을 찾아야 하는 부담이 학교와 교사들에게도 갑작스레 주어졌다. 이제 학교를 둔 채 학교 밖에서 학교교육을 기해야 한다. 학교 밖에서 이루어지는 학교교육이다.

학교와 집만이 아니라 나라 안팎 온 세상이 어수선하다. 코로나 전염병의 위력이 대단하다. 평범한 일상을 구성해 온 일과 여가, 모임과 외식, 쇼핑과 여행 전반에 문제가 생겼다. 그렇다고 해서, 문제 사태 와중에서도 정치권의 여야 '당쟁'이 잠잠해진 것은 아니다. 변함없이 지겹게도 찢어져 싸우고 있다.[4] 고질적인 부동산 문제, 남북 문제, 한일문제도 고스란히 미해결이다. 오랜 문제, 새 문제…. 사회는 문제투성이다. 그 가운데 전염병 문제가 있고, 그로 인한 학교교육 문제가 있다. 이 모두 우리 '사회'의 문제이다.

사회社會…. '무리를 지어 모임'을 뜻한다. 무리의 규모가 작고 서로 떨어져 살았던 원시사회에서 전염병은 한 무리의 문제였다. 그랬다가 무리가 점점 더 커지고 모임이 점점 더 잦아지는 방향으로 우리 인류가 '진화'?했다. 서로 엉키고 설킨, 말 그대로 복잡다단複雜多端한 오늘의 현대사회가 되었다. 문자 그대로 '글로벌global 사회'가 되었으니, 이제 전염병은 지극히 당연하게 온 지구의 문제가 아니 될 수 없다. 실상 학교교육의 문제도 이미 글로벌 '네트워크network'의 문제다. 문제가 글로벌 네트워크에서 생겼으니 해법도 글로벌 네트워크에서 찾아야 한다. 나는 이 엄연한 사실을 주목한다.

흔히 하는 말로 '요즘 아이들'은 유튜브에 빠져서 산다. 장난스럽게 말해서 '나만의 튜브'에 갇혀 살지 않고 '너희You의 튜브'와 더불어 산다. 그리고 글로벌을 전제한 온갖 유형무형의 'SNSSocial Network Service'에 빠져서 산다. 그런 인터넷inter-net 시대의 아이들을 한 나라

---

4) 많은 사람들이 우리 사회에서 정치가 가장 후진적이라고 한다. 내가 보기에 교육도 그에 못지않게 후진적이다. 왜 그렇게 보는지 이 책에서 차근차근 말할 것이다.

의 집net이나 한 학교의 둥지net에 가두고 한 나라의 제도교육intra-net에 가둘 수는 없다. 이는 비단 '있는 집 자제들'이 유학을 오고 가던 문제가 아니다. 조기유학, 어학연수, 배낭여행, 원어민교육 등의 문제만도 아니다. 그리고 아이들만의 문제가 물론 아니다. 온 지구에 이미 '벽'은 없다. WWWWorld Wide Web 이후 우리 인류는 경계 없이 무리를 짓고 경계 없이 모임을 가지는 사회를 선택했다. 아니, 선택을 당했는지 모른다.

세상의 사람, 사물, 사태를 스스로 분별하겠다며 〈창세기創世記 Genesis〉의 실낙원失樂園을 자초한 이래로 '문제'는 인간의 숙명이 되었다. 그래서 우리 인류는 문제의 고통을 절망이 아닌 희망으로 바꾸는 일에 간단없이 매진해 왔다. 2020년 오늘도 혼란과 고난에 빠진 지구의 'COVID-19' 문제, 그에 맞서 온 인류가 해법을 찾아 죽어라 애를 쓰고 있다. 위기가 곧 기회일 수 있다며 서로를 다독이고 있다. 새로운 삶, 그 원리로서 '뉴노멀new normal'로 나아가자고 독려하고 있다. 그런데 이전의 삶과 노멀로는 왜 지금의 문제를 해결할 수 없다는 것일까? 해결책이라는 뉴노멀은 정녕 무엇인가?

교수이자 교육학자로서 나는 이 복잡다단한 사회의 문제 가운데 유독 교육의 문제에 상심한다. 등교 불가, 비대면 수업, 입시 혼란, 시험 부정, 등록금 반환, 계층 격차 등으로 나타나고 있는 '코로나 시대' 우리 사회의 학교교육 문제에 상심한다. 그래서 해법이라고 외쳐대는 새로운 '교육 삶'과 '교육 노멀'에 깊은 관심을 가진다. 알다시피 '노멀'은 정상성, 일상성, 표준성을 의미한다. 서로 얽혀 있는 그 의미들을 한 낱말에 묶어 표현하느라 영어까지 빌려온 모양이다. 아무튼 인구에 회자하는 '뉴노멀 시대'를 또 하나의 숙명으로 받아들여야 한다면 우리 교육은 무엇에서 무엇으로 전환되어야 하는 것일까?

3. 공부가 좋다니

서울대학교의 내 학생들 중에는 학교가 좋았다는 자들이 있다. 공부가 재미있다는 자, 시험을 스릴 있는 승부라 여긴다는 자들이 있다. 그래서 학교와 공부를 싫어하고 시험에 진저리를 치는 친구들을 나약해서 그렇다고 점잖게 충고한다. 보기에 따라서 정이 안 가는 무서운 자들이다.

그런데 재수 없게? 지금의 나도 공부가 좋다. '공부하는 삶'Serti-llange, 1920이 좋다. 하지만 내가 일하는 학교가 항상 좋지는 않다. 시험은 여전히 몸서리치게 싫다. 그러나 공부는 너무 좋다. 물론 나도 학문과 연구에 '실적의 압박감'을 가지고 산다. 매년 평가를 받아야 하고 그 결과에 따라서 차등 지급되는 '성과급' 제도를 비난하며 살고 있다. 그럼에도 공부 그 자체는 너무 좋다. 미쳤다고 말할지 모르겠지만, 지금 나는 누구의 압박이나 어떤 변고로 인해 내가 공부를 못하게 될까 봐 두렵다. 학창시절 내내 그렇게 지긋지긋했던 공부가 지금은 왜 이리도 좋을까?

감히 내가 비견할 상대가 아니지만, 공자도 공부를 좋아했던 사람이다. 그래서 제자들이 펴낸 〈논어〉가 '학이시습學而時習', 즉 '늘상 배우고 익힘'의 즐거움으로 시작된다. 〈논어〉 憲問 편에 '위기지학爲

己之學’과 ‘위인지학爲人之學’ 이야기가 나온다.[5] 공자는 당대 사람들의 위인지학을 탓하면서 선현의 위기지학을 상찬한다. 위인지학은 말 그대로 ‘세상을 위한 공부’이다. 내 공부가 공명정대한 사회, 풍요롭고 편리한 세상, 국가와 민족의 발전에 보탬이 된다면 얼마나 좋겠는가. 내 공부가 내 학문 분야에서 미처 해결하지 못한 문제와 과제를 해결하는 데 보탬이 되면 얼마나 좋겠는가. 그런데 공자는 왜 그 공부를 폄하하는 것일까? 위기지학, 즉 ‘나를 위한 공부’를 왜 더 상찬했던 것일까? 우리는 학위를 따고 졸업을 하고 좋은 데 취직하기 위해서 하는 공부를 이기적이라고 은근히 비난하지 않는가? 연구실적을 높여서 승진을 하고 명성을 추구하는 공부, 연봉을 더 받고 성과급을 더 받기 위해서 하는 공부를 도구적이라고 비난하지 않는가? 공자의 위기지학은 그런 공부일까? 결단코 아니다. 공자가 말하는 위기지학은 세상 삼라만상, 사람과 사물과 사태 그 자체에 대한 깊은 이해, 그 이치에 대한 명석한 설명을 추구하는 공부이다. 나의 선입견, 편견, 고정관념을 깨고 ‘일신우일신日新又日新, 하루하루 더 새로워짐’과 ‘백척간두진일보百尺竿頭進一步, 수준이 높아질수록 한 걸음 더 어렵사리 나아감’를 추구하는 공부이다. 그야말로 ‘쓸모’가 아닌 ‘다움’을 지향하는, 공부의 본질에 충실한 공부이다. 본질에 충실한 공부의 결과로 ‘홍익인간弘益人間’이 되고 ‘이화세계理化世界’를 이루면 좋겠지만, 그것을 내 공부의 목표로 삼아서는 안 된다는 것이 공자의 지론이다. 이는 베르그송Bergson, 1975이 추구했던 ‘목적 없는 즐거움’과 상통한다. 자,

---

5) 김동인(2001)은 위기지학과 위인지학, 둘의 차이를 차근차근 잘 해석하고 있다. 그 둘에 대한 오해의 여지를 해소하고 더 나은 이해로 나아가게 도와준다.

그렇다면 지금 우리가 하고 있는 공부는 어떤 공부인가?

신영복2015은 "공부는 한자로 '工夫'라고 씁니다. '工'은 천天과 지地를 연결하는 뜻이라고 합니다. 그리고 '夫'는 천과 지를 연결하는 주체가 사람人이라는 뜻입니다. 공부란 천지를 사람이 연결하는 것입니다."18라고 하였다. 그렇다. 공부는 하늘과 땅 사이 삼라만상의 이치를 궁구하는 일이다. 그러므로 내 공부가 어디에 쓰일지는 공부 자체가 아닌 그 연후의 문제이다.

공부에는 '쌓기 공부'와 '허물기 공부'가 있다. 쌓기 공부는 지식, 기술, 가치를 차곡차곡 쌓아가는 공부다. 그래서 모르던 것을 알게 되고 할 수 없던 것을 할 수 있게 된다. 대개의 학교 수업이 그렇지만, 특히 시험 준비를 할 때 쌓기 공부가 도드라진다. 대학원 석사·박사 과정의 수료 이전 코스course도 쌓기 공부가 주축이다. 반면에 허물기 공부는 그간 쌓아온 지식, 기술, 가치를 해체하여 더 나은 독창적인 지식, 기술, 가치를 찾고 또 찾는 일, 즉 'research'의 공부이다. 그래서 질문이 자꾸 생겨 더 모르게 되고 지금까지 해온 방식들에 회의를 갖게 된다. 대개의 비판적 성찰과 숙고가 그렇지만, 특히 연구를 할 때 허물기 공부가 도드라진다. 대학원 석사·박사 과정의 수료 이후 논문작업discourse은 허물기 공부가 주축이어야 한다.

니체Nietzsche, 1885가 말했듯이 공부는 모름지기 '놀이처럼'조용환, 2004b; Jo, 1989 해야 한다. 놀이는 부단히 '허물고 다시 짓는' 살아 움직이는 활동이다. 놀이의 으뜸 요소는 재미다. 재미없이 일하고 공부할 수는 있어도 재미없이 놀지는 못한다. 재미는 우리를 웃게 만들고 건강하게 만든다. 놀이는 재미를 위해서 현실을 모사하거나 극화, 반전, 비약함으로써 현실을 다각도로 볼 수 있게 하고 현실의 한계와 고통을 극복할 수 있게 한다. 놀이를 통해서 우리는 세상 사물이 고정된 의미나 용도를 가지고 있지 않으며, 사회적 관계 또한 얼마든지 달리 구성하고 해체할 수 있음을 체득한다. 자, 그렇다면 학교를 비롯한 교육 현장에서 우리는 공부를 놀이하듯이 재미있게 하고 있는가?

이 문답을 하는 과정에서 나는 도대체 '교육이 무엇인가'라는 가장 근원적이고 본질적인 질문에 새삼스레 봉착한다. 이 질문에 제대로 답을 해야만 교육 현장이 '교육 현장'답게 정립될 수 있기 때문이다. 학생들이 공부를 재미있게 할 수 있고 즐겁게 학교를 다닐 수 있기 때문이다. 이 질문에 제대로 답을 해야만 'COVID-19' 사태의 학교교육을 올바르게 진단하고 처방할 수 있기 때문이다.

4. 교육과 비교육

나는 오래전부터 우리 교육이 '교육답지 않다'는 문제의식 혹은 비판의식을 줄곧 가져왔다.[6] 우리 사회 구성원들이 교육의 이름으로 교육 아닌 엉뚱한 일에 몰두하고 있다는 상심을 가져왔다. "교육열이 높은 사회"라 무심코 말을 하면서도 정작 그 열기 또는 열망이

---

6) 여기서 말하는 '다움'은 확고부동한 정답, 표준, 정형을 말하는 것이 아니다. 이를테면 일상에서 "학생다움"을 말함으로써 학생들의 언행을 옥죄는 올가미 같은 것이 아니라는 말이다. 우리가 일상에서 말하고 행하는 "교육"들이 진정한 의미의 교육인가 아닌가, 교육을 교육답게 만드는 본질이 과연 무엇인가를 치열하게 고심하고 고투하는 과정을 담은 표현으로 읽기 바란다.

진정 교육의 것인지에 너무나 무심함에 경악해 왔다. 우리 사회의 "교육열"이 알고 보면 대부분 학교열, 학력열, 학벌열에 불과한 것이기 때문이다. 학교에서의 성공과 실패에 따르는 사회에서의 성공과 실패에 대한 염려와 불안이기 때문이다. 기실 교육을 도구로 삼은, 아니 학교를 도구로 삼은 사회경제적 지위 다툼이요 대물림이기 때문이다. 이러한 개인 차원의 입신양명이 국가 차원에서도 고스란히 인력양성, 경제발전, 사회통합 등의 기능주의적 담론으로 고착되어 왔기 때문이다조용환, 2001a.

이 책에서 나는 교육이 교육다워야 비로소 교육이 즐겁고 떳떳하며 보람 있고 아름다운 일이 될 수 있다는 내 지론을 펼치고자 한다. 그와 반대로 교육이 교육답지 않을 때는 흔히 말하는 '교육문제'들이 여지없이 발생한다는 주장을 검토해 보이고자 한다. 그렇다면 '교육다운 교육'은 과연 어떤 교육인가?

우리 인간의 삶은 너무나 복잡다단하여 관심과 초점에 따라서 어떤 '틀'이나 '형식'으로 해석하고 실천할 수밖에 없다조용환, 2001a; 조용환·윤여각·이혁규, 2006.[7] 삶을 구성하고 구조화하여 해석/실천하는 틀들을 일컬어 슈프랑거Spranger, 1966는 '삶의 형식들Lebensformen, forms of life'이라 하였다. 이를테면 정치, 경제, 사회, 문화, 종교, 예술 등은 삶의 형식을 지칭하는 이름들이다. 교육도 그렇다. 니체는 종교가 학문 행세를 하면 안 되듯이, 학문이 종교 행세를 해서도 안 된다고 하였다Safranski, 2000. 그렇다면 교육 특유의 '행세'는 무엇이어야 할까?

---

7) 〈삼국유사〉(일연, c.1280)의 '고조선' 목에서는 이 삶의 틀을 '인간 세상의 360여 가지 일'이라고 표현하였다.

삶의 한 가지 중요한 틀로서 교육은 우리 삶의 모든 시간과 공간과 관계 속에 내재해 있다. 교육은 가정과 학교는 물론이요 직장과 사회 구석구석에 자리를 잡고 있다. 실제로 우리는 모든 시간과 공간과 관계 속에서 "교육"을 말하고 걱정한다. 상찬하거나 성토한다. "교육" 때문에 들뜨거나 속을 끓인다. "교육"을 잘 해보겠노라 투자를 하고 전략을 찾으며 아등바등한다. 그런데 이런 따옴표가 붙은 우리 한국인의 생활세계 속 "교육"들이 정말로 다 '교육다운 교육'인가? 아니면 이름은 "교육"이지만 깊이 살피고 따져보면 흔한 말로 '무늬만 교육'이지는 않은가?

먼저 '교육'과 '**무無교육**'의 대비를 살펴보자. 여기서 '유'와 '무'는 교육이 있거나 없음을 말한다. 생활세계에서 우리는 '무엇이 교육인가'에 크게 개의치 않은 채 "교육"이 있다고 말하거나 논한다. "교육"을 하고 있다 여기거나 전제하는 사람을 흔히 볼 수 있다. 반대로 "교육"이 없다고, "교육"을 하고 있지 않다고 말하거나 여기거나 전제하는 경우도 흔히 볼 수 있다. 이런 사람, 사태, 경우들에서 교육은 과연 무엇인가?

교육이 있다 없다, 교육을 하고 있다 하지 않고 있다 할 때 그 속을 유심히 들여다보면 알게 모르게 '교육인 것'과 '교육 아닌 것'이 분별되고 있다. '교육'과 '**비非교육**'의 변증법적 대비인 셈이다. 그렇다면 사람들은 '교육'과 '비교육'의 대비를 어떤 경우에 어떻게 하는가? 우리는 교육적인 행동과 비교육적인 행동을 나눌 때가 있다. 교육적인 부모와 비교육적인 부모, 교육적인 가정과 비교육적인 가정, 교육적인 학교와 비교육적인 학교를 나누기도 한다. 책, 영화, 드라마, 여행 등에서 교육적인 것과 비교육적인 것을 구별하여 따지기도 한다. 좀 더 교육적인 판단, 관계, 양육, 수업, 평가를 위해서 노력을 기울이기도 한다. 이때 '교육적임 혹은 교육적이지 않음'의 근거 기준으로서 교육은 과연 무엇인가?

그리고 '교육인 것'과 '교육 아닌 것'의 분별을 통해서 우리는 '교육적인 것'과 **교육외(外)적**인 것을 나누어 논하기도 한다. 이를테면 정치적인 것, 경제적인 것, 종교적인 것, 예술적인 것, 학문적인 것 등등이 교육적인 것일 수는 없다. 물론 정치, 경제, 종교, 예술, 학문 등과 교육은 서로 밀접하게 연관되어 있고 서로에게 부단히 영향을 미친다. 하지만 그 어느 것도 '교육 그 자체'는 분명 아니다. 이들은 제각기 서로 다른 '삶의 형식'을 일컫는 이름들이기 때문이다. 그럼에도 불구하고 우리는 왕왕 교육외적인 것을 교육적인 것과 혼동한다. 왜 이런 현상이 발생하는가?

또한 우리 생활세계에는 교육을 부정하거나 교육에 반감을 가지거나 교육을 거부하는 사람, 사태, 언행들이 있을 수 있다. 이를 나는 '**반(反)교육**'이라 명명한다. 반교육은 교육 그 자체 또는 교육에 대한 논의를 회피하거나 도외시하는 양상을 보이기도 한다. 그럼으로써 정작 교육이 방치된다. 반교육 행태에서 '교육이 무엇인가'가 명확히 전제되거나 제시될 때도 있지만, 그것에 무심하거나 무정견한 경우가 대부분이다. 어떤 교육에 대한 부정, 반감, 거부도 있지만 맹목적으로 교육을 싸잡아 부정하거나 반감을 가지거나 거부하는 경우가 더 많다. 그렇다면 이러한 반교육은 어떻게 이해하고 어떻게 대처해야 하는가?

지금까지 나는 도대체 '교육이 무엇인가'에 대해서 직접적이고 적극적인 답변을 유보한 채 여러 가지 물음을 연달아 던져왔다. 교육과 무교육을 분별하고서, 무교육을 다시 비교육과 교육 외의 것으로 나누어 살펴보았다. 그리고는 아예 교육에 등을 지는 반교육 사태도 짚어보았다. 그런데 교육과 대비되는 이 무엇들 모두에서 '교육이 무엇인가'라는 근원적이고 본질적인 질문을 피해갈 수는 없다. 그래서 나는 바로 그 근원적이고 본질적인 문답의 작업을 하고자 한다.

5. 문제, 다시 보기

먼저 우리가 별생각 없이 "교육문제"라고 부르는 문제들이 정말 교육의 문제인지 하나하나 살펴볼 것이다.[8] 교육문제가 사회문제로 변질되거나,[9] 사회문제가 교육문제로 둔갑해 온 현실을 비판할 것이다. 그리고는 "교육문제"들을 진정한 의미의 '교육문제'로 삼기 위해서는 어떤 문제의식이 필요한가를 따져볼 것이다.

무릇 이 세상에 처음부터 존재 자체가 '문제'인 사람, 사물, 사태는 없다. 그 무엇을 문제로 여기거나 문제로 삼을 때 비로소 문제가 되는 것이다. 1990년대 중반 인도 뉴델리를 처음 갔을 때 나는 그 거리들에 넘치는 온갖 탈것들의 소란에 아연실색하였다. 무질서와

---

8) 앞의 각주에서 구분했듯이, 여기서 따옴표를 붙인 "교육문제"는 사람들이 일컫는 교육문제를 말하는 것이다. 이 책의 1장 제목이 〈**사회문제**의 "**교육문제**"화〉인 것, 5장 제목이 〈"**교육문제**"의 교육문제화〉인 것도 같은 맥락에서 읽으면 된다.

9) 이 책에서 내가 말하는 사회문제는 삶의 형식들로 정치, 경제, **사회**, 교육, 종교, 예술 등을 열거할 때 한정하는 사회의 문제가 아니다. 교육과 직접 관련이 없는, 즉 교육외적인 문제와 교육의 문제를 대비하기 위해서 '우리 **사회**에 이런저런 문제가 있다'고 말할 때 그 포괄적인 사회의 문제이다.

소음과 매연 속에서 너무나 태연하게 활동하며 살아가는 인도 사람들을 도저히 이해하기 어려웠다. 교통문제, 소음문제, 매연문제 등등 나에게는 너무나 불편하고 심각했던 문제들이 이 사람들에게는 문제가 아닐까 묻고 되물었던 기억이 있다. 이토록 문제는 '문제의식'의 산물이다.

우리 한국인의 삶에서 "교육문제"라 부르는 문제는 어떤 것들인가? 너무나 불편하고 고통스러워서 당장 시급히 해결해야 한다고 여기는 "교육문제"에는 어떤 것들이 있는가? 아니면 교수이자 교육학자인 나에게 심각한 "교육문제"인 것을 세상 사람들은 그다지 문제시하지 않는 것들은 없는가? 이 책에서 나는 이 질문들을 살펴보고 싶다. 그러기 위해서 도대체 '교육이 무엇인가'를 궁구窮究해야 한다.

오래전부터 나는 교육이 교육답기 위해서는 '교육의 본질'을 천착해야 한다고 믿어왔다. 그 본질의 중심을 굳건히 하면서 구체적인 교육문제들을 하나하나 분석하고 해결해 나가야 한다고 믿어왔다. 혹시 보통 사람들은 교육의 본질에 무심하거나 낱낱의 교육 현상에 일희일비一喜一悲하더라도 나만큼은 그러지 않아야 한다고 다짐해 왔다. 본말전도本末顚倒의 오류와 폐단에서 벗어나야 했기 때문이다. 베버Weber, 1949가 말했듯이 우리 교육의 '현실태'를 통찰하는 최적의 '이념형ideal type'을 정립하는 것이 교육학자로서 나의 소명이라 여겼기 때문이다. 그리하여 각고 끝에 나는 이념형으로서 교육의 본질을 ① 양상: 학습과 교수의 해석적 상호작용, ② 지향: 더 나은 인간 형성의 존재론적 지향, ③ 방법: 변증법적 대화의 과정 세 가지로 찾아왔다.

이 책의 세 개 장에 걸쳐서 나는 교육의 양상, 지향, 방법 본질 세 가지를 하나하나 숙고할 것이다. 그 숙고 속에서 '사회문제의 교육 문제화'를 비판하고 '교육문제의 교육문제화'를 주장할 것이다. 그 전반에 걸쳐서 '뉴노멀 시대' 화두의 교육적 쟁점들을 점검하고 교 육학적 정당성을 분석할 것이다.

목차

교육: 학습과 교수의 해석적 상호작용

교육: 더 나은 인간 형성의 존재론적 지향

교육: 변증법적 대화의 과정

"교육문제"의 교육문제화

1장

사회문제의 "교육문제"화

무릇 '문제'는 네 가지 뜻과 용법을 가진다. 첫째, 해답을 구하는 물음이다. 둘째, 연구하거나 논의하여 해결할 사안이다. 셋째, 논쟁을 부르는 사태이다. 넷째, 귀찮거나 성가신 사건이다. 이 네 가지 뜻과 용법은 제각기 별개의 것일 수도 있지만, 대체로는 서로 연관되거나 겹치는 것일 때가 많다. 우리가 말하는 '교육문제'도 이 넷 중 어느 것이거나 서로 걸쳐진 문제들이다.

앞에서도 말했듯이 문제는 '문제의식'의 산물이다. 문제로 여기고 문제로 삼을 때 문제가 되는 것이지 사람, 사물, 사태 자체가 문제인 것은 따로 없다는 말이다. 그렇다면 우리는 무엇을 "교육문제"로 여기고 "교육문제"로 삼아 왔는가? 과연 무엇이 우리 사회의 참 '교육문제'인가? 모든 문제가 그렇듯이 사람들의 처지, 입장, 관심에 따라서 문제가 한결같지 않고 서로 달라질 수 있다. 그렇다면 교육에 관련된 나의 문제와 너의 문제, 우리의 문제와 저들의 문제는 무엇인가? 학생들의 문제, 교사들의 문제, 학부모들의 문제, 교육행정당국자들의 문제는 무엇인가? 그 모든 문제의 심층 혹은 근본에 있는 본질적인 교육문제는 무엇인가?

문제의 문제

　문제에는 나의 문제의식으로 인하여, 나의 상심과 호기심으로 인하여 내가 문제 삼는 것이 있다. 그런가 하면, 외부에서 문제라고 하여 제기되거나 제시되는 것도 있다. 우리나라 학교에서 학생들이 푸는 문제의 대다수는 전자가 아닌 후자이다. 학교의 시험 문제들이 그 단적인 예다. 학생들은 자신이 제기한 문제가 아닌 다른 누군가가 '출제'한 문제를 푼다. 상급학교 입학시험의 문제도 마찬가지다. 학교교육 사태의 시험만 그런 것이 아니라, 사회의 선발과 취직 시험 문제들도 외부에서 주어지기는 마찬가지다. 외부에서 주어지는 문제를 계속 풀기만 하다 보면 스스로 문제를 찾는 태도, 문제를 삼는 역량이 퇴화하게 된다. 안타까운 노릇이다.

1. 문제의 풀기, 찾기, 삼기

　월코트Wolcott, 1982는 문제와 관련하여 '문제 풀기problem solving' '문제 찾기problem seeking' '문제 삼기problem posing'의 세 가지 차원이 있다고 하였다. 우리 학교 안팎에서 널리 중시되어 온 '문제해결력'에 앞서서 학습자 스스로 '문제를 찾는' 태도와 능력이 중요하다고 주장하였다. 그리고 문제의 구조를 파악하여 온전히 '문제로 삼을' 줄 아는 역량이 정말 중요하다고 강조하였다. 이러한 지적은 서구의 다른 교육학자들도 여러 방식으로 제기해 온 것이다Kincheloe et al., 2011. 나 또한 그랬다조용환, 1997.

OECD경제협력개발기구는 참여국 간 인적 교류의 공정성과 효율성을 확보하기 위하여 2000년부터 3년 주기로 PISAProgramme for International Student Assessment 국제학생평가프로그램를 실시해 오고 있다. 이는 세계 각국시작 당시는 주로 EU 참여국들의 만 15세 학생들을 대상으로 하는 언어, 수리, 과학 중심의 역량 테스트이다. 첫 실시 때부터 줄곧 참가해 오고 있는 우리나라 학생들의 테스트 결과는 전 과목에 걸쳐서 시종일관 최상위권에 속하고 있다. 그러나 문제를 푸는 능력에 비해서 문제 풀이 그 자체에 대한 흥미도와 만족도 테스트 결과는 오히려 줄곧 하위권 수준이다. 이를테면 2000년 첫 PISA에서 보인 한국 학생들의 수학 실력에 놀란 유럽 국가들이 다음 시험 때부터 흥미 · 만족도 테스트를 병행하였다. 그 결과 한국 학생들의 수학 문제에 대한 흥미 · 만족도가 꼴찌 수준이어서 또 한 번 놀랄 수밖에 없었다. '좋아하지도 않는 공부를 어떻게 그리 잘해낼 수 있는가'가 이해되지 않았던 까닭이다. 그러나 우리는 그 까닭을 잘 알고 있다. 우리는 좋아하지 않더라도 즐겁지 않더라도 공부에 목을 매는, 아니 매야 하는 문화를 가지고 있다. 우리나라 학생들은 가히 '문제 풀이의 달인'들이다. 기출문제의 집중 분석을 통해서, 반복적인 문제 풀이 연습과 훈련을 통해서 그 능력을 갈고닦아 왔기 때문이다. 주어진 문제가 정말 문제가 되는지 아닌지는 중요하지 않고, 공부의 과정이 어떻든 시험의 결과가 중요했기 때문이다.

알다시피 노벨상은 꼭 문제를 잘 풀었다고 해서 주는 상이 아니다. 문제를 제대로 찾고 문제의 구조를 제대로 파악한 데 대한 수상이 적지 않다. 수학계의 노벨상이라 일컫는 필즈상Fields Medal은 더더욱 그렇다. 안타깝게도 한국인 필즈상 수상자는 아직 없다. 평화상을 제외한 어떤 부문의 노벨상 수상자도 아직 없다. 왜 그럴까? 나는 문제의 뿌리가 바로 이 '문제 찾기'와 '문제 삼기'의 부진에 있다고 믿는다. 우리 교육이 지나치게 '문제 풀이'에 치중되어 왔기 때문이라 믿고 있다. 문제는 닥치는 대로 풀기에 앞서서 먼저 제대로 찾아야 하는 것이며, 그 문제의 성격과 구조와 역사를 깊이 파악해야 하는 것이다.

우리나라 학생들은 학업 시간의 대부분을 외부에서 주어지는 문제들을 풀고 답하는 데 소진한다. 그 문제들이 왜 문제인지는 깊이 따져보지 않는다. 그 문제들이 정녕 내 삶의 문제인지도 깊이 따져보지 않는다. 자기 자신의 삶에서 문제를 찾아 스스로 해결하려고 노력하지 않는다. 아니, 그럴 여유가 없거나 여유가 없다고 말한다. 닥친 문제 풀기도 급급한데 애써 문제를 찾고 문제를 삼을 만큼 그렇게 한가하냐고 반문하기도 한다. 왜 그런가? 그렇게 길러지고 길들여지기 때문이다. 그렇게 살아내야 하기 때문이다. 교육을 문제 잘 풀고 시험 잘 치는 일로 오해하고 있기 때문인지도 모른다.

우리나라 고등학생들의 학업문화를 연구하면서 나는조용환, 2009 그들이 '문제 풀이의 늪'에 빠져 사는 모습을 여실히 확인하였다. 그런데 그들이 그토록 죽어라고 반복해서 푸는 문제들은 도대체 어떤 문제인가? 그것들은 자신의 생활세계 속에서 상심과 호기심을 가지게 된 구체적인 자신의 문제가 결코 아니다. 상급학교 진학과 좋은 취업이 요구하는 객관적이고 추상적인 문제들이다. 나의 내면적인 '이' 문제들이 아니라, 외부에서 주어지는 '그' 문제들이다. 자, 우리

스스로 자문目問해 보자. 자녀와 학생들에게 자신의 삶에서 문제를 찾고 문제를 삼도록 보살피고 안내하는 부모와 교사가 우리 사회에 얼마나 있는가? 오로지 교사나 교과서나 시험지가 제시하는 문제들을 잘 풀기만 하도록 요구하는 어른들이 더 많지 않은가? 이러니 자기 스스로 찾지 않은, 스스로 문제 삼지도 않은 문제를 죽어라고 풀기만 해야 하는 학교문화와 학업문화 속에서 정말 모르는 것이 많아서 궁금하고 답답한 '질문형 학습자'가 나오기를 기대하기는 어렵지 않은가?

프롬Fromm, 2000은 인간의 본질이 '대답'이 아닌 '질문'이라 하였다. 나는 교육의 본질이 '정답 맞히기'가 아닌 '치열한 문답'에 있다고 믿는다. 질문質問은 보통의 의문이 아닌 '본래적인 것의 심연까지 깊이 파고드는 투철한 의문'이다. 어원상 '질質'은 삼라만상의 '바탕'을 뜻한다조용환, 2020. 질문은 질을 묻는, 질까지 묻는, 질적으로 묻는 치열한 물음이다.

2. 학교≠교육

안타깝게도 '정답 맞히기'의 학교문화가 우리 한국인의 삶을 지배하고 있다조용환, 2020. 시험형 학교교육의 문제들이 우리 모두의 문제가 되어 있다. 나 자신의 왜곡된 "학교문제"는 물론이요, 내 자녀의 왜곡된 "학교문제"가 더 오래 더 무겁기도 하다. 초등학교부터 대학원에 이르는 평가 중심의 학교제도에 우리 모두가 연루되어 있다. 이는 비단 정규 학교제도의 문제만이 아니다. 초등학교 입학 전의 각종 양육과 보육, 심지어 태교까지도 알게 모르게 학교에 연루되어 있다. 대학교, 지방자치단체, NGO, 기업체, 백화점 등에 부설되어 있는 평생교육기관들 또한 대부분이 학교와 연관을 갖거나 학교 형태로 운영된다.

이러니 우리 사회 자체를 '**학교형 사회**'라고 불러도 지나침이 없을 것이다.[10) 학교형 사회에서 학교는 구성원의 모든 삶에 막대한 영향을 미친다. 그리고 사회의 모든 부문이 학교를 염려하고 배려하고 고려한다.[11) 학교의 문제가 바로 사회 전체의 문제가 되고, 사회 전체의 문제가 바로 학교의 문제가 되기 때문이다. 그런데 이 어마어마한 학교의 문제들이 곧 교육의 문제인가? 학교가 교육의 동의어가 아니라면, 학교의 문제들이 곧 교육문제는 아니지 않겠는가? 그럼에도 불구하고 우리는 왜 그 '동일시의 늪'에서 헤어나지 못하고 있는가? 이 질문에 대한 나의 대답은 학교가 교육만 하는 곳이 아니라는 사실을 직시하는 데서 출발한다.

1) 학교는 교육만 하는 곳이 아니다.

학교는 관여된 숱한 다양한 사람들이 뒤엉켜 살아가는 하나의 생

---

10) 학교형 사회에는 '**학교형 인간**'들이 산다. 지금 우리 사회에는 '학령 인구' 거의 전부가 20년 가까이 학교에 다니고 있다. 유치원부터 대학까지 쳐서 그렇다. 그렇게 긴 시간을 학교에 다니다 보면 흔히 말하는 '학교형 인간'이 되기 십상이다. '학교형 인간'은 학교에 길들여져서 학교 밖의 삶에 적응하기 힘든 인간, 매사를 학교의 방식으로 이해하고 처리하는 인간을 비하하여 일컫는 말이다. 이 말은 학교가 그만큼 인간을 특정한 모습으로 다듬고 길들이는 영향력이 있음을 전제하고 있다.

11) 대학수학능력시험 날이면 직장 출근 시간이 조정되고 항공기 운항까지 변경되는 우리 사회의 세태를 접하고 많은 외국인들이 깜짝 놀란다고 한다.

활세계이다. 그 세계에는 교육 말고도 정치, 경제, 사회, 종교, 예술, 언론, 오락, 연애, 스포츠 등등 여러 삶의 형식들이 공존하면서 교차하고 있다. 이를테면 우리 중등학교의 학생들은 학교에서 수업을 듣고 공부만 하는 것이 아니라, 밥도 먹고 잠도 자고 연애도 하고 축구도 하고 싸움도 하고 돈과 권력을 겨루기도 한다. 아무튼 숱한 '삶의 형식'들이 전경과 배경, 중심과 주변을 넘나들면서 그때그때 학교 관련자들의 삶을 각양각색으로 구성한다.

본래 교육을 하자고 만든 기구이니 학교는 최대한 교육에 충실해야 한다. 그러나 학교의 내부 혹은 내막을 유심히 들여다보면, 학교가 항상 교육을 중심으로 돌아가는 곳이 아님을 알 수 있다. 단적인 예로, 1960년대 재건국민운동 시대와 1970년대 새마을운동 시대의 우리나라 학교는 지역사회의 거점으로서 '교육'의 이름을 단 숱한 '계몽' 기구의 역할을 떠맡았다. 이처럼 학교는 교육이 아닌 '사회화socialization'에 더 충실한 곳일 수 있다조용환, 1997; Nyberg & Egan, 1981. 실제로도 우리 사회의 학교는 자원인구담론, 국가발전담론, 기능주의 담론에 지배되어 교육외적이거나 비교육적인 난맥상을 숱하게 드러내어 왔다조용환, 2001a.

학교가 생활세계인 만큼 사회화를 비롯한 많은 다른 삶의 형식들이 더불어 작동하기 마련이다. 이를테면 '훈육'이나 '훈련'이 반드시 교육과 상충하지 않을 수도 있다. 교육적인 훈육, 교육적인 훈련이 있을 수 있다. 교육적으로 이루어지는 사회화도 있을 수 있다. 취학 전 혹은 초기 초등학교의 '기초생활교육'에서처럼 훈육이나 훈련과 교육의 경계가 애매모호한 경우도 있다. 그러나 교육이 본질적으로 훈육, 훈련, 사회화 등과 혼동되어서는 곤란하다. 이들의 차이는 가르침과 배움의 '내용-무엇'보다 '방법-어떻게'과 '지향-왜'에서 두드러지게 나타난다조용환, 1997. 그리고 본질적인 이념형의 '교육'과 실제적인 현실태 "교육"들을 구분할 필요가 있다. 우리가 일상에서 "교육"이라 일컫는 것에 교육답지 않은 것들이 비일비재하기 때문이다.

단적인 예로, 대학을 정점으로 하는 상급학교 진학 경쟁에 학교학생과 교사와 학부모가 몰두한다면 그것 자체를 교육이라고 볼 수 있는가? 신분제도가 타파된 근대 이후 학교가 사회경제적 지위 상속과 쟁탈의 장으로 변질된 사실은 부인하기 어렵다. 그런데 그 상속과 쟁탈의 게임이 보다 공정하게 이루어지도록 심판하는 것이 국가의 역할이라면 그것이 과연 교육적인 역할인가? 그간 '교육개혁'의 핵심 사안 가운데 하나였던 대학입시제도의 개혁은 물론 '사교육과의 전쟁'은 실상 그 초점이 교육이 아닌 사회정의의 구현에 맞추어져 왔던 것이 아닌가? 상급학교가 하급학교 학생들을 선발하는 이른바 '학교선발'은 그들이 장차 갖게 될 직업 지위를 둘러싼 '사회선발'에 연결되어 있다조용환, 1996. 그러나 좋은 학교 나와서 좋은 데 취직하여 돈 잘 버는 것이Brown et al., 2011 교육의 본질적인 지향인가? 단언컨대 그렇지 않다.

2) 교육은 학교에서만 하는 것이 아니다.

교육은 학습과 교수, 배움과 가르침의 만남이요 상호작용이다. 인간은 학습 없이는 인간다운 인간이 되지 않는 방향으로 진화하였다. 인간 아닌 다른 생명체들은 환경 조건이 급변하면 적응력을 잃고 떼죽음을 당하거나 급기야 멸종하기까지 한다. 그러나 우리 인간은 학습의 힘으로, 교육의 힘으로 환경 조건의 급변을 미리 예측하고 준비하며 심지어 환경 조건을 변화시키기도 한다.[12] 그리고 그 역량을 다음 세대에게 최대한 충실히 물려준다. 인간에게 학습은 선택이 아닌 필수 요건이다. 그 원초적인 학습을 돌보는 과정에서 교수가 발명되었고 발전되어 왔다조용환, 2020. 그러나 교수가 없는 곳에도 학습은 있을 수 있다Hiroko, 1989. 학교는 체계적이고 효율적인 교수를 통해 학습을 촉진하기 위해 만들어진 곳이다. 그러나 학교가 없는 사회에도 학습과 교수, 즉 교육이 있을 수 있다.

이를테면 가정은 모든 사람에게 학습이 개시開始되는 장이다. 인간은 만 5세 무렵이면 이후 삶에 필요한 것들의 기초를 70% 이상 학습한다고 한다. 그 단적인 예가 모국어이며 자문화自文化이다. 모국어와 자문화는 학교 같은 곳에서 애써 체계적으로 가르치지 않아도 자연스럽게 터득하는 것이다. 가정과 마을에서 이루어지는 그런 부류의 자연스러운 학습을 우리는 '문화학습'이라 일컫는다이홍우, 1998.

모국어와 달리 외국어, 자문화와 달리 타문화는 애써 가르치고 배워야 한다. 그 가르침과 배움의 정수精髓 체제를 우리는 '교과'라 한다.[13] 그리고 교과를 배우고 익히는 체계적인 학습을 '교과학습'이

---

12) 우리 인간은 비구름의 원리를 파악하여, 장기간 가뭄이 발생할 때 인공적인 비구름으로 강우를 만들기도 한다. 가히 학습과 교육의 성과이다.

13) 우리 학교교육에서 '교과'라는 말은 다양한 장에서 다양한 의미로 쓰이고 있다. 내가 여기서 말하는 교과는 학교의 정규 교육과정을 염두에 두고 쓴 것이다. 최근 학교에서 교과와 '비교과'의 구분은 상당히 구체적으로 제도화되어 있다. 이른바 정규 교육과정 밖의 '창의적 체험 활동'이라는 상위 범주 아래 자율, 동아리, 봉사, 진로 활동들이 비교과에 포함되어 있다. 이 '비교과의 학습'은 내가 여기서 말하는 '문화학습'보다 '교과학습'에 더 가까운 것이다.

라 한다. 학교는 교과학습의 전형적인 장이다. 물론 외국어와 타문화는 모국어나 자문화의 생활세계와 유사한 환경에서 학습하게 되면 문화학습처럼 자연스럽게 저절로 이루어지기도 한다. 아무튼 교육의 모든 '꿈'을 학교에 거는 것은 옳지 않다. 교육의 모든 '짐'을 학교에 떠맡기는 것 또한 옳지 않다. 학교가 가장 잘할 수 있는 교육과, 학교 아닌 어디선가 더 잘할 수 있는 교육을 분별해야 한다. 학교는 모든 교육문제를 해결하는 만병통치약이 결코 아니다.

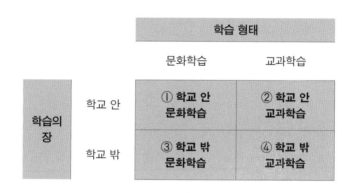

〈그림 1〉 문화학습 vs 교과학습

위 〈그림 1〉에서 보듯이 학교는 전형적인 교과학습의 장이다그림의 ② 사분면. 그와 달리 학교 밖 가정과 마을과 사회는 전형적인 문화학습의 장이다③ 사분면. 그러나 학교에서도 숱한 문화학습이 이루어진다① 사분면. 교과로 구성되지 않은 온갖 지식, 기술, 가치를 학생들은 교실과 운동장, 급식실과 보건실 등에서 배운다. 또래들에게서 배우고 교사들에게서도 배운다. 심지어 수업시간 중에도 교사들이 직접 가르치지 않는 많은 것들을 알게 모르게 배운다. 교육학자들은 이런 교과 아닌 교과를 '잠재적 교육과정hidden curriculum'이라 칭한다. '예기치 않은 학습unanticipated learning'이라 칭하기도 한다. 마찬가지로 학교 밖에서도 교과학습은 얼마든지 이루어질 수 있고, 실제로 널리 이루어지고 있다④ 사분면. 우리가 '사교육'이라 칭하는 학원, 과외, 학습지, 인터넷 교습은 학교 밖에서 이루어지는 전형적인 교과학습이다. 부모 형제가 학생들의 숙제와 같은 교과학습을 돌보기도 해서 **가정 배경으로 인한 계층 간 학습 격차**를 초래하기도 한다. 반면에 공부방이나 다문화센터를 비롯한 여러 형태의 지역교육공동체는 교과학습에 불리한 여건의 학습소수자 집단에게 도움을 주어 불평등이 재생산되지 않도록 힘쓰고 있다. 그리고 근자의 마을학교 운동은 학교의 안과 밖, 교과학습과 문화학습의 통념적이고 인습적인 구분과 장벽을 해체하여 교육다운 교육을 구현하고자 힘쓰는 운동이라 할 수 있다.

내가 보기에 오늘날 우리 사회는 가정과 마을에서 이루어지는 어린 시절 문화학습을 주목하지 않는 경향이 있다. 반면에 학교형 교과학습을 '조기교육'이라는 미명으로 지나치게 강조하는 경향이 있다. 성인이 되어서도 직장, 거리, 방송, 인터넷, SNS, 유튜브 등의 일상적인 생활세계에서 이루어지는 문화학습을 주목하지 않는 경향이 있다. 가정교육과 사회교육이 학교교육에 떠밀려서 무시, 경시, 도외시, 등한시되고 있다. 교육은 그 본질상 평생교육이며, 평생교육이어야 한다. 인간은 나서 죽는 날까지 학습을 통해 비로소 더 나은 인간이 될 수 있다. 그 과정을 보살피는 삶의 형식이 바로 교육이다. 학교 안팎에서 문화학습과 교과학습을 아우르는 평생교육이다.

나는 '공교육학교교육의 정상화'와 아울러 가정과 사회에서 이루어지는 '사교육'의 정상화가 이루어질 때 진정한 교육개혁이 달성될 수 있다고 믿는다. 기실 그 '정상화'는 '본질화'로 바꾸어 써야 하지만 말이다. 공교육과 마찬가지로 사교육에도 '교육'이 명시되어 있다. 그렇다면 본질을 벗어난 비교육적인 사교육은 '사교육'이라 명명해서는 안 된다. 교육이 아니기 때문이다. '공'은 좋고 '사'는 나쁜 것이 결코 아니다. 우리의 모든 삶에 공과 사가 병존하듯이, 교육에도 공교육과 사교육의 병행이 필요하다. 제도화 과정에서 생기는 불가피한 한계로 인해 공교육은 개개인 혹은 개별 가정교육의 사적 관심, 특성, 곤란, 지향 등을 두루 고려하고 배려하기 어렵다. 그러므로 사교육을 다중을 향한 제도화에 무리하게 편입시키거나, 제도교육의 획일적 잣대로 사교육을 통제해서는 안 된다. 굳이 제도화된 공교육의 한계를 보완하자면, 사교육의 행정 · 재정 부담을 덜어주는 별도의 사교육 제도가 필요할 것이다. 홈스쿨링서덕희, 2008에 대한 지원 정책이 그 한 예일 수 있다.

3. 청소년≠학생

언제부턴가 우리 사회의 거의 모든 청소년이 학교 다니는 학생이 되어,[14] 우리는 학교의 청소년을 그냥 '학생'이라고 부른다. 따라서

---

14) 4반세기 전인 1994년 현재 우리 사회는 이미 초등학교 취학률 100%, 중학교 취학률 99%, 고등학교 취학률 89%를 기록하고 있다(조용환, 1996).

학교를 벗어난, '비정상적인' 일부 청소년을 '학교 밖 청소년'이라 일컫는다. 하지만 학생이라는 존재를 온전하게 이해하고자 할 때 반드시 유의해야 할 것이 있다. 그것은 학생이 '배우는 위치에 있는 사람'이지 특정한 사람 개개인이 아니라는 사실이다. 말하자면, 학생은 일종의 사회적 지위요 역할에 불과하다. 개인 '홍길동'은 태양중학교 2학년 3반 학생이지만, 늘상 학생의 위치에 있지는 않다. 그는 학생이라는 지위 말고도 누구의 자녀, 누구의 형제, 누구의 친구 등등, 그가 맺고 있는 숱한 사회적 관계의 한 성원으로서 다양한 지위를 가지고 있다. 학생이라는 딱지를 그에게 붙인 학교에서조차도 그는 일방적으로 배우기만 하는 것이 아니라, 급우나 후배 때로는 교사를 가르치기도 한다. 공부만 하는 것이 아니라 농구도 하고 점심도 먹고 연애도 한다. '홍길동'이 학생이라고 해서 그를 학생으로만 보지 않는 것이 그 사람에 대한 온전한 이해의 출발점이다.[15]

1) 학생이라는 이름, 다시 보기

학생은 태어나는 존재가 아니라 만들어지는 존재다. 사회와 시대에 따라서 학생의 개념과 지위와 조건이 다르고, 그 결과 서로 다른 학생이 만들어진다. 한국의 학생은 미국, 나이지리아, 부탄의 학생과 다르다. 그러나 세계 여러 나라 학생들에게서 발견되는 공통점도 있다. 그것은 근대 학교제도의 전 세계적 확산 과정에서 학생과

---

15) 이는 교사에게도 꼭 같이 적용되는 말이다. 교사를 교사로만 보지 않는 것이 그 사람에 대한 총체적인 이해, 그 교사에 대한 온전한 이해의 출발점이다.

관련된 제도와 문화의 상당한 부분을 많은 나라들이 공유하게 되었기 때문이다.

자 그러면, 우리 사회에서 학생은 과연 어떤 존재이며, '학생이 된다'는 것은 무엇을 의미하는가? 이 질문에 답하자면, 먼저 학생의 범주 속에 어떤 사람이 포함되는지에 대한 개념적 논의가 필요하다. 우리 사회의 전형적인 학생은 초·중등학교에 다니는 전업專業 학생이며, 대학생에 이르면서 그 경계가 다소 흐릿해진다. 대학생 속에는 직장에 다니면서 학업을 병행하는 방송통신대학의 학생이나 야간대학의 학생도 포함되기 때문이다. 그뿐만 아니라, 학생의 범주에 관해서는 다른 많은 문제가 제기될 수 있다. 예컨대 어린이집에 다니는 어린이, 평생교육원에서 국악을 배우는 아주머니, 노인대학에 나가는 할아버지는 학생인가, 아닌가? 이러한 질문, 즉 학생의 개념 또는 정체에 관한 질문은 사실상 정답이 있는 질문이 아니다. 학생이라는 존재의 정체가 시대와 사회에 따라서, 심지어는 개인마다 한결같지 않기 때문이다.

우리 조상들은 생전에 벼슬하지 못하고 죽은 사람의 위패位牌에 '학생부군신위學生府君神位'라 썼다. 배움을 게을리하지 않은 선조의 삶을 기리기에 '학생'이 가장 적합한 이름이었기 때문이다. 임국웅2004은 평생을 배움에 충실했던 중국의 문호 왕멍王蒙의 책 〈我的人生哲學〉2003을 〈나는 학생이다〉라는 제목으로 번역하였다. 책 내용으로 보건대 참 적절한 제목이라 생각한다. 우리는 '늦깎이 공부'를 안타깝게 또는 귀하게 여겨 '만학晩學'이라고, 그 사람을 '만학도晩學徒'라고 흔히 칭한다. 알고 보면 이는 학교 중심의 연령 한정적인 학생관을 은연중에 반영하는 말들이다.

그러나 사회 변화의 속도가 나날이 빨라지고 평균 수명이 점점 더 길어지면서 이제 청소년기로 마감하는 '학교형 학생'의 한계를 절실히 체감하게 되었다. 하나의 평생직장을 위한 한길의 공부로 생애가 이루어지지 않기 때문이다. 다수의 직장을 넘나드는 여러 길의 공부를 하면서 살아야 하기 때문이다. 달리 말해 앞으로는 점점 더 아래 〈그림 2〉와 같은 '학업-연후-취업' 모형의 삶을 살 수가 없다. 〈그림 3〉과 같은 '학업-병행-취업' 모형의 삶을 살아야 한다. 배우면서 일하고 일하면서 배우는 삶에 최적화되어야 한다.[16] 제도적으로도 학업과 취업 사이의 이와 같은 유연하고 역동적인 관계를 권장하고 보장해야 한다. 말 그대로 '만인을 위한 다원적인 평생교육'을 제도화해야 한다.

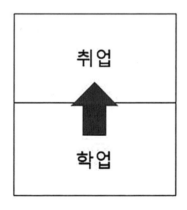

〈그림 2〉 학업-연후-취업 모형

---

16) 〈그림 2〉에서 학업과 취업의 경계가 실선인 반면에, 〈그림 3〉에서는 학업과 취업의 경계가 점선 이라는 사실을 주목하자.

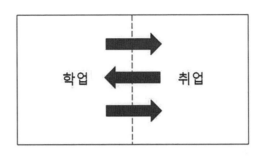

〈그림 3〉 학업-병행-취업 모형

후쿠다세이지福田誠治 2006는 전 생애에 걸쳐서 수시로 학업을 보류하고 재개할 수 있는 제도적 장치를 가진 핀란드 교육을 아래와 같이 소개하고 있다. 말 그대로 '만학'이 조금도 이상하지 않은 사회이다. 이런 시스템은 비단 핀란드만이 아니라 독일과 덴마크, 스웨덴과 노르웨이 등 내가 평가하는 '교육 선진국'의 공통적인 시스템이다.

엄연히 학력 차가 존재하지만, 직업학교에 진학한 사람이 도중에 보통과 학교로 진로를 바꾸거나 대학에 진학할 수 있도록 제도적인 장치가 마련되어 있다. 또한 취직한 후에도 유급 휴가나 휴직을 통해 공부할 시간을 보장하고 있다. 핀란드는 본래 주 37시간 노동이기 때문에 일하면서 배울 수 있는 시간은 언제든 충분하다. 결국 뒤늦게 공부를 시작하는 이들이 불이익을 당하지 않도록 학교제도를 정비하고 있으며, 언제 어디서든 마음만 먹으면 배움의 기회를 주도록 철저히 제도화되어 있다고 할 수 있다.2008: 95

2) 학교형 학생의 한계

학교는 청소년에게 학생의 정체를 강요하는 곳이다. 집과 마을, 일터와 놀이터에서 성인과 함께 지내는 동안 자연스럽게 세상을 알고 사회의 한 구성원으로 성장하던 청소년들이 '사회-현실'과 분리된 제도적 교육기관, 즉 학교에서 대부분의 시간을 보내면서 학생이라는 신분의 굴레 속에 갇히게 되었다. 그러는 가운데 청소년 고유의 정체성은 퇴화하거나 부정적 이미지로 변화하게 되었다. 흔히 말하는 '청소년문제'는 건강한 청소년의 문제가 아닌 '문제학생'의 문제로 간주되고 있다. 우리는 종종 학교를 학생들의 '정화된 배움터'로 미화하는 반면에, 학교 밖 세상을 '오염된 영역'으로 간주하는 편향된 인식을 접한다. 그러나 그런 편향된 인식으로는 '학생-청소년'의 삶을 총체적으로 이해하기 힘들다.

학생과 청소년은 서로 다른 이미지의 정체다. 단적으로 말해서 학생은 미래진학과 취업를 위해 현재를 유보해야 하는 존재인 반면에, 청소년은 현재를 현재 그대로 살고자 하는 존재다. 학생은 성인의 가치 체제에 지배되는 반면에, 청소년은 청소년 고유의 가치 체제를 지향한다. 학생은 재미는 별로 없더라도 '뭔가 남는 것'에 지배되지만, 청소년은 재미를 주는 '뭔가 와닿는 것'을 지향한다. 학생은 교사의 이목에 신경을 써야 하지만, 청소년은 또래의 이목에 더 신경을 쓴다. 학생의 관심이 성적에 있을 때, 청소년의 관심은 몸매와 옷차림과 대중문화와 이성에 있다.

학생-청소년은 이 서로 다른 두 가지 정체성 사이에서 갈등과 혼란을 겪는다. 그러나 번번이 학생의 정체가 청소년의 정체를 지배하거나 억압한다. '학교형 인간'으로서 학생은 학교를 벗어난 자아 또는 청소년의 정체를 쉽게 추구할 수 없다. 뒤집어서 말하면, 학생이라는 신분의 요구가 청소년의 일상생활을 거의 전면적으로 지배하고 있다. 단적인 예로, 우리는 앞에 가는 청소년을 부를 때 대개 "어이, 학생"이라고 하며, 그 호명에 뒤돌아보지 않는 청소년은 거의 없다. 우리 사회의 학생은 학교라는 '가야 할 곳'이 있지만, 청소년은 '갈 수 있는 곳'이 거의 없다. 청소년들이 학교 밖에서 자연스럽게 경험하고 배우는 많은 것들이 학교에서는 가치로운 것으로 인정받지 못하고 있다. 그러나 우리는 '성공적인 학생'이 곧 '성공적인 청소년'이 아닐 수도 있다는 사실을 직시해야 한다.

　문화인류학자 스크리브너와 콜Scribner & Cole, 1981은 10여 년에 걸친 장기간의 현지조사를 통하여 학교 안팎에서 이루어지는 학습의 차이를 다각도로 검토한 바 있다. 그들의 연구결과에 의하면, 학교가 모든 종류의 지식과 기술과 가치를 가르치고 배우는 데 언제나 적합한 장소는 아니다. 오히려 학교에서 잘 가르치고 잘 배울 수 있는 성격의 교육 내용은 극히 제한되어 있다. 실제로 일터에서 요구되는 지식, 기술, 가치의 대부분은 학교에서의 추상적인 학습에 의해서보다도 현장에서의 구체적인 경험을 통하여 훨씬 더 효율적으로 가르치고 배울 수 있다는 것이다. 그리고, 학교교육을 성공적으로 받은 사람이 실제 생활을 성공적으로 꾸려나간다는 보장도 없다. 물론, 학교학습에서 성공적인 사람이 학교와 유사한 장면에서 성공적일 가능성은 높다. 그러나 학교와 다른 성격의 경험이 요구되는 장면에서는 학교학습이 별 효과가 없다는 사실이 그들에 의해서 밝혀졌다. 우리의 일상생활을 구성하는 많은 생활세계는 조직과 의미와 기능 면에서 학교와 같지 않다. 그러므로 학교가 교육을 독점하고 학생의 정체가 청소년의 정체를 지배하는 오늘의 현실을 근본적으로 반성할 필요가 있다. 학생의 교육에 못지않은 '청소년의 교육', 학생의 교육학에 못지않은 '청소년의 교육학'에 좀 더 관심을 가지고 보살필 필요가 있다.

사회문제의 "교육문제"화

　지금까지 살펴온 바를 정리해 보면, '학교'가 곧 '교육'이 아님에도 불구하고 우리는 양자를 동일시하는 늪에 빠져왔다. 그 까닭은 학교가 교육만 하는 곳이라 착각하거나, 교육이 학교에서만 이루어지는 것이라 착각하는 데 기인한다. 청소년이 곧 학생이라는 편견, 선입견, 고정관념에 기인한다. 그리고 우리 사회의 학교가 진정한 의미의 학습을 돌보고 학력學力을 보살피기보다, 학력學歷과 학벌學閥과 학연學緣의 경쟁에 휘말려 온 데 기인한다. 학력과 학벌과 학연은 근본적으로 사회의 일이며 사회의 문제다. 그런데 우리는 그것을 교육의 일이며 교육의 문제라고 착각한다.

　비단 그뿐만 아니라 숱한 사회문제들이 학교로 쏟아져 들어와 '교육의 옷'을 입는다. 나는 어린 시절 학교에서 파리잡기와 쥐잡기, 송충이 방제, 새마을 교육, 베트남 파병부대 환송 등의 행사에 동원된 경험을 가지고 있다. 교련이라는 이름의 군사훈련을 학교에서 받기도 했다. 교육이라 이름 붙여진 그 활동들이 진정한 의미의 교육으로 기획되고 수행되었던가? 나는 그렇다고 보지 않는다. 그렇다면, 지금 우리 사회의 학교에는 '교육의 옷'을 입고 쏟아져 들어오는 사회문제가 없는가? 우리 사회의 학교들이 정말 교육에 충실히 최선을 다하고 있는가? 우리 학교들이 교육이 아닌 비교육에 얽매여 있지는 않은가? 교육외적인 것을 돌보느라 교육 그 자체를 등한시하고 있지는 않은가?

여태껏 우리가 외쳐온 숱한 '교육혁신'에서도 이런 '사회문제의 교육문제화'를 범하고 있었던 측면은 정말 없을까? 지금 우리가 외치는 '뉴노멀 개혁'은 또 어떤가? 학생들이 등교할 수 없어서 생기는 문제, 대면 수업을 할 수 없어서 생기는 문제, 대학수학능력시험 업무가 흔들리는 문제는 다 교육문제인가? 그래서 학교의 혁신이 필요하고 교육의 혁신이 요청되는가? 학교의 혁신을 통해서 교육의 혁신을 기한다는 데에는 이의가 있을 수 없다. 그러나 혹시 교육의 혁신을 학교의 혁신으로 축소하거나 왜곡한다면 그것은 문제다. 사회문제를 무분별하게 학교와 교육으로 가져오는 것은 더 큰 문제다.

1. 시험의 사회학[17]

문제라고 하면 왜 가장 먼저 '시험 문제'가 떠오를까? 고백하건대 나는 환갑이 지난 이 나이에 이르도록 시험 문제로 쩔쩔매는 꿈을 자주 꾼다. 가위에 눌려 괴로워하다가 '아니야, 이건 꿈이야'를 외치며 시험의 고통에서 벗어나는 악몽 말이다. 평생을 학교에 살면서 내가 치렀던 숱한 시험, 내 학생들로 하여금 치르게 했던 숱한 시험…. 그 시험들 탓인 모양이다. 매사가 학교와 연관되어 있는 나

---

17) 시험은 당연히 교육(학)의 문제라고 여기는 풍토에서 '시험의 사회학'이라 표제한 데에는 나의 상심이 담겨 있다. 현실태에서 시험이 실상 사회문제의 최전선에 놓여 있기 때문이다. 시험만 그런 것이 아니라 "학교"와 "교육" 모두가 사회문제의 핵심을 이루고 있기 때문이다. 나는 시험의 사회학, 학교의 사회학, 교육의 사회학을 검토하되 궁극적으로는 시험의 교육학, 학교의 교육학, 교육의 교육학을 정립해야 한다는 비판의식을 가지고 있다. '사회의 눈 혹은 문제의식'이 아닌 '교육의 눈 혹은 문제의식'으로 시험, 학교, 교육을 보겠다는 말이다.

같은 사람이야말로 '학교형 인간'의 전형이다. 그리고 정말 싫지만 '시험형 인간'의 전형인지도 모른다.

그런데 우리는 왜 그토록 고통스러운 시험을 치고 또 치는가? 시험만 없다면 학교 다닐만하다는 학생들이 많다. 학생들을 시험에 들게 하지 않는다면 교사 노릇 할만하다는 교사들이 많다. 학교의 시험들, 특히 상급학교 입학 관련 시험들이 닥치면 자녀의 시험 때문에 긴장, 불안, 초조 속에서 '정상적인' 가정생활을 영위할 수 없는 부모들도 많다. 자, 만약에 그 시험이 곧 교육이 아니라면, 우리는 교육을 시험에서 해방시켜야 하지 않겠는가? 그와 달리 시험과 교육이 불가분의 것이라면, 왜 불가분한지 깊이 따져보고 가장 '교육적인 시험'을 찾아야 하지 않겠는가?

교수즉 가르침의 입장에서 학습즉 배움이 잘 이루어지고 있는지는 부단히 확인되어야 한다. 학습자 스스로도 자신의 학습을 지속적으로 평가하는 과정이 필요하다. 그러므로 평가는 교육과 불가분의 것이라 할 수 있다. 교육의 본질에 속하는 것이라 할 수 있다. 교육에는 진단을 위한, 형성을 위한, 성취도 확인을 위한 평가들이 요청된다. 진단평가는 새로운 학습에 임할 때 학습자의 선수先修학습과 그 수준을 진단하기 위한 것이다. 마치 의사들이 질병의 치료를 위해서 먼저 진단을 하는 것과 같다. 형성평가는 학습이 제대로 진행되고 있는지 살피면서 교수-학습의 방향과 강도를 조절하기 위한 평가다. 의사들이 '경과를 지켜보면서' 치료를 조절하는 것과 같은 맥락의 것이다. 그리고 성취평가는 학교의 중간고사와 기말고사처럼 일정 기간 이후 학습자에게 일어난 변화, 즉 학업 성취의 수준을 확인하기 위한 것이다. 이 평가의 결과에 따라서 진급, 유급, 과락, 월

반 등이 결정되기도 한다. 마치 의사들이 치료 효과와 완치, 퇴원과 그 이후 통원치료 여부를 판단하는 맥락과 같은 것이다. 이 세 가지 평가는 모두 학습을 살피고 보살피기 위한 것이다. 학습과 교수의 상호작용을 최적화하기 위한 것이다. 학습자를 변별하여 상을 주거나 벌을 주는 것이 평가 본래의 목적이 아니다. 학습을 돕기 위해 구안具案되는, 교육의 본질에 충실한 평가가 '교육적인 평가'이다.

그런데 나를 괴롭혀 온 시험들은 진정 교육적인 평가를 위한 것이었던가? 지금 학생들이 시달리고 있는 시험들은 어떤가? 내가 보기에 그렇지 않다. 우리 한국학교의 시험들 대부분은 학습을 살피고 보살피는 본래의 교육적 기능을 상실한 지 오래다. 그나마 취학전교육이나 초등교육에 교육적인 평가가 어느 정도 살아 있을 뿐이다. 병원에서는 환자를 '선발'하거나 '서열화'하기 위해서 의료행위를 하지 않는다. 그러나 우리 학교의 시험들은 학생을 서열화하여 상급학교의 학생 선발에 필요한 정보를 제공하는 데 주로 이용되고 있다. 중간고사, 기말고사, 모의고사와 같은 일회성 지필고사one-shot paper test뿐만 아니라, 여러 가지 내신-활동형 수행평가들조차도 학생들을 등급 매기는 데 주로 쓰이고 있다. 우리 학교의 시험들에서 학생 한 명 한 명의 학습을 살피고 보살피는 교육적 평가의 기능을 찾아보기는 참으로 어렵다.[18] 자, 그렇다면 학교의 시험들이 왜 서

---

18) 나는 이 책에서 내내 '한 사람 한 사람' '학생 한 명 한 명'을 강조할 것이다. 왜냐하면 근대 이후 대량 공교육제도에서 학생을 온갖 집합적 범주로 분류하고 취급하는 부조리가 만연해 왔기 때문이다. 우등생과 열등생, 모범생과 문제학생, 고학년생과 저학년생식의 이분법뿐만 아니라 영재, 부진아, 지진아, 따, 장애아 등등의 범주화가 그러하다. 들뢰즈(Deleuze, 1964)는 근대 이후 통계적 사회의 병폐로 '주체의 개별성' 도외시를 지적하고 있다. 학습과 교수, 학습자와 교수자의 천차만별을 감안할 때 모든 교육은 본질적으로 최대한 '맞춤형 교육'이어야 한다.

열화나 선발과 같은 비교육적인, 혹은 교육외적인 기능에 봉사하게 되었는가?

변질된 능력주의meritocracy 때문이요, 왜곡된 시험주의testocracy 때문이다. 능력주의는 근대 이후 사회에서 인력 선발과 충원의 기초철학이 되었다. 능력에 따라서 개인들을 사회의 적재적소에 배치 활용한다는 철학이다. 그래서 교육은 개인이 능력을 키우고 사회가 인력을 양성하는 일이 되었다. 시험주의는 능력평가의 보편성과 객관성을 담보하기 위한 기초철학이라 할 수 있다. 보편성과 객관성이 있는 시험을 통해서 능력주의를 공명정대하게 실현하겠다는 것이다. 그 결과 학교는 숱한 시험을 통해서 학생들의 능력을 변별하고 서열화함으로써 상급학교나 직장이 성원을 선발 충원하기 좋도록 정보를 제공하는 일에 봉사하게 되었다. 능력주의와 시험주의는 그 자체가 나쁠 리 없다. 그러나 사람을 능력만으로, 능력 위주로만 판단하는 것은 명백한 부조리다. 실제로도 근대 이후 학교교육은 학생들의 능력을 쓸모 있는 지식과 기술 중심으로 평가하는 문화를 생성하고 심화해 왔다Mc Namee & Miller, Jr., 2015. 측정하기 쉽고 객관화할 수 있는 시험의 방식으로 능력을 평가하는 문화를 정착시켜 왔다.

이러한 능력주의적인 시험과 시험주의적인 평가는 교육을 교육답지 못하게 만드는 근간을 형성했다. 삶의 형식으로서 교육을 무력화하면서 사회와 정치와 경제의 도구로 전락시켰다. 앞서 말한 대로 입학시험과 취직시험은 그 자체가 교육의 것이 아닌 사회의 것이다. 학교의 다른 평소 시험들 또한 입학과 취직을 위해서 봉사한다면 교육의 것이 아닌 사회의 것이다. 지금과 같이 변질되고 왜곡된 시험과 평가의 문제들은 실상 교육문제가 아닌 사회문제인 셈이다. 사회문제가 학교로 들어와 '교육의 옷'을 입고 "교육문제"화한 것이다.

2. 경쟁의 사회학

입학과 취직이 지배하는 학교문화, 교육문화의 핵심에 '경쟁'이 자리하고 있다. 우리 사회의 학교에는 경쟁논리, 경쟁문화가 만연해 있다. 학교 안팎의 모든 "교육"에도 관념적으로나 실천적으로나 경쟁이 보편화되어 있다. 학교와 교육만 그런 것이 아니라 온 사회가 '경쟁 타령'이며 '경쟁 놀음'이다. 이 경쟁은 거의 모두가 외부의 객관적 잣대로 상대적 성패를 가르는 경쟁이다. 능력과 노력의 과정보다는 그 결과에 치우친, 교육 본질의 보상보다는 교육외적_{단적으}로 _{금권의} 보상을 다투는 경쟁이다. 돈이 있고 힘이 있어야 잘사는 세상, 교육의 성공을 통해서 남보다 더 생존 경쟁력을 확보해야 한다는 논리에 입각한 경쟁이다. 그리하여 이 경쟁은 결코 협동적일 수 없고 이기적일 수밖에 없다. 질투와 불안, 자만과 차별의식을 동반할 수밖에 없는 경쟁이다. 이러한 경쟁은 '교육적인 경쟁'이 아니다.

교육적인 경쟁은 무엇보다도 교육의 내부를 향하는, 교육의 본질을 지향하는 경쟁이다. 공자가 '위기지학'을 강조했듯이 교육은 각자가 자신의 사람됨을 힘써 드높이는 일이다. 이 사람됨 속에 다양한 지식, 기술, 가치가 포함되며 능력과 노력이 포함된다. 교육적인 경쟁은 성공과 실패를 나누지 않는, 승자와 패자를 가르지 않는 '무패의 경쟁'이다. 아무도 지지 않는, 이기고 질 것이 없는 자기 내면의 더 나음을 지향하는 자기와의 경쟁이다. 이 경쟁의 기준은 밖에 있지 않고 자기 안에 있으며, 경쟁의 보상을 남이 하는 것이 아니라 내가 한다. 돈이나 권력으로 보상받지 않고, 더 나은 사람이 되는 즐거움으로 보상한다. 경쟁이니만큼 상대를 의식할 수 있겠지만, 그들을 짓밟고 나만 차지하는 경쟁은 교육적인 경쟁이 아니다.[19] 오히려 교육적인 경쟁은 서로가 서로를 돕고 격려하며 함께 나아가는 대동상생大同相生의 협력적 경쟁이다. 교육적인 경쟁은 승부를 가르는 스포츠의 경쟁이 아니며,[20] 더 높은 지위를 다투는 사회의 경쟁이 아니며, 적자생존으로 내몰고 내몰리는 시장의 경쟁이 아니다. 우리는 그런 경쟁들과 교육의 경쟁을 구분해야 한다. 그럼에도 불구하고 우리 사회의 학교와 교육을 지배하는 경쟁에는 그 구분이 없으며, 교육적인 경쟁에 대해서는 관심이나 숙고조차 없다.

우리 학교와 교육의 경쟁 끝에는 적극적인 '일자리' 또는 소극적인 '밥벌이'가 있다. 최소의 노동으로 최대의 보상을 추구하는 경제적 '안락'이 있다. 하기 싫은 것은 남이 하게 하고, 하고 싶은 것은 내가 하는 권력 다툼에서의 '차지'가 있다. 이러한 지고의 가치는 '취직' 또는 '취업'이라는 이름으로 학교를 파고들고 교육을 왜곡시킨다. 더 좋은 '일자리'를 갖기 위해서, 아니면 적어도 '밥벌이'라도

---

19) 이 점에서 비교와 서열화를 전제하는 상대평가에는 비교육적인 경쟁을 부추길 가능성이 내재되어 있다. 내가 보기에 우리 사회에는 경쟁적이고 객관적인 상대평가를 당연시하는 풍조가 만연해 있다. 상대평가보다 절대평가가 더 바람직하다고 여기는 사람들조차도 그 신뢰도, 비용, 능률 등의 문제를 지적하면서 상대평가가 불가피하다고 물러서는 경향을 보인다.

20) 스포츠에서는 승패를 두고 치열한 경쟁을 펼치지만, 그 결과에 대해서 깨끗하고 겸허하게 승복하는 전통을 이어왔다. 그와 아울러 경쟁의 과정을 최대한 공정하게 규정하고 준수한다는 규범문화를 정립해 왔다. 교육적인 경쟁은 그와 같이 결과보다 과정을 더 중시하는 경쟁이다.

하기 위해서 경쟁적으로 더 쓸모 있는 교육을 '받아야' 한다.[21] 더 '좋은'전망 있는 학교와 학과를 나와야 하고, 더 '높은'경쟁을 물리칠 수 있는 자격과 학위를 따야 한다. 이와 같은 경쟁을 둘러싼 세태의 문제들은 근본적으로 교육문제가 아닌 사회문제들이다.

학생들이 진로를 '탐색'하는 모습에서, 어른들이 학생의 진로를 '지도'하는 모습에서 나는 이와 연관된 개념적 혼미昏迷 사태를 본다. 진로進路는 말 그대로 '앞으로 나아갈 길' '앞으로 살아갈 길'이다. 이 '길'의 가장 포괄적인 이름은 '일'이다. 그래서 진로는 '앞으로 살아가며 할 일'이다.[22] 그런데 이 '일'은 우리 사회에서 흔히 직職 일자리으로, 직업職業이나 직장職場으로 단순히 축소된다. 예컨대 산이 좋아서 산에 관련된 '일'을 하며 살고자 하는 사람이 있다고 하자. 그 사람이 산에 관련된 일을 할 수 있는 '직업'은 각종 임업은 물론이요 등산가, 산행가이드, 산악구조원, 산림관리자, 숲해설가, 약초꾼, 산림학자 등등 부지기수다. 관련된 취업을 할 수 있는 직장 또한 헤아릴 수 없이 많다. 학생들의 진로 탐색과 어른들의 진로 지도는 바로 이 일과 직업과 직장 사이에서 섣부른 축소 없이 이루어져야 한다. 우리말 '일'은 영어로 'work'일 수도 있고 'labor'일 수

---

21) 우리는 교육을 '한다'고 말하지 않고 '받는다'고 말하는 데 익숙하다. 왜 그럴까? 학습자의 수동성을 전제하는 개념인데도 말이다. 교학상장(敎學相長), 즉 교수와 학습의 상호적 작용과 성장을 도외시하는 관념인데도 말이다.

22) 흥미롭게도 사람들은 흔히 이 말을 '사회에 나가서 할 일'이라고 표현한다. 여기서 학교는 사회가 아니며, 학생은 사회 사람이 아니다. 정말 그런 사회를 떠난 학교, 사회 사람이 아닌 학생이 있을 수 있는가? 왜 이렇게 학교와 사회를 구분하는가? 내가 교육문제와 사회문제를 구분하는 논리와는 어떻게 다른가?

도 있다.[23] 우리말 '직업'은 영어로 대단히 폭넓은 용어의 스펙트럼을 가진다. 몇 가지 예만 들어보아도 'job' 'career' 'occupation' 'vocation' 'calling' 'profession' 'business' 등등 숱하게 많다. 이 낱말들의 의미와 용법은 정말 다양하다. 그리고 우리말 '취업' '취직' '고용'은 영어로 'employment'인데, 이는 앞의 낱말들과 또 다른 의미와 용법을 가진다. 그런 만큼 진로를 일이 아닌 직업, 취업, 취직, 직장, 고용 등의 문제로 단순화시켜서는 곤란하다. 그리고 이 모든 진로의 문제가 곧 단순히 교육문제가 아니라는 사실을 주목해야 한다.

직업을 지칭하는 다양한 영어 낱말 가운데 나는 'occupation'을 특히 주목한다. 우리나라 사람들의 직업관이 'occupation'에 치우쳐 있기 때문이다. 알다시피 'occupation'은 차지함, 점유함, 점령함을 뜻하는 동사 'occupy'의 명사형이다. 차지, 점유, 점령은 그 성격상 한정적이고 배제적이다. 이를테면 삼성전자가 500명의 신입사원을 선발할 때 501등은 그 일자리를 차지할 수 없다. 한국인이 선망하는 일자리의 대부분이 그렇다. 공무원, 법관, 의사, 약사, 회계사, 변리사, 교사, 교수 등등 모두가 정원을 한정하고 선발을 하는 시스템이다. 이와 같이 한정적이고 배제적인 일자리는 상대적인 경쟁을 전제하며, 닫힌 직업관을 배태한다. 그와 달리 '창업'은 절대적인 도전을 전제하며, 열린 직업관을 생성한다. 교육은 기존 직업이

---

23) 알다시피 'labor'는 '노동'인 일이다. 아래 용어들의 나열에서 비정규직 파트타임 일일 수도 있는 'job'은 경력직인 'career'와 구분된다. 'Occupation'은 우리말 '직업'에 가장 부합하는 낱말이다. 'Vocation'과 'calling'은 흔히 '천직'으로 번역한다. 'Profession'은 전문직, 'business'는 사업을 특정한다.

나 직장에 인력을 충원하는 기능을 가지지만, 그에 못지않게 새로운 직업을 창출하는job creation 기능을 가진다. 내가 보기에 우리 사회의 경우, 상대적인 경쟁의 닫힌 직업문화, 취업문화가 고스란히 학교로 들어와서 변질된 능력주의와 왜곡된 시험주의를 비롯한 "교육문제"들을 낳고 있다.

인류학자 조지 포스터Foster, 1979는 경쟁, 특히 정치경제적 경쟁의 근저에 '한정된 재화의 이미지image of the limited good'가 있다 하였다. 이는 세상의 '좋은 것'돈, 명예, 권력 등이 한정된 양만 존재하며, 따라서 그 '차지'를 향한 쟁투가 불가피하다고 보는 관념 체제이다. 한 사람혹은 집단이 좋은 것을 차지하면 다른 사람혹은 집단은 그만큼 기회를 잃게 된다고 믿는 신념 체제이다. 이러한 관념 또는 신념은 대단히 널리 퍼져 있는 것이며, 아예 그릇된 것이라 말할 수도 없다. 그러나 세상의 '좋은 것'이 과연 무엇이며, 그것들이 정말 그렇게 한정적인지, 또 한정적이라면 쟁투가 불가피한 것인지 등에 대해서는 이론異論의 여지가 있다. 아무튼 다분히 폐쇄적이고 소극적이며 보수적이기도 한 이 관념과 신념의 체제로 인해 사회의 각종 경쟁이 야기된다고 포스터는 보았다.

내가 보기에 우리 사회에도 '한정된 재화의 이미지'가 오래전부터 만연해 왔다조용환, 1993a. 포스터가 지적했듯이 이 보수주의적 세계관의 두드러진 특징은 '내부 경쟁'과 '가족이기주의'이다. 닫힌 생태계의 주어진 한정 안에서 적자생존을 도모할 때 한 사회 내부의 경쟁이 불가피하다. 그리고 그 경쟁의 단위는 자연히 피를 나눈 가족, 또는 가문과 같은 확대가족이 되기 마련이다. 예컨대 포스터가 연구한 친춘찬Tzintzuntzan 사회의 각 농민 가구는 이웃과 분리된 상태에서 독자적으로 생산을 결정하고 경쟁적으로 노동력을 투입한다. 자기 가족의 나은 형편을 숨기고, 이웃에 비해서 상대적 위세가 떨어질까 두려워하며, 가족 중심 또는 가까운 혈족 중심의 폐쇄적인 우애와 협동을 도모한다. 그런데 원시 부족사회나 제3세계의 농민사회에서 흔히 발견되는 이 '한정된 재화의 이미지'는 그들 자신의 문화적 선택이기도 하지만, 식민주의의 억압을 이겨내기 위한 소극적 저항의 산물이기도 하다. 말하자면, 그들 스스로 어떻게 해볼 수 없는 엄청난 힘 아래에서 살아남기 위해 제한된 범위의 믿을 수 있는 최소한 생존 단위인 가족을 중심으로 경쟁하지 않을 수 없다는 것이다.

이는 박경리의 〈토지〉에서 읽는 우리 식민지 생활사와 상통한 점들이 있지 않은가? 해방되고 75년이 지난 지금까지도 우리는 '한정된 재화의 이미지'에서 벗어나지 못하고 있는 것이 아닌가? 특히 우리 사회의 "교육열"[24] 현상에서 내부 경쟁과 가족이기주의를 고스란히 볼 수 있지 않은가? 위에서 예로 든 친춘찬 농촌 친족문화의 특성을 우리 사회의 학교문화 혹은 교육문화에서 찾는 데 별 어려움이 없지 않은가? 우리 사회의 대다수 가족들은 이웃과 사회의 공동 행복을 크게 염두에 두지 않은 채 오로지 가족이기주의에 갇혀 "교육"에 관련된 선택을 하고 경쟁적으로 학교 안팎에서 "교육비"

---

24) 흔히 말하는 우리 사회의 "교육열"은 실상 학교열, 학력열, 학벌열이다(조용환, 2001a). 나는 그 "교육열"이 두 가지 현상의 복합체라고 분석한 바 있다(조용환, 1993a). 먼저 양적인 측면에서 수요가 공급을 초과하는 '지나친 교육열' 현상이다. 그리고 질적인 측면에서 교육에 관련된 의미체계의 혼란으로 인한 '빗나간 교육열' 현상이다. 우리 사회는 공급이 한정되어 있는 더 좋은 학교, 더 높은 "교육"을 희구하는 지나친 수요를 가지고 있다. 그리고 교육의 본질을 벗어난 비교육적 경쟁이라는 빗나간 열기를 가지고 있다.

를 투입한다.[25) 다른 아이들에 비해 자기 아이의 학업이 '상대적으로' 뒤질세라 날을 세우지만, 우리 사회 아이들 모두가 더불어 살아갈 행복한 사회를 꿈꾸면서 '절대적으로' 소중한 교육에 대해서는 무관심하거나 무감각하다.

현실사회가 아무리 각박하더라도, 보다 나은 이상사회를 부단히 추구해야 한다. 더 나은 사회는 답보적이기보다는 진취적이고, 독단적이기보다는 대화적이며, 이기적이기보다는 복지적이고, 단견적이기보다는 긴 안목의 사회임에 틀림이 없다. 그 사회의 교육 또한 마땅히 진취적이고 대화적이며 복지적이고 긴 안목의 것이어야 한다. 만약 지금과 같이 '한정된 재화의 이미지'에 갇혀서 내부 경쟁과 가족이기주의를 답습한다면 우리 교육, 우리 사회에는 희망이 없다. 반면에 '좋은 것'은 얼마든지 새롭게 발견하고 개척할 수 있으며 함께 나누어 가질 수 있는 것이라고 생각을 바꾼다면 교육다운 교육, 더 좋은 사회로 분명히 나아갈 수 있을 것이다. 이때의 경쟁은 위에서 말한 '교육적인 경쟁'이 될 것이다. 교육이 추구하는 지식, 기술, 가치는 결코 한정된 것이거나 배제적인 것일 수 없다.

3. 재생산의 사회학

민주주의는 자유와 평등의 균형을 전제로 성립하는 사회 질서다.

---

25) 명문대학 입시를 정점으로 하는 학교선발과 선망 직장 취업을 정점으로 하는 사회선발을 위해 도구적으로 투입하는 "교육비"가 진정 교육다운 교육을 위한 비용인가?

민주주의는 근대 이전의 신분사회 혹은 계급사회가 억압해 온 개인의 개성과 자유를 이념화하였다. 그리고 전근대적인 유형무형의 차별과 불평등으로부터 해방을 보편화하였다. 공명정대한 경쟁을 전제로 능력주의와 시험주의가 각종 제도로 정착하였다. 그럼에도 불구하고 이념형으로서 민주주의가 현실태에서 온전히 실현되는 곳은 세상 어디에도 없다. 오히려 자유주의와 자본주의의 기묘한 결합 속에서 부자유와 불평등 체제가 은밀하게 '진화'해 온 사회들이 적지 않다. 전 지구적으로 사회 계급 혹은 계층의 양극화가 날로 심각해지고 있다. 무절제한 시장과 국가의 힘이 공정성과 공공성을 추구하는 시민사회를 무력화시키고 있다. 무한노동, 불로소득, 금수저, 갑질, 부동산 왕국의 오명을 쓰고 있는 지금 우리 사회도 결코 예외가 아니지 않은가?

듀이Dewey, 1916가 역설했듯이 교육은 민주주의의 구현에 핵심적인 사회 장치이다. 그러나 그것은 교육이 교육다울 때의 이야기다. 교육이 교육답지 않은 사회에서는 일그러진 "교육"이 민주주의를 저해하는 장치가 될 수도 있다. 내가 보기에 우리 사회의 왜곡된 "교육열"이 바로 그런 장치로 작동하고 있다. 많은 교육사회학자들이 교육을 사회재생산social reproduction 장치라 비판해 왔다.[26] 교육이 기존의 계급 격차, 계층 불평등을 해소하기보다는 재생산혹은 확대재생산하

---

26) 윌리스(Willis, 1981a)는 생산(production)과 재생산(reproduction)을 먼저 구분하고서, 재생산의 여러 양태를 분석하였다. 재생산은 유전을 비롯한 생물학적 재생산과 후천적 환경의 차이로 인한 비생물학적 재생산으로 나뉜다. 후자가 특히 사회 인프라의 문제와 결부될 때 사회재생산으로, 그것이 '문화의 옷'을 입을 때 문화재생산이라 규정된다. 윌리스는 학교교육과 청소년문화의 사회재생산 현상을 연구한 끝에 '재생산 이면의 생산'을 주목해야 한다고 역설하였다. 특히 학생과 청소년의 적극적이고 능동적이고 주체적인 '문화 생산' 역량을 이론화하고 그 실천적 지지를 촉구하였다.

는 데 기여하고 있다는 지적이다. 그 핵심에 학교와 학교교육이 있다. 우리 사회에서도 추구와 비판이 엇갈리는 학교의 서열화 또는 위계화 문제가 대표적이다. 학교의 교육목표, 교육과정, 교과서, 수업, 시험, 상담, 생활지도 구석구석에 사회재생산 기제가 알게 모르게 작동하고 있다. 경쟁 지상의 학교문화 전반에 걸쳐 사회재생산 구조가 배어 있다. 일상적인 학생문화와 교사문화의 재생산적 속성이 연구를 통해서 다각도로 드러나고 있다. 이러한 문화의 재생산적 속성, 또는 사회재생산의 문화적 과정을 특정하여 부르디외Bourdieu, 1977; 김영화, 2020는 문화재생산cultural reproduction 이론을 정립하였다.

부르디외 학파의 문화재생산 이론은 사회-가정-학교를 계급적 주체의 생애사적 맥락에서 관통하는 '아비투스habitus'로 연계하는 공헌을 하였다.[27] 사회 질서가 거시적인 구조와 제도의 맥락 속에서 일상적인 문화와 습성을 통해 재생산된다는 것이다. 가시적 표현태phenotype이기보다 비가시적 생성태genotype인 특성으로 인하여 아비투스는 제도와 정책보다 더 강고하고 위력적일 수 있다. 이는 그람시Gramsci, 1971가 일상적 지배를, 푸코Foucalult, 1995가 미시적 정치를 중시한 것과 같은 맥락의 것이다. 나는 우리 사회 교육혁신의 가장 큰 걸림돌이 교육대중 일반의 비본질적인 교육문화에 있다고 확신한다. 입시제도를 아무리 바꾸고 혁신학교를 애써 보급해도 교육다운 교육이 이루어지지 않는 까닭이 **구조가 아닌 문화, 제도가 아닌**

---

27) 아비투스는 개개인의 습관(habit)이 아니라, 사회문화적이고 역사적이며 제도적인 구성체가 다분히 계급적으로 개개인에게 내면화되는 복합적인 과정과 그 산물을 일컫는다.

사람에 있기 때문이다.[28]

물론 나는 학교와 교육이 사회재생산에만 복무하거나 기여한다고 보지 않는다. 만약 그렇다면 변화와 개선의 희망이 없을 것이다. 나는 질서를 재생산하는 '사회화'와 달리 교육은 그 본질상 개선과 변혁의 가능성을 가진다고 믿는다조용환, 1997. 까뮈Camus, 1942와 아렌트Arendt, 1958; 박은주, 2018와 윌리스Willis, 1981a·b가 역설했듯이, **구조 속의 '노동'이 아닌 인간 조건으로서 '행위'**는 우리 모두에게 주체적 참여와 생산의 의미를 가진다. 그로 인해 사회의 모순과 부조리를 간파하고 그에 도전하는 능동적이고 긍정적인 힘을 가진다. 니체가 말하는 '힘을 향한 의지Wille zur Macht'의 그 힘 말이다.[29] 이 힘은 주어지거나 물려받는 힘이 아니라 주체 스스로 갈고닦아 '만드는machen' 힘이다.

혹시 우리는 지금까지 교육을 '사회화'와 혼동하면서, 사회재생산의 '문화전달'과 혼돈하면서 문화재생산의 늪에 스스로 빠져서 허우적대고 있지는 않은가? 어찌할 수 없는 사회 현실을 탓하면서 '계란으로 바위 치기'라는 식의 교육 패배주의에 빠져오지는 않았는가? 남들이 다 그렇게 하니까 나도 따라갈 수밖에 없다며 사회의 불공정과 부조리를 지레 왜곡된 "교육"으로 합리화하고 있지는 않은가? 사회문제가 교육에 영향을 미치는 것은 피할 수 없다. 그러나

---

28) 부동산 제도와 정책을 아무리 바꾸어도 주택문제를 근본적으로 해결할 수 없는 변고도 마찬가지다. 집을 누구나 고르게 나누어 가져야 할 보금자리가 아닌 재산 증식과 관리의 도구로 삼는 일그러진 주택문화 때문이다.

29) 이를 사람들은 흔히 '권력의지'라 오독한다. 그릇된 일본발(發) 번역 탓이다. 이에 대한 자세한 논의는 나의 논문 〈차라투스트라는 이렇게 수업했다〉(조용환, 2014)를 참고하면 좋겠다.

교육이 사회문제의 식민지나 온상을 자처하지는 말아야 한다. 다른 모든 삶의 형식이 그렇듯이 교육 또한 상대적 자율성을 가진 독자적인 삶의 형식이다. 교육에 헌신해 온 나로서는 교육이 더 나은 사회의 건설에 주도성을 가져야 하고 가질 수 있다고 믿는다. 바로 그 점에서 사회문제를 교육 본연의 문제와 혼동하지 않고자 한다.

사교육과의 전쟁

　지금까지 우리는 시험의 사회학, 경쟁의 사회학, 재생산의 사회학을 핵심 주제로 삼아서 사회문제가 '교육의 옷'을 입고 어떻게 "교육문제"가 되어왔는지 살펴보았다. 사회선발이 학교선발로 이어지고, 학교선발이 교육 전반을 왜곡하는 양상을 살펴보았다. 그런데 이 사태의 문제들이 우리 교육 현실에서 압축적으로 나타나고 있는 것이 바로 "사교육 문제"이다.

　해방 이후 우리 정부들은 간단없이 교육의 혁신을 추진해 왔다. 특히 전두환 정권이 '교육개혁심의회'와 같은 범정부적 기구를 설립한 이후[30] 교육혁신을 추진한 기구들의 공통적인 핵심 목표는 학교교육의 정상화에 있었고, 그에 역행하는 사교육의 폐해를 줄이는 데 있었다.[31] 1980년 '7 · 30 교육개혁'의 골자는 '학교교육의 정상화 및 과열 과외 해소방안'이었다. 그리고 이는 이명박 정부가 추진한 '공교육의 정상화를 위한 사교육과의 전쟁'에 이르기까지 고스란히 대물림되었다. 교육개혁의 이러한 핵심 목표는 슬로건으로 표방하지는 않았더라도 박근혜 정부와 문재인 정부에서도 크게 달라

---

30) 그 기구들의 명칭은 전두환 정부의 교육개혁심의회, 노태우 정부의 교육정책자문회의, 김영삼 정부의 교육개혁위원회, 김대중 정부의 새교육공동체위원회, 노무현 정부의 교육혁신위원회, 이명박 정부의 국가교육과학기술자문회의로 바뀌어 왔다. 박근혜 정부와 문재인 정부는 교육개혁 추진체로서 대통령 직속의 기구를 따로 설치하지는 않았다.

31) 이 목표는 박정희 정부의 1968년 중학교 평준화, 1973년 고등학교 평준화 정책에서도 일관되었던 것이다.

지지 않았다. 그러한 지난 반세기의 엄청난 노력에도 불구하고 공교육의 정상화가 여태 이루어지지 않았고 사교육과의 전쟁이 종식되지 않았다고 하니 정말 심각한 사태가 아닐 수 없다. 왜 그럴까? 무엇이 문제일까?

1. 공교육과 사교육

'공교육의 정상화를 위한 사교육과의 전쟁'이라는 말은 공교육이 비정상적으로 운영되어 문제가 있음을 전제하고 있다. 그리고 사교육이 정상적인 공교육을 침해하는 '적군'임을 전제하고 있다. 이 두 전제의 수용 여부에 따라서 그 표어 속 '전쟁'이 의미를 가질 수도 있고 가지지 않을 수도 있다.

그렇다면, 다음 몇 가지를 먼저 진지하게 묻고 답해야 한다. 도대체 공교육은 무엇이며, 사교육은 무엇인가? 그리고 공교육의 정상성과 비정상성은 무엇을 기준으로 판단할 수 있는가? 그 기준에 의거할 때 우리 사회의 공교육은 비정상적으로 운영되고 있는가? 만약 그렇다면, 어떤 근거로 그런가? 만약 그렇지 않다면, 왜 그런 근거 없는 담론이 등장하여 회자되고 있을까? 사교육은 왜 나쁘며 왜 전쟁을 해서까지 물리쳐야 하는 것일까? 사교육이 정상적인 공교육을 침해하고 있는가? 그렇다면, 어떤 근거로 그런가? 그렇지 않다면, 왜 그런 근거 없는 담론이 등장하여 회자되고 있을까?

공교육은 근대 이후 국가가 교육의 공공적인 목적, 내용, 방법, 환경 등을 구현하기 위해서 학교를 중심으로 체계화하고 제도화한 교

육이다. 여러 형태의 국공립 학교에서 이루어지는 교육이 공교육의
전형이다. 각종 사립학교의 경우에는 지원과 통제의 방식에 따라서
공교육의 경계를 넘나든다. 여러 형태의 대안학교는 더더욱 그렇
다. 고등교육 이전의 공교육은 대체로 국가의 사회보장적 책무성에
기초하여 국민 공통 의무교육의 형태로 제도화되어 왔다. 공교육의
최우선 원칙은 보편성, 즉 '만인을 위한 교육Education for All'이다. 그것
을 뒷받침하기 위해서 '기회 균등의 원칙'과 여러 차원의 '보장적
평등주의 원칙'을 준수하고자 한다.[32] 교육을 수요-공급의 시장 논
리에 맡겨 상품화해서는 안 된다는 것이 공교육의 기본 철학이다.
의무화한 국민공통교육의 경우에는 더더욱 그렇다. 교육은 그 본질
상 경제적 재화와 서비스처럼 경쟁적이고 배타적인 사유 혹은 전유
의 대상이 되어서는 안 되기 때문이다. 그렇다면, 우리나라 국민 공
통 의무교육 단계의 학교교육은 정말로 '기회 균등의 원칙'과 '보장
적 평등주의 원칙'을 온전히 구현하고 있는가? 제도화만 그렇게 되
어 있을 뿐, 그 실상은 오히려 균등과 보장을 결여한 채 차별적이고
사적인 손길에 더 내맡겨져 있지는 않은가?

이와 같이 공교육의 의미와 의의가 비교적 분명한 데 비해서,[33]
사교육의 의미와 의의는 그리 분명하지가 않다. 가장 포괄적인 규
정은 '공교육이 아닌 교육' 일반을 지칭하는 배제적 규정이다. 그런
데 이는 공교육 혹은 학교교육 이외의 모든 교육을 사교육이라 범

---

32) 여기에는 진입의 평등, 과정의 평등, 결과의 평등, 보상의 평등 등이 두루 포함된다. 공명정대한
평등의 여러 걸림돌에 대해서 샌델(Sandel, 1999, 2010)은 소상히 분석하고 있다.

33) 앞서 언급했듯이 공교육과 연계될 수밖에 없는 홈스쿨링이나 미인가 대안학교의 교육을 공교육이
라 볼 것인지와 같은 문제를 따져보면 이 또한 결코 분명하지 않다.

주화함으로써 가정교육, 사회교육, 기업교육을 비롯한 다양한 형태의 '평생교육'과 혼동을 야기할 수 있다. 그래서인지 우리 사회에서는 '사교육'이 통념적으로 공사립학교 밖에서 이루어지는 '과외 공부'와 '학원 교습'을 통칭하는 의미로 쓰인다. 여기서 과외 공부는 개인 혹은 그룹 단위로 이루어지는 튜터 과외, 학습지 과외, 온라인 과외 등을 포함한다. 이때의 사교육은 실상 공교육이 아니면서 그 목적이나 성과가 공교육으로 회귀하는 아이러니를 내포하고 있다. 공교육이 평등을 주 원칙으로 삼는 것과 달리 사교육은 자유를 앞세우는 경향이 있다.

교육에 대한 관심이나 요구는 다양하기 마련이다. 그러므로 학교를 비롯한 제도적 공교육뿐만 아니라, 평생교육 차원에서 다양한 교육적 관심과 요구를 보살펴야 할 것이다. 모든 학습자가 자신이 원하고 자신에게 알맞은 교육의 기회를 가지도록 사회가 보장해야 할 것이다. 공교육이 두루 돌보지 못하는 관심과 요구라면 사교육이 감당해야 하고, 국가가 그것을 지원해야 할 것이다. 즉 교육의 평등 못지않게 자유를 존중하면서 양자의 조화를 기해야 한다는 말이다. 사교육을 골치 아픈 문젯거리로 볼 것이 아니라, 공교육과 마찬가지로 그 목적과 내용과 방법이 교육적이도록 안내하고 지원해야 한다는 말이다.

바람직한 사교육은 공교육과 연장, 보충, 보완, 대체 등의 관계 또는 역할을 가질 수 있다. 천차만별인 학습자의 신체적 여건이나 [34] 교수자와의 상호신체적 관계intercorporeal relations를 학교가 다 고르

---

34) 신체적 장애를 가진 학습자들, 장기 입원이 불가피한 학생들, 평균적 신체를 갖지 않아 놀림과 소외를 당하는 아이들을 특히 유념하자.

게 아울러 배려하는 데에는 한계가 있기 마련이다.[35] 시간적으로나 공간적으로도 학교교육에는 여러 가지 한계가 있기 마련이다. 요컨대 교육을 다 공교육으로 제도화하기가 어렵고, 또 그래야 하는 것도 아니다. 심지어 사교육이 공교육보다 더 효율적이거나 교육의 본질에 더 충실할 수도 있다. 내가 만나본 적지 않은 학생들이 의외로 '학원 예찬론'을 개진하여 당황한 적이 있다조용환, 2009. 이들은 학교 대비 학원의 장점으로 교수자의 유능함, 좋은 시설, 친절한 서비스, 개별화 지도, 효율적인 진도, 시험 불안의 해소 등을 들었다. 물론 "찍기"요령과 같은 비교육적인 "장점"들도 많았다.

  그런데 공교육이든 사교육이든 정작 "교육"에 대한 우리 사회의 관심과 요구는 바람직하지 않은 방향으로 획일화되어 온 경향이 있다. 이른바 "좋은 학교" 나와서 "좋은 일자리" 얻는 목표로 "교육"들이 일로매진하는 경향이 있다. 그런데 그런 목표는 사회적인 목표일지언정 교육적인 목표일 수 없다. 우리 사회의 "사교육"에서는 그러한 비본질적인 양상이 더욱더 첨예하게 나타나고 있다. 그래서 그런지 사교육을 부정적으로 보는 인식이 우리 사회를 지배하고 있다. 자녀의 좋은 상급학교 진학과 좋은 직장 취업을 위해서 "사교육"에 투자를 아끼지 않는 부모들조차도 그런 부정적인 인식을 알게 모르게 가지고 있다. 막대한 "사교육비" 때문에 내키지는 않더라도, 치열한 '무한경쟁'에서 우위를 점하고 성공을 도모하기 위해

---

35) 너무나 많은 아이들이 드러나거나 드러나지 않은 채 "교육"의 장에서 성폭력, 왕따, 학교폭력, 개무시, 낙인 찍기 등을 당하고 있다. 학우나 교사와의 비교육적인 관계로 인해 학교에서 씻을 수 없는 상처(trauma)를 입는 아이들도 너무나 많다. 이와 같이 "교육"의 이름으로 야기되는 비교육적인 사고들을 나는 '교육사고'라 통칭한다. 부주의하거나 부적절한 의료행위로 인해 적지 않은 환자들이 겪게 되는 '의료사고'와 같이 말이다.

서 어쩔 수 없이 "사교육"을 한다는 것이다. "사교육"에 의지하지 않고도 좋은 학교에 진학하고 좋은 직장에 취업할 수만 있다면 왜 굳이 "사교육"에 투자를 하겠느냐는 것이다.

그러나 차분히 따져보자. 공교육은 무조건 좋고 사교육은 무조건 나쁘다는 식의 이분법이 과연 적절한가? '공교육의 정상화'가 거론되는 것을 보면 공교육 또한 비정상적일 때에는 나쁜 교육이 될 수 있음을 알 수 있다. 그렇다면 공교육이든 사교육이든 그것이 교육다운 교육이라면 다 좋지 않은가? 그래서 우리가 정작 문제로 삼아야 할 것은 어떤 "교육"들이 교육다운 교육, 즉 교육의 본질에 충실한 교육인지 아닌지 그 여부가 아닌가? 그럼에도 불구하고 우리 정부와 교육운동단체들은 왜 그리도 오랫동안 집요하게 '사교육과의 전쟁'에 힘을 쏟아왔는가? 별반 효과도 없이 소모적으로 말이다. 도대체 사교육에 어떤 비교육적 폐단이 있어서 그러는가?

2. 사교육의 폐단

교육의 발생적 연원을 거슬러 올라가면 국가가 교육의 공공적인 목적, 내용, 방법, 환경 등을 구현하기 위해서 학교를 중심으로 체계화하고 제도화한 교육, 즉 공교육은 태초에 없었다. 그러니 모든 교육이 사교육이었던 셈이다. 크고 작은 무리를 지어 살면서 자연스럽게 이루어진 세대 간 학습이 인류 시초의 모습이었다. 그러다가 학습의 방향과 효율을 위한 교수가 발명되었고 학교가 생겨났다. 국가와 학교를 중심으로 하는 오늘의 제도화된 공교육은 아무리 길게

잡아도 300년이 채 될까 말까 한 근대화의 과정이요 산물에 불과하다. 그 점에서 사교육은 공교육보다 더 원초적이고 자연발생적인 것이다. 사교육이 개인이나 소규모 집단의 교육적 요구에서 자연스레 생성되는 것임에 비해, 공교육은 민주주의와 공공선의 실현을 목적으로 산발적이고 분방한 "교육"들을 국가가 다분히 억압적으로 부자연스럽게 포획한 것이다. '만인을 위한 교육'을 위해서 국가의 두 가지 역량, 즉 통제와 지원을 동원하는 과정으로 제도화한 것이다.

더 나은 인간의 형성을 지향한다는 점에서 모든 교육은 사적인 동시에 공적인 과업이다. 개성이 다른 한 사람 한 사람 '나'의 교육이기에 공적일 수만은 없고, 더불어 살아가야 하는 '우리'의 교육이기에 사적일 수만은 없다. 사회와 국가의 일뿐만 아니라, 개인과 가정의 일에도 공공선이 전제되어야 한다. 성숙한 인간으로서 알고 습득해야 할 지식, 기술, 가치가 있다면 공교육과 사교육을 막론하고 그것이 교육의 내용이 되어야 한다.

공교육은 일정 기간 '의무취학'을 제도화하고 있다. 그러나 그 '의무취학'이 제도적으로 가능한지는 몰라도 '의무교육'은 실상 불가능하다. 공교육, 사교육 가릴 것 없이 교육은 의무적으로 할 수 있는 일이 아니며, 누군가의 교육을 다른 누군가가 좌지우지할 수 있는 것도 아니다. 공교육과 사교육 모든 영역에서 공과 사, 국가와 개인은 부단히 교차하기 마련이며, 따라서 부단히 서로 협력하고 협상해야 한다.

그렇다면, 문제가 무엇인가? 교육 그 자체가 아니라, 앞서 논의한 시험과 경쟁과 재생산이 문제다. 달리 말해 사교육 문제는 근본적으로 교육문제가 아닌 사회문제다. "교육"의 기회와 결과를 둘러싼 사회적 긴장과 불안과 갈등의 문제다. '한정된 재화'를 놓고서 적자생존을 다투는 정치경제적 게임의 문제다. 그리고 그 문제는 "교육비" 문제로 구체화된다.[36] 사람들이 생각하는 "교육"에는 비용이 든다. 맞다. 모든 일에는 돈을 비롯한 자원이 필요하다. 하지만 '돈을 비롯한 자원'이 곧 교육은 아니다. 교육비와 교육은 연관성은 있으나 별개인 문제다. 그럼에도 불구하고 많은 사람들이 사교육의 폐단을 교육비에 따른 사회적 불평등 조장과 심화에서 찾고 있다. 하지만 재생산론자들의 연구에 의하면 공교육에 의해서도 사회적 불평등이 다각도로 항상 이미 조장되고 심화되고 있다. 공교육에서조차도 학생들의 계급적 배경 때문에 기회의 균등과 보상의 평등이 구현되지 않고 있다는 것이다. 왜 그런가?

우리는 흔히 공교육의 혜택이 사회의 것인 반면에, 사교육의 혜택은 개개인의 것이라고 단정한다. 그래서 사교육의 비용은 당연히 개개인 혹은 개별 가정이 지불해야 한다고 단정한다. 그러나 본질적인 교육 즉 '교육다운 교육'이라면 공교육이든 사교육이든 좋은 것이며, 국가와 개인 모두에게 좋은 것이다. 따라서 모든 교육에 필요한 비용은 최대한 공공이 부담해야 한다. 비용 때문에 원하는 교육에 참여할 수 없는 사람이 있어서는 안 되기 때문이다. 물론 여기에는 사교육을 입시 경쟁의 도구가 아니라, 교육적 관심의 다양성으로 인한 공교육의 한계와 틈을 보충하는 교육이라 규정하는 전제가 있어야 한다.

---

36) 우리 사회에서 공교육비는 일반적으로 학교교육을 위해 교육기관이 공공 회계절차를 거쳐서 지출하는 비용이다. 반면에 사교육비는 학교교육을 위해 학부모가 지출하는 비용 중에서 공공 회계절차를 거치지 않는 비용과 학교교육 이외의 교육을 위해 학부모가 지출하는 비용을 포괄한다.

이 맥락에서 우리는 아래 〈그림 4〉와 같은 교육-교육비의 교차 양상 네 가지를 살펴볼 수 있다. 첫째, '공부담 공교육비'이다. 공교육비는 지극히 당연하게 공공의 부담이어야 할 것이다. 의무화된 공교육의 경우에는 더더욱 그러하다. 그러나 교복값, 책값, 등하교 교통비, 급식비, 체험학습비, 수학여행비 등등을 학부모가 지불해야 하는 사회에서는 공교육비의 일부를 개인이 부담하는 둘째 칸의 '사부담 공교육비' 양상이 나타난다. 아무런 돈 걱정 없이 자녀를 학교에 보낼 수 없는 학부모가 있다는 것이다. 책과 교복, 학교 활동의 질적 차등 때문에 기가 죽는 학생들이 있다는 것이다. 공교육에서조차 계층 격차, 계급 불평등이 나타날 수 있다는 것이다. 그렇다면 우리 사회는 어떤가? 그리고 앞서 언급했듯이 사교육비는 당연히 수혜자인 개개인이 부담해야 한다고 단정할 수 있다. 우리 사회의 통념인 이것이 셋째 칸의 '사부담 사교육비'이다. 그러나 사교육의 공공성을 전제한다면 사교육비의 일부 또한 공공이 부담해야 한다고 볼 수도 있다. 물론 여기에는 국가의 교육예산 정책과 역량이 뒷받침되어야 한다. 유럽의 일부 교육 선진국에서는 학생들 한 명 한 명의 특이한 재능과 관심을 교육적으로 보살피기 위해서 넷째 칸의 '공부담 사교육비'를 부분적으로라도 제도화하고 있다.[37]

---

37) 단적인 예로 '바우처(voucher) 제도'를 들 수 있다. 학교에 적절한 교수자, 프로그램, 시설 등이 없는 교육의 경우, 가능한 시간에 가능한 곳에 가서 학생들이 학습을 하고 그 비용을 공적으로 청구하는 제도이다.

교육비 부담		
	공부담	사부담
공교육	공부담 공교육비	사부담 공교육비
사교육	공부담 사교육비	사부담 사교육비

(왼쪽에 "교육 형태" 구분: 공교육 / 사교육)

〈그림 4〉교육비 부담 방식

　결론적으로 교육비는 교육 자체의 문제가 아닌 사회의 문제, 즉 교육재정의 사회적 부담 구조 문제이다. 이렇게 본다면 공교육이 무엇이고 사교육이 무엇인가에 대한 사회의 인식 혹은 규정에 따라서 교육비 부담 구조는 얼마든지 달라질 수 있다. 그러므로 우리 정부들이 그토록 심혈을 기울여 온 '사교육과의 전쟁'은 여러모로 방향이 빗나간 것이다. 내가 보기에 우리 사회의 오랜 교육문제는 사교육과 공교육 모두가 교육답지 않은 데 있다. 이를테면 많은 사람들이 과외나 학원을 필요악으로 여긴다. 왜 필요하고 왜 악한가? 만약 과외나 학원이 공교육이 미처 감당할 수 없는 다양한 교육적 관심과 요구를 충당하기 위한 것이라면 그것은 필요하고 선한 것이다. 그것들을 굳이 없애려고 할 것이 아니라, 올바른 방향으로 안내하고 지원해야 하는 것이다.

본질적인 개선의 필요성

우리가 '공교육의 정상화'를 논의하고 추구할 때 그 정상성과 비정상성의 기준이 무엇인가? 나는 그 기준이 '교육의 본질'이라 믿는다. 우리가 '사교육의 폐단'을 따지고 폐할 때 무엇에 근거해야 하는가? 나는 그 근거 또한 '교육의 본질'이라 믿는다. 그렇다면 그간 '공교육의 정상화를 위한 사교육과의 전쟁'이 교육의 본질을 기준으로 그에 근거하여 이루어져 왔는가? 그간의 숱한 교육개혁이 '교육다운 교육'을 기준으로 그에 근거하여 이루어져 왔는가? 이 질문들에 답하기 위해서는 먼저 교육의 본질이 무엇이며, 교육다운 교육이 어떤 교육인지부터 면밀히 깊이 살펴볼 필요가 있다. 그리고 정상적인 것이 곧 본질적인 것인가를 물어야 한다.

최근 들어 부쩍 인구에 회자하는 '노멀normal'은 한 시대 한 사회의 정상성, 일상성, 표준성을 지칭한다. 이를테면 'COVID-19' 이전 학교의 정상, 일상, 표준은 등교와 대면 수업이었다. 그것이 불가능해지면서 학교가 위기를 맞았다. 그러면서 학교의 '위기'가 교육의 '기회'가 될 수 있다고 주장하는 '뉴노멀new normal'이 반사적인 관심과 인기를 얻고 있다. 그런데 정말 지금 학교의 위기에서 향후 교육의 기회를 찾을 수 있을 것인가?

내가 공부하는 교육인류학에서는 '노멀'을 '문화'로 읽는다. 그리고 한 시대 한 사회의 교육문화가 곧 교육의 본질은 아니라고 믿는다조용환, 2001a. 본질은 시간을 견디고 사회를 견딘다조광제, 2004.

'견딘다'는 말은 그것에 한정되거나 속박되지 않는다는 말이다. COVID-19로 인한 지금의 사태가 그렇듯이 정상적이었던 것이 비정상적인 것이 되고, 비정상적이었던 것이 정상적인 것으로 바뀌고 있다. 그러나 시대와 사회와 환경이 바뀐다고 해서 본질이 그에 따라서 가볍게 변하는 것은 아니다. 이를테면 시대와 사회와 환경이 바뀐다고 해서 인간의 본질, 사랑의 본질, 교육의 본질이 쉽게 바뀌지는 않는다. 본질은 문화적 변화를 견디는 것으로 개념상 규정한 것이기 때문이다. 물론 본질이 절대불변의 무엇은 아니다. 오히려 문화를 넘나들면서 부단히 찾고 정립해 나가야 할 최대한의 보편타당성을 가진 무엇이다. 아무튼 이처럼 정상적인 것이 곧 본질적인 것이 아니라면, 이제 '공교육의 정상화'가 아닌 '공교육의 본질화'를 추구해야 하지 않겠는가?

1. 개혁 vs 개선

개혁과 개선은 변화를 추구하는 두 가지 방식이라 할 수 있다. 기존의 구조 혹은 질서를 혁파하여 근본적인 변화를 기하는 방식이 개혁이다. 그와 달리 개선은 기존 구조와 질서의 골격을 유지하면서 꼭 필요한 변화를 부분적으로 점진적으로 도모한다. 박정희 정부 이후 우리나라의 모든 정부는 눈에 잘 띄지 않는 교육의 개선보다 와자한 개혁을 추진해 왔다. 왜 그랬을까? 교육이 정녕 '백년대계百年大計'라면 각 정부들이 제각기 저마다의 개혁을 외치고, 잇달아서 또 개혁을 외쳐온 것이 혼란스럽지 않은가?[38] 그리고 반세기에 걸쳐서 그토록 많은 예산과 인력을 투입했음에도 불구하고 교육의 개혁 또는 혁신이 이루어지지 않았으니, 그 까닭이 무엇이며 문제가 정말 무엇일까?

개혁은 획기적인 변화를 추진하는 까닭에 힘차 보이고 선명해 보인다. 그래서 정치적 슬로건으로 삼기에 딱 알맞다. 그러나 한 개인의 습관을 바꾸는 일도 쉽지 않은데, 무수히 많은 다른 사람들이 모인 사회의 관습, 관행, 관성을 바꾸는 일이 결코 쉬울 리가 없다. 그럼에도 불구하고 개혁을 주창해 온 사람세력들은 문제가 워낙 본질에 관련된 것이어서 근본적인 개혁을 하지 않을 수 없다고 한다. 문제의 뿌리가 워낙 깊고 오래되고 넓게 퍼져 있어서 총체적인 개혁이 필요하다고 주장한다. 맞는 말일 수도 있다.

그런데 근본적이고 총체적인 교육개혁의 필요성 혹은 당위성에 대해서 초창기에는 수긍하는 사람들이 적지 않았던 것 같다. 나도 그랬다. 그러나 개혁에 이어 또 다른 개혁이 줄지어 시도되었지만 실질적인 변화가 없게 되자 사람들은 이제 더 이상 개혁을 믿지 않게 되었다. 이른바 '개혁 피로 증후'마저 만연해 있는 듯 보인다. 왜 이런 '헐벗은 반복Deleuze, 1968', 차이를 생성하지 못하는 반복이 지속되어 왔을까? 그러고도 또다시 교육개혁을 외쳐야 하는가? COVID-19 이후 '뉴노멀 시대'의 이름으로 외쳐대는 "교육혁신"은 종래의 "개혁"들과 같은 것인가 다른 것인가?

---

38) 60년 전통을 이어 핀란드의 교육개혁을 주도해 온 초정부적 '국가교육위원회'의 사례를 주목하자 (Aho et al., 2009).

내가 보기에 문제는 개혁 자체의 역설에 있다. 문제의 뿌리가 깊고 오래되고 넓게 퍼져 있다는 사실은 결코 단시일에 그 문제의 뿌리를 뽑을 수 없음을 시사한다. 그리고 문제가 본질에 관련되어 있다는 사실은 그 본질이 무엇인지를 먼저 철저히 분석하고 검토해야 함을 시사한다. 이 말은 개혁이 요구되는 문제는 결코 지금까지와 같은 단기적 반복의 "개혁"들로 해결할 수 없다는 말이다. 오히려 문제의 본질에 대해서 차근차근 충분히 따져보면서, 잃어버린 본질을 되찾기 위한 노력을 차근차근 충실히 실천해야 한다는 말이다.

모든 개혁의 성공과 실패는 문제 당사자들이 얼마나 그 개혁에 동의하고 동참하는가에 달려 있다. 여기서 먼저 짚고 넘어가야 할 것은 개혁을 외치는 사람들이 대체로 자신을 문제 당사자에서 제외하는 경향이 있다는 사실이다. 마치 자신은 문제 밖에 있어서 문제를 명확히 볼 수 있고 문제를 명쾌하게 해결할 수도 있다는 식의 오만한 태도를 취하는 경향이 있다는 사실이다. 하지만 문제가 그토록 뿌리 깊고 넓게 퍼져 있는데 독야청청한 국외자가 과연 있을 수 있는가? 만약 그렇지 않다고 한다면, 개혁을 외치는 사람들이 먼저 자신의 문제를 살피고 문제의 해결을 모범적으로 실천해 보여야 할 것이다. 그런데 지금까지의 개혁론자들이 정말 그런 실천을 우리에게 보여주었던가? 단언컨대 문제 당사자들의 철저한 성찰과 반성, 헌신적인 동의와 동참이 없는 개혁은 결코 성공할 수 없다.[39]

개혁은 아래로부터 이루어질 수도 있고, 위로부터 이루어질 수도

---

39) 우리나라 '부동산 문제' 해결의 근원적 실패에서도 그 좋은 예를 찾아볼 수 있다. 부적절한 부동산 제도와 정책으로 이득을 취해온 사람들이 그 폐단을 혁파하겠다고 나서는 부조리 말이다.

있다. 하지만 위로부터의 개혁은 그 성격상 국외자의 입장을 취하는 오만한 사람들이 문제 당사자들을 동의 없이 억지로 참여시키는 병폐를 가지기 십상이다. 그럼에도 불구하고 지난 반세기의 우리나라 교육개혁은 모두 정부가 주도한 위로부터 아래로의 개혁이었다. 그러니 개혁이 성공하는 데 필요한 성찰, 반성, 동의, 동참이 과연 충분하고 충실할 수 있었겠는가? 내 대답은 '아니올시다'이다. 그 결과 '나의 개혁' '우리의 개혁'이 아닌 '당신들의 개혁'이 반복되어 왔던 것이다. 요컨대 문제가 바로 나 자신에게 있고 우리 모두에게 있음을 철저히 깨닫지 못했기 때문에 실질적인 변화가 없었던 것이다. 남 탓, 제도 탓, 정책 탓을 하기 전에 먼저 각자가 자기 자신의 문제를 철저히 살펴보고, 자기 자신의 비교육적인 습성부터 하나하나 고쳐왔더라면 반세기라는 세월은 바람직한 변화를 보기에 결코 부족한 시간이 아니었을 것이다.

사르트르Sartre, 1946는 우리 인간을 '자유를 선고받은 존재'라 하였다. 절체절명의 위기에서도 인간은 자유自由, 즉 '스스로 말미암는' 존재라는 것이다. 프랭클Frankl, 1983은 자신의 나치 유대인 수용소 체험으로 그 명제를 입증하였다.[40] 의사였던 자신을 비롯한 적지 않은 의인義人들이 생사의 기로에서 '살아남기 위한 탈주'가 아닌 '목숨을 건 임무'를 고통스럽게 선택했던 것이다. 그럼에도 불구하고

---

40) 프랭클(Frankl, 1983)은 "수용소에서의 체험을 통해 나는 수용소에서도 사람이 자기 행동의 선택권을 가질 수 있다는 것을 알 수 있었다. …중략… 가혹한 정신적, 육체적 스트레스를 받는 그런 환경에서도 인간은 정신적 독립과 영적인 자유의 자취를 간직할 수 있다는 것이다. …중략… 인간에게 모든 것을 빼앗아갈 수 있어도 단 한 가지, 마지막 남은 인간의 자유, 주어진 환경에서 자신의 태도를 결정하고, 자기 자신의 길을 선택할 수 있는 자유만은 빼앗아 갈 수 없다는 것이다."(2005: 120)라고 하였다.

우리는 타자를 향하는 온갖 탓과 변명을 붙이며 '자유로부터 도피'를 일삼는다고 프롬Fromm, 1941은 통렬하게 지적한다. 우리 인간의 실존에서 자유는 선택이며, 선택은 참여이다. 그리고 모든 참여에는 책임이 따른다.

그래서 나는 이제부터라도 단기적이고 급진적인 개혁이 아닌, 장기적이고 점진적인 개선에 더 치중하고자 한다. 자유에서 출발하여 선택과 참여와 책임에 이르는 본질적인 변화에 몰두하고자 한다. 우리의 교육문제가 근본적이고 본질적인 것들이기 때문에 좀 더 차분하게 원인을 파악하고 차근차근 해법을 찾아나갈 것이다. 우리 교육문제의 뿌리가 워낙 깊고 워낙 오래되고 워낙 넓게 퍼진 것이어서 치유 또한 심층적이고 총체적이고 장기적으로 이루어져야 하기 때문이다. 교육은 성격상 긴 안목 긴 호흡을 요구한다. 바꾸기 어려운 사람의 인품과 능력과 습성을 바꾸는 일이기 때문이다. 도덕적 인간들조차 비도덕적으로 만들 수 있는 '사회의 모순Niebuhr, 1932'에 도전하는 일이기 때문이다. 교육은 '일신우일신日新又日新', 즉 하루하루 조금씩 더 새로워지는 고투의 긴 '여정evolution'이지, 단번에 변화를 가져오는 '혁명revolution'이 아니다. 교육문제의 심층적이고 총체적인 치유는 화려한 선언이나 왁자한 운동으로 이루어지는 것이 아니다. 교육이 행해지는 학교 안팎의 모든 장場에서 관련된 모든 사람들이 교육의 본질을 깊이 성찰하고 시시각각 실천해 나가야 하는 것이다. 니체는 〈차라투스트라는 이렇게 말했다〉에서 "폭풍을 일으키는 것, 그것은 더없이 잔잔한 말들이다. 비둘기 걸음으로 찾아오는 사상, 그것이 세계를 끌고 가지"Nietzsche, 1885/2007: 248라고 하였다. 묵묵히 관철되는 일상적 실천의 중요성을 강조한 것이다.

2. 교육의 본질

거듭 말하지만, 나는 지금 우리 사회가 앓고 있는 교육의 병폐, 교육의 난맥상은 무엇보다 교육다운 교육에 대한 진지하고 철저한 관심과 반성의 부족에 기인한 것이라고 믿는다. 교육의 이름으로 교육 아닌 숱한 일들을 자행하면서 그것이 어떤 문제를 야기하고 있는지 심각하게 따져보지 않았던 데 기인한다고 믿는다. 그렇다면 교육다운 교육, 즉 교육의 본질은 과연 무엇인가?

본질은 무엇을 무엇답게 만드는 핵심적인 성질이다. 혹은 "무수히 많은 개별적인 대상들을 어떤 하나의 이름으로 부를 수 있도록 해주는 보편적이며 일반적인"이남인, 2012: 14 무엇이다. 예컨대 소금의 본질은 소금을 소금답게 만드는 핵심적인 성질이다. 상식적으로는 짠맛이 그것이다. 짜지 않은 것은 소금이 아니다. 화학적으로는 염화나트륨NaCl이 소금의 본질이다. 염화나트륨이 함유되지 않은 물질은 소금이 아니다. 하얀 색깔도 소금의 성질이라고 할 수 있지만, 하얗지 않은 소금도 있기에 그 색깔을 본질이라고 할 수는 없다. 말하자면 본질 이외의 성질은 중심이 아닌 주변, 근본이 아닌 말초의 성질이다. 근본과 말초가 혼동 혹은 혼돈될 때 우리는 '본말전도本末顚倒'를 거론한다.

우리는 흔히 어떤 사람, 사물, 사태의 핵심적인 성질을 간과하고 주변적이거나 말초적인 성질을 주목한다. 즉 본말을 전도한다. 이런 혼동 혹은 혼돈은 그것에 대해서 무지하거나 오해하고 있을 경우에 발생한다. 이를테면 어린아이들은 꼭 같이 하얗기 때문에 설탕과 소금을 분간하지 못할 수 있다. 어른들도 그 외양이 비슷하기에 사랑과 동정을 분간하지 못할 수 있다. 교육자들 중에 사회화와 교육을 혼동하는 사람들도 너무나 많다조용환, 1997.

본질은 선험적이고 추상적인 형식논리로 규정할 수 있는 플라톤의 '이데아Idea' 같은 고정불변의 실재가 아니다. 사람, 사물, 사태의 본질은 구체적인 생활세계 속에서 다양한 변형태variations를 부단히 관찰하고 성찰하면서 그 존재의 핵심적인 성질을 찾고 또 찾는 연구의 성과이다.[41) 대조적 사례들의 비교문화적 대조를 통해 잠정적으로 도달하는 보편타당한 무엇이다. 현상학자들이 말하듯이 '자유롭게 열어가는 초월적인 변경작업free variation'을 통해 직관해야 하는 것이다. 생성태genotype로서 본질은 상황에 따라 무수히 다른 양상의 표현태phenotype로 드러나고 나타난다. 그래서 본질은 참으로 파악하기 힘들다. 교육의 본질도 그렇다.

우리는 흔히 본질을 기능과 혼동한다. 예컨대 소금이 '무엇이냐'를 '어디에 쓰이느냐'로 판단한다. 그러나 본질은 '다움'을 묻는 것이지 '쓰임'을 묻는 것이 아니다. 친구의 본질은 친구의 쓸모가 아닌 '친구다움' 즉 친구의 의미를 묻는 것이다. '양념'이라는 소금의 쓰임새는 '짠맛'이라는 소금의 본질에서 나오는 것이다. 교육의 기능/쓸모와 그 본질적인 의미/다움 사이에서도 이러한 혼동을 흔히 볼 수 있다.

교육은 개인에게 진학과 취업과 입신양명의 가능성을 높여준다. 자기만족감을 주고 사회생활을 원만하게 해주기도 한다. 그리고 교

---

41) 여기서 말하는 '찾고 또 찾음'이 곧 연구 're search'이다. 이 접두사 're'에는 'again(다시)' 'back(뒤돌아)' 'anew(새롭게)'의 세 가지 의미가 담겨 있다. 연구는 치밀하고 엄밀해야 하며, 발생적 연원까지 살펴 근본적으로 찾아야 하는, 독창적이고 발견적인 과업이다.

육은 한 사회의 경제를 발전시키거나, 민주주의를 고취하거나, 국민을 결속시키거나, 세대 간 문화를 전달하는 등의 숱한 기능을 가진다. 하지만 그런 기능들이 곧 교육의 본질적인 의미는 아니다. 그럼에도 불구하고 우리 사회에는 교육의 '다움'보다 '쓰임'을 중시하는 기능주의가 깊이 뿌리박혀 있고 널리 만연하고 있다조용환, 2001a.

내가 보기에는 지금까지의 교육개혁이 실패한 가장 큰 원인이 바로 여기에 있다. 본말전도와 기능주의에 그 원인이 있다. 그러므로 지금부터라도 하루빨리 그 병폐에서 벗어나야 한다. 어떤 교육이 '교육다운 교육'인지 치열하게 묻고 답해야 한다. 우리의 생활세계가, 그 속에서 벌어지는 모든 일들이, 그 이면의 우리 문화가 **진정한 의미의 교육을 저해하지 않고 촉진하도록** 보살펴야 한다. 교육의 이름으로 여기저기서 무분별하게 행해지고 있는 교육답지 않은 "교육"들을 하나하나 확인하고 청산해 나가야 한다. 자, 그렇다면 교육을 교육답게 만드는 무엇, 즉 교육의 본질은 정말 무엇인가?

매사가 그렇듯이 인간이 던지는 물음에 절대불변의 진리인 정답은 없다. 다만 서로가 가진 잠정적인 해답들을 내어놓고 열린 태도로 치열하게 검토하여 조금이라도 더 나은 해답을 찾아갈 뿐이다. 교육의 본질 역시 결코 독단전행獨斷專行이나 탁상공론卓上空論의 산물이 아니다. 사람들이 어떤 현상을 "교육"이라 일컫는지, 어떤 활동들이 "교육"의 이름으로 행해지는지, 그 현상이나 활동이 정말 '교육'이라 할 수 있는 것인지 등을 세계와 문화와 학문 속에서 관찰하고 성찰해야만 교육의 본질에 대한 관점을 정리해 나갈 수 있다. 그 정리된 관점을 개념 정의하듯이 하나의 체계적인 이념형으로 구성할 때 비로소 우리는 교육의 본질에 한 걸음 다가갈 수 있다. 그 과정에서 자신의 잠정적인 이념형을 현실태와 대조하며 더 나은 이념형을 부단히 모색해야 한다. 요컨대 교육의 본질은 결코 정답 형태로 주어지는 완전한 것일 수가 없다. 이념형과 현실태를 부단히 넘나들며 더 나은 정립을 추구할 따름이다. 나의 교육본질론도 그렇게 탄생한 것이다.

나는 하나의 이념형 혹은 정의로서 교육의 본질을 아래 〈그림 5〉에서 보듯이 학습과 교수의 해석적 상호작용, 더 나은 인간 형성의 존재론적 지향, 변증법적 대화의 과정이라는 세 가지 핵심 성질에 있다고 본다. 나에게 교육의 본질적 양상은 **학습과 교수의 해석적 상호작용**이다. 그리고 교육의 본질적 이념은 **더 나은 인간 형성의 존재론적 지향**이다. 또한 교육의 방법적 본질은 **변증법적 대화의 과정**이다. 이 하나하나에 대한 상세한 논의는 2장, 3장, 4장에서 제각기 하게 될 것이다.

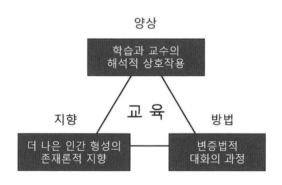

〈그림 5〉 교육의 본질

교육이 교육답게 이루어지기 위해서는 이 세 가지 핵심적인 성질 가운데 어느 하나라도 결여되어서는 안 된다. 그래서 변증법적 대화의 과정일 수 있는 철학은 학습-교수의 해석적 상호작용을 전제하지 않으므로 본질상 교육과 다른 활동이다. 종교는 더 나은 인간 형성의 존재론적 지향이라는 점에서 교육과 닮았으나, 변증법적 대화의 과정을 중시하지 않는 점에서 교육과 같지 않다. 사회화는 가르침과 배움의 상호작용으로 이루어지지만, 더 나은 인간 형성의 존재론적 지향을 그 본질로 삼지 않으며 변증법적 대화의 과정으로 이루어지지 않는다조용환, 1997. 이와 같이 교육의 본질은 삶의 다른 활동이나 형식들의 본질과 구분된다.

2장

교육: 학습과 교수의
해석적 상호작용

일반적으로 혹은 상식적으로 우리는 한자 말 '教育'의 뜻에 따라 교육을 '가르쳐 기르는 일'이라고 생각한다. 대부분의 국어사전에도 '교육'은 그렇게 정의되어 있다. 그래서 교육은 자연스럽게 교수, 사회화, 훈련, 훈육, 보육, 양성, 계몽, 교화 등과 혼동되거나 혼용된다조용환, 1997. 그 일들 모두가 '가르쳐 기르는 일'이기 때문이다. 나는 잘못된 우리 교육의 뿌리가 바로 이 혼돈에 있다고 본다.

일반적으로 우리는 수업과 같은 교육 활동을 '가르치고 배우는 일'이라 부른다. 그처럼 '교수'를 '학습' 앞에 두는 데 익숙하다. 여기서 '教授'는 말 그대로 '가르쳐 줌'이며, '學習'은 말 그대로 '배우고 익힘'이다. 그런데 '가르침을 준다'고 할 때 '줌'으로 인해 야기되는 '받음'의 수동성을 우리는 잘 주목하지 않는다.[42] 그리고 '배우고 익힌다' 할 때 '익힌다'는 말을 잘 주목하지 않는다. 달리 말해 수업을 비롯한 교육 활동이 가르침에서 시작된다고 여기는 통념의 문제점을 눈여겨보지 않는다. 마치 가르쳐야 배우고, 가르치면 배운다고 오해할 수 있음을 살피지 않는다. 배우기 위해서 가르치고, 배우도록 가르쳐야 함의 중요성을 놓친다. 그리고 모든 학습 활동에서 배우는 것 못지않게 익히는 일이 얼마나 중요한지를 경시한

---

42) 우리는 흔히 '교육을 받는다'거나 '교육을 잘 받았다'는 말을 한다. 알게 모르게 교육을 마치 주고받을 수 있는 물건처럼 여기게 만드는 말이다. 여기서의 물건은 정형화된 지식, 기술, 가치 체계일 것이며 교육과정이나 교과서의 내용 같은 것일 것이다. 나는 이를 '전달 모형'의 교육론이라 비판한 바 있다(조용환, 1997). 실제로 수업에서 '전달을 잘했다'거나 '전달이 잘 안 됐다'고 말하는 교사들을 흔히 만날 수 있다. 이러한 인식과 실천의 치명적인 폐단은 학습과 학습자를 수동적 객체 혹은 대상의 존재로 만드는 '비교육적임'에 있다.

다.[43] 나는 우리 교육의 숱한 부조리가 바로 이 부주의에서 비롯된다고 본다.

그래서 나는 교육의 본질적인 양상을 '학습과 교수의 해석적 상호작용'이라 규정한다. 학습을 교수 앞에 두고, 일방 전달이 아닌 상호작용을 중시하며, 그 상호작용이 해석적이어야 함을 강조한다. 더 깊이 분석하기 위해서 '학습과 교수의 해석적 상호작용'이라는 교육의 양상적 본질을 구성하는 요소들을 하나하나 면밀히 해체deconstruction하여 재구성reconstruction하는 작업으로 이 장을 시작할 것이다. 먼저 교육을 구성하는 학습과 교수, 즉 배움과 가르침의 교육학적 재검토를 할 것이다. 이어서 그 양자의 관계와 상호작용을 교육의 본질에 맞게 어떻게 의미화할지 모색할 것이다. 그리고는 교육적 상호작용의 해석적 속성을 차근차근 살펴볼 것이다. 이러한 작업들을 기초로 하여 교육의 양상적 본질과 연관된 주요 쟁점들을 논의할 것이다.

---

43) 알다시피 공자는 〈論語〉에서 '學而時習'을 상찬하였다. 이를 우리는 '배우고 때로 익힘'이라 흔히 풀이한다. 여기서 나는 배움과 익힘이 동시성과 동반성을 의미하는 '而'로 연결되어 있음을 주목한다. 그리고 '時'를 '가끔'이라는 뜻으로 오해될 수 있는 '때로'라는 번역의 부적절함을 지적한다. 나에게 이 '時'는 〈周易〉의 '時中'처럼 부단한 과정과 역동으로 읽힌다.

교육≠교수

　교육은 가르침이 아니다. 굳이 가르침이라고 한다면, 배움이 청하
는 가르침이며 배움을 돕는 가르침이다. 배우고 익힘은 인간을 인
간답게 만드는 인간의 본질이다. 그에 동반하여 배우고 익힘을 돌
보는 활동으로서 가르침이 생성되고 체계화되었다. 학교가 곧 교육
이 아닌 것처럼, 학습의 보살핌이 학교의 특권이거나 전적인 책임
거리는 아니다. 학교는 가르침의 전당이 아니라, 배우고 익힘의 터
전이어야 한다. 그럼에도 불구하고 우리는 교수가 학습을 주도하고
지배하며 때로는 억압하기까지 하는 '말 앞에 마차가 놓인' 부조리
를 흔히 목도한다.

1. 학습 〉교수

　학습은 인간 본래의 것, 즉 인간의 본질이라 했다. 하지만, 정녕
배움이 무엇인가? 배운다는 것은 무엇을 말하는가? 배우지 않는다
는 것은 무엇을 말하는가? 배우지 않고도 살아가는 것이 가능한가?
우리는 나서 죽을 때까지 무엇을 배우고 무엇을 배우지 않는가? 배
운 것들 가운데 오래 내 것으로, 내 몸으로 남아 있는 것과 부질없
이 흩어지고 사라지는 것은 무엇인가? 어린 시절 내가 배운 것과
나이가 훌쩍 든 지금 내가 배우고 있는 것은 무엇인가? 그것들은

무엇이 같고 무엇이 다른가? 세상이 너무나 많이 빠르게 변했으니 말이다. 지금부터 죽는 날까지 내가 배워야 할 것은 무엇일까? 우리는 언제 배우기를 좋아하고 또 싫어하는가? 왜 그런가? 부모로서 내 아이들을 위해, 교사로서 내 학생들을 위해 나는 그들의 어떤 배움을 도와야 하고, 그 배움들을 어떻게 도울 수 있는가?

1) 학습의 원초성

10만 년 안팎 우리 현생인류*Homo sapiens sapiens*의 발자취에서 '**학교**'는 아무리 길게 잡아도 2천 년 남짓의 지극히 짧은 역사를 가진 것이다.[44] 그와 달리 '**교육**'은 학교가 출현하기 이전부터 이미 있어왔던 것이다. 하지만 '**학습**'은 현생인류의 발자취 전반에 걸친 가히 '본래적인' 것이라 할 수 있다.

진화 과정에서 우리 인간은 그 특유의 여러 '종적 특질*ethogram*'을 획득해 왔다. 두뇌의 용적이 그렇고 대뇌 신피질이 그러하며, 직립보행이 그렇고 언어적 상징체계가 그러하다. 그런데 대단히 역설적인 진화의 산물이 하나 있다. 그것이 바로 '미숙출산'이며 '학습'이다. 인간은 어떤 생명체, 어떤 동물보다 더 미숙하게 태어나도록 진화하였다. 심지어 한동안 어미의 젖조차 스스로 찾아 먹지 못할 만큼 미숙하게 말이다. 돌 전후까지 스스로 걷지 못하는 미숙함은 더 말할 여지가 없다. 인간과 달리 야생 얼룩말의 경우 태어나서 길게

---

44) 오늘날 우리에게 친숙한 '학교'를 말하자면, 국민국가의 출현과 산업혁명이라는 근대화 과정에 동반하는 불과 2백 년 안팎의 역사를 가진 것이다. 여기서 언급한 '학교'의 2천 년 역사는 지금 우리의 눈으로는 학교라 일컫기 어려운 여러 형태의 고대학교까지 거슬러 올라간 것이다.

잡아 30분 이내에 스스로 걸을 수 없는 새끼라면 그의 생존 가능성은 지극히 낮아진다. 어미가 젖을 물리지 않아도 새끼 스스로 젖을 찾아 먹어야 함은 물론이다. 이토록 미숙한 인간의 출산은 거의 무한정한 '학습' 가능성을 그 보상 혹은 반대급부로 부여받았다. 인간의 자립 즉 '홀로서기'는 다른 어떤 생명체에 비해서 늦고 더디다. 그러나 학습이라는 진화의 선물을 통해서 우리 인간은 다른 어떤 생명체보다도 출생 시점 대비 성장 과정에서 고도의 가소성과 효율성과 초월성을 부여받았다.[45] 다만 학습을 통해 자립 능력을 갖출 때까지 가족을 비롯한 생활공동체의 환경적인 보살핌nurturing에 의존해야 하는 숙명과 더불어서 말이다.

인간은 가장 전형적인 '학습하는 동물'이다. 버들치는 배우지 않고도 버들치가 되지만, 인간은 학습 없이 온전한 사람이 될 수 없다. 1920년 늑대 굴에 버려진 두 아이2세 여아 Amala, 5세 여아 Kamala가 인간의 품에 와서조차 인간이 되지 못하고 단명한 이야기김영찬, 1980를 들어보았을 것이다. 이 아이들은 형질적 특성으로 인간이 분명했지만, 행동적 특성으로는 늑대와 다르지 않았다. 이들은 "네발로 기어다니며 날고기를 입으로 뜯어먹었고, 늑대처럼 소리를 질렀으며 빛을 싫어하고 어둠을 찾아다녔다. 고기 냄새에 민감하고 음식을 땅에 놓아야만 핥아먹었으며, 옷을 입혀주면 찢어버리고 사람이 가까이 오는 것을 꺼리고 피해 다녔다."같은 책: 36-37 1년이 채 못 되어 죽

---

45) 그 덕분에 인간은 자신의 생물학적 경계 너머까지 학습을 밀고 나아가 기계를 만들고, 지구를 분석하고, 빛을 만들고, 우주를 탐사할 수 있게 되었다. 생명의 신비를 파헤쳐 생명을 복제할 수 있게까지 되었다. 심지어 유기체 밖에서 '비유기체 학습'을 창조하기도 하였다. 그 단적인 예가 기계학습 또는 인공지능의 학습이다(김대식, 2016).

은 아말라와 달리 카말라는 인간세계에서 9년을 더 살았다. 그러나 인간다운 행동으로의 변화는 "Singh 부처의 헌신적인 교육에도 불구하고 대단히 긴 시간을 필요로 했다. 두 손으로 그릇을 잡는 데 1년 반이 걸렸고 꼿꼿이 설 수 있을 때까지도 1년 반이 걸렸으며, 그녀가 14세에 죽을 때까지 배운 언어는 5~6세 정도에 지나지 않았다고 한다."같은 책: 37 이처럼 인간에게 학습이 얼마나 필요하고 중요한지를 보여주는 사례들은 그야말로 차고 넘친다.

2) 인간의 학습

물론 인간 아닌 개미, 새, 고양이, 원숭이와 같은 동물의 세계에도 학습이 있다.[46] 그러나 인간보다 더 학습에 의존적인 생명체는 없다. 인간은 인간답게 되기 위해서, 인간답게 살기 위해서 더 많은 양의 학습과 더 높은 질의 학습이 요구되는 방향으로 진화해 왔다. 김영찬1980은 "인간학습은 상징적 의사소통을 통한 학습이라는 점에서 다른 어떤 고등 동물의 학습과도 구분된다31."고 하였다. 여기서 말하는 '상징'의 전형이 언어다. 인간의 학습은 자연언어natural language와 인공언어artificial language를 활용하는 초본능적인 학습이다. 인간의 학습은 말과 글을 창조할 수 있는 학습이며, 말과 글로 더 나은 생존 환경을 창조할 수 있는 학습이다. 인간 아닌 어떤 고등 동

---

46) 식물에도 학습이 있는지, 있다면 무엇을 가리켜 학습이라 할지에 대해서 나는 알지 못한다. 동물의 경우에 본능과 구분되는 후천적 학습이 진화의 어느 단계부터 어떻게 다양하게 특질화되는지 나는 잘 알지 못한다. 그만큼 '학습'은 생물학적으로 대단히 복잡한 문제 혹은 쟁점을 가진 개념이자 용어이다.

물도 말과 글을 스스로 발명해 가질 수 없다.[47] 인간 아닌 어떤 고등 동물도 자신의 생존 환경을 스스로 창조할 수 없다.

아래 〈그림 6〉에 아홉 개의 부호가 있다. 이 부호들은 커뮤니케이션을 위한 도구들이다. 알다시피 [Ⓚ]는 우리 정부가 품질을 보증하는 상품의 표시이며, [≥]는 수학에서 사용하는 부등호이다. 왼쪽 항이 오른쪽 항과 같거나 그보다 더 크다는 뜻이다. [@]는 이메일 주소에 사용하는 부호이며, [姦]은 '간사하다'라는 말에 쓰이는 한자 '간'이다. [☢]는 방사능을 표기하는 부호이고, [끝]은 종결을 의미하는 우리 낱말이다. [^^]는 컴퓨터 통신 이후 등장한 미소를 상징하는 표정언어emoticon이다. [?]는 문장 뒤에 놓음으로써 의문문을 만드는 부호이고, [♨]는 온천이나 목욕탕을 나타내는 그림부호icon이다.

〈그림 6〉 인간의 커뮤니케이션 도구들

---

47) 소통을 위한 종 특유의 감각적 신호체계는 동·식물 세계 전반에 걸쳐서 다양하게 다원적으로 존재한다. 그러나 발성기관과 청각기관의 상호작용을 통한 감각적 신호체계 모두를 우리는 '말'이라고 부르지는 않는다. 종종 '새의 말' '돌고래의 말' '침팬지의 말'이라 비유적으로 쓰기도 하지만 말이다. 아노(Jean Jacques Annaud) 감독의 영화 〈불을 찾아서〉에서 볼 수 있듯이, 우리 인간의 말은 다른 몸짓과 마찬가지로 진화 과정에서 체계적으로 구성하여 공유하게 된 후천적 발명품이다. 더더욱 글은 말을 표시하고 기록하고 전파하는 인간 특유의 고차원적인 발명품이다.

이 부호들은 제각기 만들어진 배경이 있고 사용되는 맥락이 있다. 그 의미와 기능을 습득하는 통로는 다양하지만, 학교를 비롯한 교육기관에서 학습하는 경우가 지배적이다. 우리는 이 부호들을 다 모르고도 살 수 있다. 하지만 [☢]과 같은 부호는 모르면 위험에 처할 수도 있다. 이 부호가 붙여진 방에 함부로 들어가다가는 목숨을 잃을 수도 있다. 일반적으로 말해서 위 부호들을 많이 알면 알수록 우리의 삶은 좀 더 효율적이고 풍부해진다. 세계를 이해하고 살아가는 데 유용한 지식들이기 때문이다. 예컨대, 부등호 [≥]는 '왼쪽 항이 오른쪽 항과 같거나 그보다 더 크다'라는 장황한 설명을 축약해서 소통할 수 있게 해준다. 그리하여 수학적 커뮤니케이션의 효율성을 높여준다. 우리 사회에서 자라고 웬만큼 학교교육을 받은 사람은 이 아홉 개 부호들의 의미를 다 알 것이다. 그러나 이 아홉 개 부호의 의미를 다 이해하고 활용하지 못하는 사람들도 적지 않다. 이를테면 젖먹이는 이 부호 어느 것도 모를 것이며, 오지의 노인은 [@], [☢], [^^] 등의 부호를 잘 모를 수 있다. 우리 사회에는 이 부호들을 아는 사람과 모르는 사람이 섞여서 살고 있다. 섞여 살고 있지만 그들 사이에는 커뮤니케이션상의 불편이 있다. 불편하지만 감내하고 포용하며 사는 것이다.

여기서 우리는 문화의 차이와 교류, 즉 다문화 현상을 발견한다. 이를테면 [≥], [@], [☢], [?]는 만국 공통의 부호들이다. 반면에 [Ⓚ] 와 [끝]은 우리 사회에서만 통용된다. 물론 한글을 배우고 우리 상품을 소비하는 외국인은 두 부호에 익숙할 수도 있다. 만국 공통이라고 하는 [≥], [@], [☢], [?] 등의 부호들도 실은 한반도에서 자생한 것이 아닌 전래된 것이다. 말하자면, 이 맥락에서 부호로 상징되고 있는 문화는 학습을 통해 전달되고 공유되는 것이다. 이 사실은 한 사회 내부에서도 꼭 같이 타당하다. 예컨대, 할아버지가 표정언어 [^^]를 배워서 사용하면 손자와 소통의 폭을 넓히게 된다. 이와 같이 인간의 학습은 언어는 물론 그보다 더 원초적인 상징과 기호의 세계를 창조하고 공유하는 학습이다.

요컨대 다른 동물들의 학습은 개별 종 특유의 선천적인 프로그램이 그 내용과 형식을 한정하는 '닫힌 학습'이다. 그와 달리 우리 인간의 학습은 그 내용과 형식에 한정이 없는 '열린 학습'이다. 단적인 예로 인간은 특정한 언어를 습득하도록 태어나지 않고 보편적인 '언어습득장치LAD: Language Acquisition Device'를 가지고 태어난다. 그 덕분에 어떤 언어든 학습할 수 있고, 나아가 얼마든지 새로운 언어를 창조할 수도 있다. 까마귀는 사람의 언어를 배우거나 흉내 낼 수 없지만, 사람은 까마귀의 언어를 연구하여 배우거나 흉내 낼 수 있다. 인간의 학습도 본능적 기초를 가지지만, 그 학습 본능의 구조와 발현 방식 자체가 다른 동물의 것들과 질적으로 현저히 다르다.

2. 교수의 발명

인간의 학습은 열려 있기에 가소성과 효율성과 초월성을 갖지만, 그만큼 학습의 '부자연스러운 노력 부담'을 동시에 가진다. 배우고 익힘이 자연스럽게 이루어지는 것을 넘어서 인위적으로 '열어가는' 노력을 요구한다는 말이다. 그래서인지 어린 시절의 자연스러운 학습을 지나 학습의 단계가 높아질수록 학습이 어려워지고 싫어질 수도 있는 것 같다. 학습이 쉽지 않고 싫증을 낼 수 있는 것이며, 산만하고 무질서한 것일 수도 있는 까닭에 앞선 세대가 후속 세대의 학습을 안내하고 길들이려는 현상, 즉 교수 현상이 생겨난다. 나는 '교수' 현상이 원초적으로 미성인의 '학습'에 대한 성인의 불안과 조바심에서 비롯된 것이라고 본다. 이러한 불안과 조바심은 지금도 아이들의 학습을 믿고 기다리지 못하는 어른들의 습성에 고스란히 나타나고 있다. 이로 인해 학습을 돌보기보다 이끌려고 하는 폐단이 초래된다.

정켈Sünkel, 1996은 〈수업현상학〉이라는 책에서 활을 만들고 있는 어른을 졸라 자기도 활을 잘 만들어 보겠다는 아이를 그 어른이 결국 차근차근 가르치기 시작하게 되는 석기 시대의 한 생활 장면에서 수업이 발생했다고 상상한다.[48] 인류의 발자취에서 교수가 발명되기 이전의 학습은 '자연스럽게' 이루어졌을 것이다. 마치 애써 가르치지 않아도 적절한 언어학습 환경에서 자라기만 한다면 '저절로 배우게 되는' 모국어 학습이 그러하듯 말이다. '어깨너머로 배우고' '욕먹으며 배우는' '서당 개 3년' 식으로 말이다. 그런데 학습을 자연 상태로 방치하지 않고 옆에서 돕고 안내할 때 그 효율성이 높아진다는 사실을 우리 조상들은 차차 깨닫게 되었던 것 같다.

말하자면 교수는 자연적인 학습을 문화적인 세계로 가져오는 중대한 발명이었던 것이다.[49] 듀이Dewey, 1916가 말했듯이 교수는 무엇

---

48) 수업은 가르침을 주는 '授業', 가르침을 받는 '受業', 가르침과 배움으로 학업을 닦는 '修業' 세 가지 의미가 있다. 대개는 수업을 첫째 의미로 쓰지만, 나의 교육론에는 셋째 의미가 더 적합하다고 생각한다.

49) 학습이 본능적 기초를 가지듯이, 교수에도 본능적인 기초가 있다고 보는 사람들도 있다. 고양이가 새끼에게 쥐잡기를 '가르치는' 모습에서 그 근거를 예시하면서 말이다. 고양이는 새끼에게 죽은 쥐를 물어다 먹이로 주다가, 차차 살아 움직이는 쥐를 새끼가 붙잡아 먹게 한다. 그러다가 먹잇감 주위를 빙빙 돌면서 새끼가 쥐 사냥을 할 수 있도록 도와준다. 우리 사람의 경우, 장기나 바둑을 두는 사람들 곁에서 구박을 받으면서까지 훈수를 두지 못해 안달하는 모습에서 '가르침의 본능'을 발견한다는 사람도 있다.

을 배울지 그 내용 및 과제를 분별하는 **학습의 선정**, 어떤 순서로 어떻게 배울지 안내하는 **학습의 방법**, 여기저기서 배운 것들 사이에 불일치와 갈등이 있을 때 그것들을 조정하는 **학습의 통합**이라는 세 가지 연원과 기능을 가진다. 이 셋은 발명품으로서 모든 교육과정curriculum의 핵심 사항들이다. 물론 좋은 교육과정을 구성하기 위해서는 그 밖에도 적지 않은 고려 사항들이 있을 것이다. 아무튼 교수는 이런 연유와 과정으로 학습과 결합하여 교육을 완성하게 되었다. 교육의 본질상 없어서는 안 될 핵심적인 요건이 되었다.

교육은 학습과 교수의 상호작용으로 이루어진다. 그럼에도 불구하고 교육을 교수와 동일시하게 되면 학습의 자리가 흔들리게 된다. 가르침이 배움을, 교수자가 학습자를 지배하게 된다. 나는 이 폐단을 '교수중심주의'라 통칭한다. 근대 공교육제도는 대량교육, 대중교육, 대의교육의 한계 속에서 국가가 주도하는 교수중심주의를 낳았다. 국민국가의 출현과 산업혁명 과정에서 등장한 오늘날의 학교는 본래부터 한 사람 한 사람의 학습을 돌보기 위해 만들어진 것이 아니었다. 국민을 육성하고 인력을 양성하기 위해서, 즉 근대 산업국가의 사람들을 '가르쳐 기르기' 위해 사람 밖에서 만들어진 것이었다. 이러한 취지의 "교육"은 1968년에 제정 반포된 박정희 정부의 '국민교육헌장'에 여실히 나타나 있다조용환, 2001a. 교수가 체계적으로 제도화되면서 학습의 발전에 큰 기여를 한 사실은 부정할 수 없다. 그러나 학습의 지원에 무분별하고 무절제한 통제가 병행되면서 야기된 폐단 또한 결코 만만치 않았다. 무엇보다도 학습의 획일화, 표준화, 계량화, 경쟁화 등이 그 단적인 예다. 한마디로 말해서 학습의 비본질화, 즉 비교육적인 학습의 만연이 교수중심주의가 야기하는 폐단이다. 그 결과 교수에 짓눌린 학습을 회복하자는 움직임이 세계 곳곳에서 여러 형태로 등장하기 시작했다. 닐Neill, 1967, 프레이리Freire, 1970, 일리치Illich, 1971, 라이머Reimer, 1971, 랑시에르Rancière, 1987, 개토Gatto, 1992 등은 우리가 익히 아는 그 운동의 주도자들이다. 학습자의 삶과 생명과 생활에 뿌리를 둔 학습을 중시하는 국내외 대안학교들에서도 공히 교수중심주의는 극복해야 할 일차적 과제이다.

3. 학교와 학습

태초에 학교는 없었다. 그러나 학습은 있었다. 언제부터 교수가 있었는지는 잘 모르겠지만, 학습이 먼저 있었던 것은 틀림없다. 인간이 미숙하게 태어나는 대신 학습을 통해서 전승과 창조의 역량을 갖는 방향으로 진화했기 때문이다. 교수는 학습을 체계적으로 안내하고 지원하기 위해서 차차 생겨난 것이다. 그러다가 제도화된 공교육, 즉 근대 이후의 학교교육에서 교수중심주의가 더 보편화되었다고 할 수 있다.

학교의 원형archetype이 어떻게 생성되고 이후 어떤 변형various phenotype들이 등장해 왔는지를 살펴봄으로써 우리는 교수중심주의의 연원과 극복해야 할 과제를 파악할 수 있다. 물론 학교를 어떻게 개념화하는가에 따라서 이 논의는 얼마든지 방향이 달라질 것이다. 이를테면 인류학적으로 원시 부족사회의 성년식 제도에서 우리는 학교의 원형을 찾을 수 있다. 아니면 고대 그리스의 아카데미아나 우리 고구려의 태학 혹은 신라의 화랑도 같은 데서 그 원형을 찾을 수도 있다.[50] 전자의 경우 성년식은 미성인의 '사회화'를 위한 것이었지 본질적인 '교육'을 위한 것이라고 보기는 어렵다조용환, 1997. 그리고 후자는 공히 사회 지도층의 인문 교양이나 지배자 역량을 함양하기 위한 계급 차별적인 것이었다. 아무튼 진화 이후 현생인류의 가장 오랜 발자취에서 교육은 다른 삶의 형식들과 분화되지 않은 채Dürkheim, 1893 교과학습이 아닌 문화학습을 중심으로 자연스럽게 가정이나 마을의 생활세계에 녹아 있었다.

그 이후 서양의 길드와 수도원, 고려의 국자감과 조선의 성균관 등에서 우리는 보다 정교해진 형태의 학교를 볼 수 있다. 그러나 이 학교들에서도 여전히 지배 집단의 재생산이 주된 기능이었다. 다만 도제식 직업교육과 종교교육이 새로운 양상을 보이며, 그 규모와 체제 면에서도 종래와 다른 양상을 보인다. 오늘날 대학의 원형들도 이 맥락에서 등장한 것이다.[51] 그리고 우리의 서당이나 향교처럼 평민들을 아우르는 공설 또는 사설 학교도 이 무렵에 등장한다. 그러나 오늘날 우리에게 일상화된 학교는 단연 근대의 산물이다. 단적으로 산업혁명기에 공장 노동자의 직업훈련과 그 자녀들의 보육 및 기초교육을 위한 학교가 오늘날 학교의 모태이다. 국민국가

---

50) 국가 안위를 돌보는 청소년 수련단체였던 신라의 '화랑도(풍월도)'는 '육예(六藝)'를 교육했다고 〈삼국유사〉(일연, c.1280)는 전한다. 육예는 예(藝), 악(樂), 사(射 활쏘기), 어(御 말타기), 서(書), 수(數)로서 고대 중국의 교육과정을 따른 것이다. 이를 통해 우리는 동양 고대의 학교 또는 유사학교가 이미 상당히 체계적인 교육과정을 가지고 있었음을 알 수 있다.

51) 체계적인 교육기관으로서 초·중등학교보다 대학이 먼저 발생했다는 사실은 대단히 중요한 교육사적 의미를 가진다. 어린아이를 가르치는 일은 'pedagogy'로서 가정교사에 의한 소규모 'tutoring'으로 주로 이루어졌다. 달리 말해 일종의 '사교육' 형태로 가르침이 이루어졌던 셈이다.

의 탄생과 더불어 부국강병을 목적으로 만들어진 학교 또한 그 모태의 하나이다. 특히 프로이센은 학교교육을 모든 아동에게 처음으로 의무화하였다. 우리나라 개화기의 육영공원 같은 학교도 국가적 차원의 '개화'에 중심을 두었다는 점에서 이와 맥락을 같이한다. 근대 제3세계에서는 종주국에 의한 식민지 교육이 학교의 주된 역할이었다. 일제 강점기의 보통학교-소학교-국민학교가 그 좋은 예다. 그리고 냉전 시대에는 자본주의 시장 체제와 공산주의 국가 체제의 존속 심화를 위한 '교육 아닌 교육'이 경쟁적으로 이루어진다. 오늘날 우리는 학교제도의 공고화와 동시에 대안적 도전과 실험들을 접하고 있다. 다양한 유형의 공사립학교, 대안학교, 취학전교육기관, 고등교육기관, 평생교육기관 등이 확산되고 있다. 사회에 따라서 학원을 비롯한 '학교와 연관된 사교육'도 창궐하고 있다. 각종 취업교육, 자격인증교육, 연수교육, 창업교육이 학교의 새로운 과제로 등장한 지도 오래다. 글로벌 시스템이 심화되면서 유학생교육, 세계시민교육, 다문화교육 또한 학교의 주요 과제가 되었다.

학교는 일종의 표상表象 sensory image: Schopenhauer, 1859 체제이다. 다시 말해 한 사회 구성원들이 '무엇이 학교인가'에 대해서 공유하거나 갈등하는 이미지의 체제이다. 위에서 언급한 각 시대 각 사회의 구성원들은 학교를 둘러싼 서로 다른 이미지들을 가지고 있었다. 그렇다면 이 시대 우리 한국인이 가지고 있는 학교의 표상 체제는 어떠한가? 지금 우리는 학교에서의 교수와 학습에 대해 어떤 이미지들을 가지고 있는가? 교사와 학생에 대한 우리의 전형적인 이미지는 무엇인가? 학교에서의 생활, 수업, 시험, 훈육, 상담 등등에 대한 전형적인 이미지는 무엇인가? 학교와 관련된 어떤 이미지들이 언제부터 왜 생겨나서 어떻게 우리를 사로잡고 있는가?[52]

나를 비롯한 우리나라 중년층 이상 성인들의 학교에 대한 이미지에는 운동장이 있고, 높은 교단과 교탁이 있다. 그래서인지 1997년 법령 개편 전까지 학교 시설기준령에 운동장 면적이 명시되어 있었다. 그 때문에 2부제 수업을 하면서도 땅값 비싼 대도시 인구 밀집 지역에 운동장 없는 학교를 지을 수가 없었다. 이미지는 관념의 세계에 머물지 않고 이렇게 구체적으로 삶에 작용한다. 자, 그렇다면 2020년 오늘의 교사, 학생, 학부모에게 학교는 어떤 곳인가? 등교와 방학, 수업과 평가, 진학과 입시의 이미지는 무엇인가? 'COVID-19' 이후 거론되는 **'뉴노멀new normal'에서 학교의 이미지는 어떤 변화를 요청받고 있는가?**

4. 교수중심주의의 극복

나는 교수중심주의를 비판한다고 해서 교수의 중요성을 조금도 폄하할 생각이 없다. 위에서도 언급했듯이 교수는 교육 본질의 핵심 요건 가운데 하나이다. 다만 모든 '중심주의'가 그렇듯이 어떤 무엇에 부적절하게 치우침으로 인하여 다른 중요한 무엇들을 소홀히 하거나 중요한 것들의 조화로운 통합을 그르쳐서는 안 된다는

---

52) 나는 초등학교 4학년 교실에서 '무인도 탈출 방법'을 그림 과제로 받은 학생들이 거의 예외 없이 작은 외딴 섬 야자수 아래에서 잎사귀로 아랫도리를 가린 수염 긴 남성을 그리는 것을 본 적이 있다. 이 남성의 무인도 탈출 방법은 당연히 야자수 나무를 베어 뗏목으로 활용하는 것이었다. 그러나 무인도가 과연 그런 곳이며, 그렇게 탈출해야 하는 것인가? 이 아이들의 상상은 어디서 왔으며, 왜 그것에 닫혀 있는가?

우려와 주장을 하는 것이다. 그리고 어떻게 교수를 해야 학습의 원초적 자생성, 자발성, 자율성을 해치지 않고 지혜롭게 학습을 돌볼 수 있는지를 염려하고 탐구해야 한다는 것이다.

전문적professional 활동으로서 교수는 무엇이며, 전문직profession 종사자로서 교사는 어떤 사람이어야 하는가? 어원적으로 'profess'는 '앞으로pro 나서서 말함fess'을 의미한다. 풀기 어려운 문제나 과제가 있을 때 '전문가'는 다른 사람들보다 앞에 나서서 진단하고 분석하며 설명하고 해결할 수 있는 역량과 책임감을 가진 사람이다. '전문가'는 그 문제와 과제에 대한 깊은 지식과 기술, 오랜 경륜을 가진 사람에게만 허락되는 이름이다. 전문가는 관련 분야의 교육과 훈련을 통해서 높은 수준의 입직入職 전 준비를 해야 하고, 많은 경우에 공인된 자격증을 획득해야 한다. 풀 수 있고 할 수 있다며 남 앞에 나섰기 때문에 전문가는 투철한 윤리의식을 가져야 한다. 입직 이후에도 부단히 학회와 같은 전문직 단체에서 자기 연찬을 게을리하지 않아야 한다. 이러한 속성 때문에 전문직은 비전문가로 대체할 수 없는 직업이며 직종이다. 단순노동과 달리 전문노동은 대량화, 대중화, 대체화가 어려운 노동이다. 내 직업의 이름이 '교수professor'이기에 직무를 수행하는 내내 나는 이러한 점들을 명심하고 있다.

랑시에르Rancière, 1987는 〈무지한 스승〉에서 '가르칠 수 없었지만 배우게는 할 수 있었던' 루뱅대학의 자코토Jean-Joseph Jacotot 교수를 소개하고 있다. 프랑스어를 모르는 네덜란드 학생들에게 네덜란드어를 모르는 그가 어떻게 프랑스 어문학을 가르칠 수 있었을까? 아니, 배우게 할 수 있었을까? 무엇보다도 학생들이 배우고 싶게 만들었기 때문이다. 학습의 강한 의지, 동기, 힘을 고취했기 때문이다. 구체적으로는 프랑스어-네덜란드어 대조번역본을 교재로 활용하여 학생들 스스로 두 언어와 문학 사이를 넘나들게 했기 때문이다. 이를 두고 고병권2014은 아래와 같은 해석을 붙인다.

> 자코토는 아이들에게 학식을 전달하지 않았다. 그럼에도 그는 무언가를 하게 했다. 굳이 말하자면, 그는 아이들을 어떤 상황 속에 몰아넣었다. 배움의 의지가 발휘되어야 하고 또 발휘될 수 있는 상황 속에서 배우는 자들이 혼자 설 수 있도록 했다. 자코토 자신도 그랬고,[53] 나중에는 그의 학생들도 그랬다. 그가 개입한 부분이 있다면 그것은 학식 쪽이 아니라 의지 쪽이었다.68

요컨대 교수중심주의의 폐단을 극복하기 위해서는 무엇보다 먼저 교수보다 학습이 더 원초적이라는 사실을 철저히 주목해야 한다. 위에서 언급했듯이 우리 인류는 진화의 산물인 '학습 의존성'을 보살피는 과정에서 '교수 의존성'을 갖게 되었다. 다시 말해 학습자가 더 잘 배울 수 있도록 돌보는 과정에서 가르칠 필요, 즉 교수와 교수자의 필요가 생긴 것이다. 그리고 더 잘 가르치고자 하는 궁리들

---

53) [인용문의 주가 아닌 나의 각주임] 자코토는 교수자의 직접적인 가르침 없이 많은 것을 자학자습한 자신의 경험들을 상기하면서 학생들을 학습으로 안내했다. 그리고 이 엉뚱한 프랑스어-네덜란드어 문학 수업을 통해 학생들이 프랑스 어문을 배웠듯이 그 자신은 네덜란드 어문을 배웠다. 교학상장(教學相長)의 좋은 예라 할 수 있다. 자코토와 달리 우리나라 초·중등학교와 대학교의 '원어민 교수자'들 중에는 한국 학생들에게 원어를 원어로 가르치려고만 하지, 학생들이 원어와 모국어 사이에서 배우도록 하는 데에 관심이 없는 자들이 많다. 자신들은 한국의 언어와 문화를 배울 생각도 없이 말이다.

이 생겨나게 된 것이다. 그럼에도 불구하고 우리는 이 발생적 연계성을 너무나 자주 망각한다.

알고 보면 우리는 다른 사람을 직접 가르칠 수 없다. 오로지 그 사람의 배움을 안내하고 돕고 보살필 수 있을 뿐이다. 그래서인지 사람들은 대체로 원하지 않는 가르침을 달가워하지 않는다.[54] 반면에 내가 필요할 때, 도움이 절실할 때 누군가가 나의 학습을 도와주면 고마워한다. 그래서 가르치지 않고 가르치는 것이 가장 좋은 가르침이다조용환, 2016a. 교사의 '잘 가르침'은 학생들의 '잘 배움'에서 최종 확인되기 마련이다. 그럼에도 불구하고 우리 학교는 학생 한 명 한 명이 언제 어디서 무엇을 어떻게 왜 배우고 있는지에 깊은 관심을 가지지 않는다. 그렇게 해야 한다고 전제하거나 하고 있다고 주장하지만, 학교교육의 실상을 찬찬히 들여다보면 그렇지 않은 경우가 비일비재하다.

이를테면 교사들은 교육과정과 학교의 일정에 따른 차시별 '진도'를 설정하고 학급 전체를 겨냥하여 일사불란하게 수업授業을 진행하고자 한다. 중간고사와 기말고사가 걸려 있을 경우 학급들 간의 '진도'도 맞추어야 한다. 이런 교수중심주의 학교문화에서 학생들 각자는 자기 학습의 목표, 방식, 속도, 사정에 따른 자신의 '진도'를 가지기가 어렵다.[55] 이 대목에서 학생들의 '교육소외'조용환, 1996가

---

54) 필요 이상의 원하지 않는 가르침을 일삼는 사람을 속된 말로 '꼰대'라 한다. 그리고 '나 때에는' 이러했다 저러했다 하면서 과거의 회상을 넘어 예찬에까지 이르는 현상을 요즘 아이들은 '라떼는 말이야'라는 말로 장난스레 비꼰다.

55) 핀란드를 비롯한 교육 선진국에서는 다양한 방법으로 학생들 개개인의 학습 진도에 맞는 맞춤형 교육을 실시해 오고 있다(福田誠治, 2006).

야기된다. 한 교실에서 교사와 학생들의 서로 다른 목표, 방식, 속도, 사정이 엇갈릴 때 불가피하게 긴장, 대립, 갈등, 경쟁이 초래되기 마련이다. 하지만 대개는 학생들이 '을乙'이 되어 자신의 것들을 주장할 수 없고 결국에는 학교의 것 또는 교사의 것을 따를 수밖에 없다. 공교육의 이런 근본적인 한계 때문에 대안적인 학교, 대안적인 교육을 적극적으로 찾아 나서는 학생과 학부모가 늘어나고 있다. 홈스쿨링은 그 단적인 예다서덕희, 2008. 교육의 본질에 충실한 공교육을 구현하기 위해서는 무엇보다도 이 근본적인 문제점을 주목하고 개선해 나가야 한다.

　교수중심주의의 폐단은 중등학교의 교과교사제도에서도 극명하게 드러난다. 학생들의 학교생활을 잠시 살펴보기로 하자. 먼저 그들의 학교 시간은 일정한 단위로 쪼개지고, 각 시간 단위에 상호독립적인 교과들이 채워진다. 그래서 1교시 국어, 2교시 수학, 3교시 과학 등으로 장면이 획획 바뀐다. 국어 공부가 더 하고 싶어도 수학시간에 국어를 공부할 수 없고 해서도 안 된다. 이렇게 분절된 교과목들이 하루에도 몇 개씩 학생들의 삶을 훑고 지나간다. 각 교과의 교사들은 자신의 교과가 얼마나 중요한지를 역설할 뿐 학생들이 하루에 접하는 그 다양한 지식, 기술, 가치들이 학생의 한 몸속에서 어떻게 통합될 수 있고 통합되어야 하는지에 대해서는 크게 관심이 없다. 그러나 인간은 어느 누구도 삶을 통째로 살지 교과별로 쪼개어서 살지 않는다. 교과는 교육의 방편이지 그 자체가 목적일 수 없다. 그럼에도 불구하고 학교는 교과별 분리주의가 지배하고 있으며, 통합의 책임은 오롯이 학생들에게 전가된다. 참으로 무책임한 "교육"이 아닌가?

교육＝학습＋교수

교육은 본질적으로 배움과 가르침 혹은 학습과 교수의 만남으로 이루어진다. 그래서 우리는 이들 '과'의 연결을 '학습-교수'에서처럼 '-'으로 표기하기도 한다. 이렇게 '-'으로 연결되는 두 항은 일종의 짝패dyad로서, 맞항相對項 없이는 성립하지 않는 것이다. 예컨대 신랑-신부, 부모-자녀, 스승-제자 등의 개념적 관계가 그러하다.[56] 따라서 우리는 교육의 연구와 실천 모두에서 이 연결, 즉 '-' 또는 '과'를 주목해야 한다. 자, 그렇다면 학습과 교수는 왜 짝패이며 어떻게 연결되어야 하는가?[57]

1. 관계와 관심

교육은 학습자와 교수자의 만남으로 이루어진다. 특히 학교교육

---

56) 이 통상적인 어법에서 신랑이 신부보다, 부모가 자녀보다, 스승이 제자보다 앞서는 현상을 주목할 필요가 있다. 이는 신랑과 부모와 스승의 우위, 주도, 비중 등을 은연중에 드러내고 있다. 페미니즘에서 '남 〉녀, 노 〉소'의 무의식적 지배성을 지적하는 것과 같은 맥락이다. 앞에서 강조하였듯이 학습은 교수에 비해서 더 원초적이고 근본적이다. 그럼에도 불구하고 우리는 '교수-학습'이라는 어법에 더 친숙하도록 길들여져 왔다. 그래서 나는 이 책에서 '학습-교수'라는 낯설지만 더 본질적인 새로운 표기법을 채택한 것이다.

57) 이를테면 초등학교 교사의 가르침은 초등학교 학생들의 배움에 어울리는 짝패를 이루어야 한다. 그 안에서도 저학년 학생들의 배움에 맞는 짝패로서 저학년 교사의 가르침이 있어야 한다. 마찬가지로 중등학교의 학습과 교수도 맞춤형으로서 그 특유의 짝패를 이루어야 한다.

에서 학생과 교사는 개념상으로나 실제적으로나 서로의 존재를 요청하는 불가분의 관계, 상호보완적 관계를 형성한다. 즉 학생은 교사에게서 배우는 사람이며, 교사는 학생을 가르치는 사람이다. 그러므로 학생이 없는 교사는 있을 수 없고, 교사가 없는 학생 또한 불완전하기 마련이다. 그러나 우리 주위에 학생 한 명 한 명에게 진정한 의미의 '관심'을 가지지 않는 교사가 없다고 장담할 수 있는가? 마찬가지로 교사 한 사람 한 사람에게 진정한 의미의 '관심'이 없는 학생들이 없다고 말할 수 있는가? 아닐 것이다. 여기서 말하는 '진정한 의미의 관심'은 제도교육에서의 학생-교사가 아닌, 도제교육에서의 제자-스승 관계에서 더 본래적으로 나타난다.

오늘날 학교에는 학생과 교사가 있을 뿐 제자와 스승이 없다. 물론 학교에서도 제자와 스승이라는 말이 널리 쓰이고는 있다. 특히 '스승의 날' 무렵이면 그 말이 더욱 현란하게 회자된다.[58] 그러나 오늘날 학교의 학생-교사 관계에서 진정한 의미의 제자-스승 관계를 찾아보기는 지극히 어렵다. 내가 생각하기에 '진정한 의미의 제자-스승 관계'에는 다음 몇 가지 특징들이 있다. 아니, 있어야 한다.[59]

첫째로, 한쪽이 일방적으로 주장하거나 설정할 수 없는 관계이다. 진정한 의미의 사제 관계는 스승이 제자로 삼은 제자가 그 스승을 스승으로 모실 때 비로소 성립하는 결코 쉽지 않은 관계이다. 우리

---

58) 스승의 날은 있는데, 왜 '제자의 날'은 없을까? 어버이날과 어린이날은 따로 있는데 말이다. 교수자가 학습자를 돌보기 위해서 생겨난 것이라면, '제자의 날'을 따로 정하고 제자들을 기억하면서 교수자의 돌봄이 정말 교육답게 제대로 이루어진 것인지 성찰하는 시간이 필요하지 않을까?

59) 아래 내용은 내 제자인 김한미 박사의 책 〈도제식 교육으로 본 성악 레슨〉(2012)에 추천사로 썼던 것을 부분적으로 손질한 것이다.

주위에는 스승이 인정하지 않은 사이비 제자, 제자가 흠모하지 않는 사이비 스승이 허다하다. 그러므로 학교의 교사로서 내가 맡아 가르친 모든 학생들이 내 제자는 아니다. 마찬가지로 학교에서 나를 가르친 모든 교사가 나의 스승은 아니다.

둘째로, 진정한 의미의 사제 관계는 배움과 가르침이 핵심인 교육적인 관계이다. 비교육적이거나 교육외적인 요소가 끼어들 때 사제 관계는 그 본질을 잃고 혼탁해진다. 참스승은 자신이 제자에게 정말 교육적인 존재인지를 부단히 묻고 답해야 한다. 참제자 또한 자신이 스승을 생각하며 교육적인 삶을 잘 살고 있는지를 부단히 성찰하고 점검해야 한다. 그래서 참스승, 참제자 되기는 결코 쉬운 일이 아니다.

셋째로, 스승은 제자의 도구가 아니며, 제자 또한 스승의 도구일 수 없다. 진정한 의미의 제자와 스승은 서로를 '있는 그대로' 전인격적으로 이해하고 존중한다. 프롬Fromm, 1976의 방식으로 말하자면 제자와 스승은 '소유'의 관계가 아닌 '존재'의 관계를 맺는다. 기능주의가 지배하는 자본주의 사회에서, 학교선발과 사회선발에 매몰된 무한경쟁의 학교문화에서 진정한 의미의 사제 관계를 찾아보기 힘든 이유가 여기에 있다.

넷째로, 진정한 의미의 사제 관계는 일시적인 만남이나 사소한 추억의 관계가 아니다. 필요에 의해 잠시 만났다가 미련 없이 헤어지는 관계가 아니다. 평생을 두고 때로는 운명을 서로 달리한 맥락에서조차도 살아 있는 심층적이고 영속적인 관계이다. 이 심층성과 영속성은 제자 혹은 스승 어느 한쪽이 요구하거나 집착하여 생기는 것이 아니다. 사제 관계는 지울 수 없는 흔적이 아니며, 피할 수 없는 의무가 아니다. 스승으로 인해 제자가, 제자로 인해 스승이 더 나아지고 더 행복해지는 사랑과 희망의 관계이다.[60]

관심은 영어로 'interest'이다. 이는 사이를 뜻하는 'inter'와 존재를 뜻하는 'est'의 합성어이다. 즉 관심은 '존재와 존재의 사이'이다. 관심이 없으면 관계도 없다. 아무 상관이 없다. 그러다가 관심이 생기면 비로소 관계가 생기는 것이다. 또는 관계가 생김으로써 관심이 생기는 것이다. 말하자면 관심은 존재와 존재 사이의 관계 맺기이다. 아무 사이가 아니라거나 좋고 나쁜 사이라고 말할 때 그 '사이'가 무엇인지 눈여겨보자. 이를테면 좋은 사이와 마찬가지로 나쁜 사이에도 사이가 있다. 즉 관계와 관심이 있다. 교수인 나는 학생 한 명 한 명과 어떤 사이를 가지고 있는가? 내 이웃 한 사람 한 사람과 어떤 사이를 가지고 있는가? 우리는 주위의 사람, 사물, 사태 가운데 어떤 것에는 관심을 가지고 어떤 것에는 관심을 가지지 않는다. 장애인에 대한 관심, 민들레에 대한 관심, 세월호에 대한 관심 등등…. 그 관심들은 변함없이 지속되기도 하지만, 생겼다가 사라지거나 상황마다 입장마다 달라지기도 한다.

본질적으로 학생과 교사 사이의 관심은 교육적인 관심이어야 하고, 학생과 교사 사이의 관계는 교육적인 관계여야 한다. 우리의 삶에는 교육 말고도 숱한 다른 관심, 다른 관계가 있다. 정치, 사회, 경제, 예술, 종교 등 헤아릴 수 없이 많은 관심과 관계가 있다. 스포츠, 음식, 오락, 연애, 도박 등도 그렇다. 그것들과 유달리 교육적인 관

---

60) 이 맥락에서 선수와 코치 사이의 관계는 어떤가? 최근 학습-교수의 장에 '코칭(coaching)'이 무분별하게 논의되고 도입되고 있다. 내가 무분별함을 지적하는 까닭은 그것이 교육의 본질, 즉 교육다운 교육을 염려하면서 이루어지고 있지 않기 때문이다.

심, 교육적인 관계가 있다. 반면에 비교육적인 관심/관계, 교육외적 관심/관계, 반교육적 관심/관계도 있을 수 있다. 나는 학생들에게 진정한 관심이 없는 교사, 교사에게 진정한 관심이 없는 학생들로 인하여 학교교육의 부재, 부실, 부진이 야기된다고 믿는다. 관심과 관계가 있더라도 그것이 비교육적인 관심이거나 비교육적인 관계 였기 때문에 학교교육의 위기가 초래되어 왔다고 믿는다. 그로 인 해 '교실붕괴'가 초래된다고 지적한 적도 있다조용환, 2000.

2. 교육적 관계

그렇다면 여기서 말하는 '교육적 관심'은 어떤 관심이며, '교육적 관계'는 어떤 관계인가? 먼저 아래 〈그림 7〉의 2분면分面처럼 가르 침만 있고 배움이 없는 활동은 진정한 의미의 교육이라 할 수 없다. 예컨대 어떤 교사가 자신은 학생들을 열심히 가르쳤다고 생각하는 데, 학생들 어느 누구도 그 가르침을 통해서 배운 것이 없다고 하면 교육은 일어나지 않은 것이다. 물론 현실세계에서 그런 일은 흔치 않다고 말할 수 있다. 그러나 정말 그런가? 교실에서 졸거나 아예 잠을 자는 학생들을 방치한 채 수업을 진행하는 교사는 온전한 의 미의 교육에 충실하지 않은 것이다.

		학습	
		있음	없음
교수	있음	1	2
	없음	3	4

〈그림 7〉 학습과 교수의 공존 vs 비공존

나는 종종 '재운 사람이 깨우세요'라는 일화를 소개한다. 대학 강의실에서 생겼던 일이다. 강의실 뒷자리에서 계속 졸고 있는 학생을 보다 못해 교수가 옆자리 학생에게 우정을 들먹이며 깨우라고 종용했다. 그런데 이 옆자리 학생이 교수의 잔소리를 억울하게 듣다가 불쑥 뱉은 말이 "재운 사람이 깨우세요"였다.[61] 그렇다, 그 학생을 교수가 재운 것이다. 학생이 강의실에서 졸거나 자는 데는 다양한 까닭이 있을 수 있다. 무엇보다 독감, 아르바이트, 숙취 등으로 몸이 안 좋아서 수업에 집중하기 힘들 수 있다. 아니면 수업이 너무 재미가 없거나 자신의 삶에 의미가 없어서일 수도 있다. 그렇다면, 조는 행동을 성급히 나무랄 것이 아니라 그 연유부터 파악해야 한다. 그래서 만약 수업의 재미와 의미에 문제가 있다면 학생이 아닌 교수가 먼저 반성을 해야 할 것이다. 학생들 스스로 수업의 재미와 의미를 말하기 어려운 문화 속에서 교수의 '책임감responsibility'이 먼저 점검되어야 할 것이다. 재미없다거나 의미 없다는 몸짓에 적절한 교육적 개선의 '반응response'을 보이는 태도와 '능력ability'이 교수

---

61) 프레이리(Freire, 1973)가 지적하듯이 수업의 핵심, 교육의 핵심은 참여자 모두가 '생생하게 깨어 있고 깨어나는 것(conscentization & convivialization)'이다.

에게 있어야 할 것이다. 잠들지 못하고 울음을 그치지 않는 젖먹이의 '도와달라'는 자극에 부모는 어떻게 반응하는가? 무책임한 부모는 적절한 도움을 주지 못할 것이며, 책임감이 있는 부모는 어떻게든 최적의 도움을 주기 위해 안간힘을 쓸 것이다. 살기 힘들다며 도움을 호소하는 민중에게 지도자들은 어떻게 반응하는가? 무책임한 지도자는 도움을 주는 데 관심이 없거나 시늉만 내겠지만, 책임감이 있는 지도자는 어떻게든 최적의 도움을 주기 위해 애를 쓸 것이다.[62] 책임감이 있는 교사는 학생들이 호소하는 불편, 요구, 기대의 메시지를 최대한 성실하게 잘 파악하여 적절하게 대처를 해주는 교사이다. 교육의 본질이 구현되는 수업을 위해서 교사는 모든 수업에서 자신의 가르침이 충실한 배움을 수반하도록 유념하고 노력해야 한다. 길을 가고 있는 아흔아홉 마리의 양만이 아니라, 길을 잃은 한 마리 양까지 성심을 다해 보살펴야 한다.

마찬가지로 〈그림 7〉의 3분면처럼 가르침이 없고 배움만 있는 활동도 교육이라 할 수 없다. 인간은 인간세계에 태어나고 그 속에서 자라면 누군가가 특별히 가르치지 않아도 자신에게 필요한 지식, 기술, 가치를 스스로 배워 인간이 된다. 무언가를 배우고 싶고 왜 배워야 하는지를 알게 되면, 어디서 어떻게 배워야 할지는 대부분의 학습자가 스스로 찾아갈 수 있다.[63] 인류학자 히로코Hiroko, 1989는

---

62) 사르트르(Sartre, 1946)는 "우리의 책임은 생각보다 훨씬 더 중대한 것이다. 왜냐하면 그것은 전 인류에 참여하는 것이기 때문이다."(1975: 25)고 하였다.

63) 언제 어디서든지 누구나 손쉽고 편리하게 정보와 지식을 검색할 수 있는 오늘날 사회에서는 더더욱 그렇다. 굳이 학교나 도서관에서 교사와 책의 도움을 받지 않더라도, 궁금한 것을 스스로 찾아서 학습할 수 있는 기회와 자원이 방대하게 곳곳에 열려 있다. 그래서 이 시대 상황에 적절한 새로운 방식의 학습 안내가 필요하기도 하다. 물론 인터넷이나 스마트 시스템을 활용한 학습이 체계적이고 심층적인 학습에는 한계가 있을 수 있다.

학습은 있되 교수가 없는 사회의 전형적인 예로 캐나다 북부 툰드라 지대의 헤어Hare 인디언 사회를 들고 있다. 이 사회의 아이들은 워낙 자학자습自學自習에 길들여져 있어서 '누가 네게 그것을 가르쳤느냐?'라는 질문을 이해하지 못한다. 그들의 언어에는 '가르쳐 준다' '가르침을 받는다' '누구에게서 배운다'는 의미의 말이 없다고 한다. 자라면서 그냥 다른 사람들이 하는 것을 보고 따라서 해보다가 어느새 자기도 할 수 있게 되는 것이 이 문화의 학습법이다.

히로코는 헤어 인디언 사회의 이러한 '교수 없는 학습'이 그 부족의 독특한 세계관과 인간관에서 비롯된 것이라고 설명한다. 그녀에 의하면 그들은 한 인간이 다른 인간을 의도적으로 가르치는 것이 온당하지 않다고 여긴다. 사람을 가르칠 수 있는 존재는 각자의 수호신뿐이다. 이 수호신은 헤어 인디언 각자가 특정한 조상이나 지도자, 나무나 언덕, 물개나 북극곰 등과 같은 대상에 신성神性 또는 영성靈性을 부여하여 마음 깊이 새겨두고, 자신의 삶을 비추어 성찰하는 일종의 추상적인 초자아超自我 super ego이다. 그러므로 비록 많은 것을 배우고 체험하여 알고 있는 어른이라 할지라도 아이들에게 이래라저래라 할 수 없고 해서도 안 된다고 믿는다. 요컨대 이들은 사람과 사람 사이의 직접적인 교수-학습 관계를 회피하는 문화를 가지고 있다.

교육은 학습과 교수, 학습자와 교수자의 상호보완적인 만남이다. 여기서 혹시 '교수자'라는 용어가 어색하다고 여기는 사람이 있을지도 모르겠다. 하지만 '학습자'라는 용어는 쓰면서 '교수자'라는 용어를 어색해하는 것이 오히려 이상하다고 볼 수 있다. 통상적으로 사람들은 교수자 대신에 '교사'나 '스승'이라는 말을 쓴다. 그러나 교사는 학생과 대칭을 이루고 스승은 제자와 대칭을 이룬다. 그와 같이 '교수자'는 '학습자'와 대칭혹은 앞서 말한 짝패을 이루는 용어이다.

아무튼 〈그림 7〉의 1분면처럼 학습자와 교수자가 시간적, 공간적으로 공존하며 상호작용을 할 때 가장 전형적인 교육이 이루어질 수 있다. 그러나 학습자와 교수자가 한때 한곳에서 만나지 않고, 학습과 교수가 동시에 작용하지 않을 때에도 교육은 이루어질 수 있다. 가령 가르침이 있고 일정한 시간이 지난 후에 학습자가 비로소 그 가르침의 내용과 의미를 깨닫게 되는 수가 있다. 또는 배움으로 인해 자신의 능력과 품성이 향상되었으나 그 배움이 어떤 가르침으로 인한 것인지를 한참 후에야 알게 되는 수도 있다. 그리고 직접 만난 적이 없는 교수자에게서 매개체를 통해 간접적으로 배움을 얻을 수도 있다. 즉 책과 같은 문자매체, 다큐멘터리와 같은 영상매체, 유튜브와 같은 인터넷 매체 등을 통해서도 시간과 공간을 초월한 교육이 이루어질 수 있다. 요컨대 학습과 교수가 결합되는 방식에 따라서 교육의 외연이 얼마든지 확장되고 그 방법이 다양해질 수 있다. 그러나 한 가지 분명한 사실은 직접적이든 간접적이든, 유형적이든 무형적이든 간에 학습과 교수가 상호보완적인 관계 속에서 공존할 때, 학습자와 교수자가 교육적인 관계 속에서 만날 때 비로소 교육이 성립한다는 사실이다.

그리고 교육의 본질에 충실하기 위해서는 소극적 기능의 '제도적 공존'보다는 적극적 의미의 '실존적 공존'이 더 중요하다. 학생과 교사의 제도적 지위와 역할은 학교교육에 불가피하며 순기능을 가진다. 그러나 그 틀이 너무 형식적이거나 유연하지 못할 때는 역기능을 가질 수도 있다. 교육에는 학교의 조직 측면인 '*societas* society'

보다 연대 측면인 '*communitas* community'가 더 중요하기 때문이다Turner, 1969. 학교는 학년, 학급, 담임, 교과부서, 교무실, 교장실 등의 조직 요소를 가지는 사회이다. 그런데 조직은 운영의 효율을 도모하는 기능체이다. 그와 달리 연대는 이질적인 것까지도 품어 아우르는 공존상생의 의미체이다. 자, 그렇다면 우리 학급은 기능을 중시하는 조직체인가, 의미를 중시하는 공동체인가?

교수는 학습을 돌보는 '도움'이며, **교사는 학생을 돌보는 '도우미'다.** 그런데 스승에게 무술을 배우고자 소림사로 향하는 제자와 달리, 학생들은 특정 교사에게 특별한 무엇을 배우기 위해서 학교에 오지 않는다. 특정 교사의 도움이 절실하게 필요해서 안타깝고 설레는 마음으로 학교에 오지 않는다. 그렇다면, 도움을 청하지도 않았는데 '너희들을 도우러 왔다'며 교실에 들어서는 교사는 이상한 도우미가 아닌가? '열 손가락 찔러 안 아픈 손가락이 없다'고 말하듯이 부모는 자녀 한 명 한 명에게 상심을 가진다. 그런데 우리 교사들은 학생 한 명 한 명에게 그러한 관심을 가지는가? 학생 한 명 한 명을 정말 반갑게 감사하며 사랑으로 만나고 있는가?[64] 특히 학습이 부진하거나 말썽을 부리는 학생들을 어떻게 만나고 있는가? 그들이야말로 교사의 도움이 더 절실하게 필요한 학생들이 아닌가? 실상 학습에 관심이 있고 학업 성취도 좋은 학생들은 교사의 도움이 크게 필요하지 않을 수 있다. 그들은 작은 안내와 도움으로도 자학자습에 능숙하기 때문이다.

---

64) 테레사 수녀는 "나는 대규모의 방법으로 일을 하는 것에 찬성하지 않아요. 나에게 중요한 것은 한 사람 한 사람입니다."(Chawla, 1992/2003: 219)라고 하였다. 그녀는 동료 수녀들에게 "불친절함 속에서 기적을 행하기보다는 친절함 속에서 실수를 하기 바랍니다."(같은 책: 88)라고 늘 당부했다 한다.

3. 배움과 가르침의 조화

제도화된 공교육에서 학생과 교사의 만남은 서로가 서로를 원치 않는 '잘못된 만남'의 가능성을 전제하고 있다. 학교에서 학생들은 배우고 싶은 것을, 배우고 싶은 곳에서, 배우고 싶을 때, 배우고 싶은 사람에게서 배울 수 없다. 교수중심주의라고 하지만 교사들 또한 가르치고 싶은 것을, 가르치고 싶은 곳에서, 가르치고 싶을 때, 가르치고 싶은 사람에게 가르칠 수 없다. 이와 같은 제도의 근본적인 부조리 때문에 학교교육은 교육의 본질에 충실하기 힘든 한계를 태생적으로 안고 있다.

학습과 교수는 조화를 이루기가 어렵다. 부정합不整合 mismatch 없이 만나기가 어렵다. 교사는 학생들에게 다치기 쉽고vulnerability: Henry, 1972, 학생들은 교사에게서 다치기 쉽다. 교사는 가르쳤는데 학생들은 배운 것이 없을 수 있다. 교사가 이것을 가르쳤는데 학생들은 저것을 배울 수 있다. 교사가 가르치지 않은 것을 학생들은 달리 배울 수도 있다. 그리고 학생들은 배울 생각이 없거나 배울 준비가 전혀 되어 있지 않은데 교사가 억지로 가르치려 드는 경우도 흔히 있다. 이러한 학습-교수의 내면적, 암묵적, 해석적 불일치 또는 부조화 현상들은 목적-지향적인 '현시 교육과정explicit curriculum'보다 실제-감응적인 '잠재 교육과정hidden curriculum'이 더 힘을 갖게 만들기도 한다. 가르침과 배움 사이의, 교사와 학생 사이의 상호작용은 이와 같이 결코 순탄하게 진행되지 않는다. 자극과 반응, 투입input과 산출output 사이에 백 퍼센트 합치가 있으면 좋겠지만, 실제 상황에서 그것을 온전히 바랄 수가 없다.

배울 생각이 없는 학생을 가르치는 일만큼 교사에게 괴롭고 고단한 일은 없다. 그렇지만 학생을 내 자녀처럼 사랑한다면, 그들이 살아갈 세상을 위해 염려하고 심려한다면 교사는 그 노고를 마다할 수 없다. 학생들이 배움에 의욕과 의미를 갖도록 전문적인 자극과 동기의 부여에 심혈을 기울여야 한다. 하지만 정녕 어찌하면 뜻 없던 학생들이 배움에 뜻을 갖도록 할 수 있는가? 이것이 난제다. 교육학자들은 이런저런 방법의 동기화motivation를 말하고 내재적 동기와 외재적 동기를 구분하여 논한다. 그러나 실제 사태에서 학생들로 하여금 학습에 관심을 갖게 하는 일은 결코 쉽지 않다. 하지만 교사는 어쩔 수 없이 **학생들이 자신의 삶을 성찰하면서 스스로 학습에 열정을 갖도록** 현장 안팎에서 부단히 궁리를 하고 연구를 해야 한다. 그러기 위해서는 학생 한 명 한 명의 삶에 대해서, 그 처지와 관심과 적성에 대해서, 서로 다른 학습 생애사와 학습 취향과 방식과 준비도에 대해서 먼저 충실히 이해를 해야 한다.

이 맥락에서 특히 교사들을 당황하게 만들고 힘들게 만드는 무심아, 부진아, 문제아, 부적응아 등등의 '소수 학습자minority learner'에게 깊은 관심과 전문적 노력을 쏟아야 한다. 물론 이 '짐'을 교사 개개인에게 오롯이 지워져서는 안 된다. 그러지 않아도 너무 많은 학생들, 너무 많은 수업들, 너무 많은 잡무들에 시달리는 교사에게 말이다. 핀란드는 교사들의 이 지난한 과업을 제도적으로 지원하는 시스템을 잘 갖춘 나라로 평가된다福田誠治, 2006; Aho et al., 2009. 무엇보다도 학생 한 명 한 명의 학습과 그 진도를 중시하는 시스템을 최대한 갖추고 있다. 그리고 학습 부진아를 위한 특별지원교육을 제도화하고 있다.

학습에 관련된 관심, 준비, 성취와 큰 상관없이 우리나라 학생들은 전반적으로 공부를 즐겁게 하지 못하고 있다_{조용환, 2009}. 왜 그럴까? 근본적으로 학생과 그 부모의 관심이 학력주의, 학벌주의, 시험주의에 빠져 있기 때문이다. 많은 학생들이 '과거'의 멍에에 갇히고 '미래'의 볼모로 잡혀서, 재미도 없고 의미도 없는 '지금-여기'를 답습하며 살아가고 있기 때문이다. 부모의 기대와 사회의 압력에 부응하느라 자신이 누구인지, 자신의 삶이 어떠한지, 공부가 자신의 삶에 무슨 의미가 있는지 등등…. 실존적인 존재물음을 직면하지 못한 채 회피하며 살아가고 있기 때문이다. 그 바탕에 학교의 관심이 돈 문제에 쏠려 있거나, 교세를 드높이는 허욕에 빠져 있거나, 교육 본질이 아닌 사회와 행정의 식민지로 퇴락해 있기 때문이다. 그보다 먼저 우리 모두가 교육의 본질에 대해 무관심하거나, 교육다운 교육의 실천 방향과 방법에 무정견해 왔기 때문이다.

해석적 상호작용

만남의 다른 이름은 '상호작용interaction'이다. 학습자와 교수자의 만남, 학생과 교사의 만남은 낯선 이들이 길거리에서 조우하는 것과 같은 무의미한 만남이 아니다. 교육적 관심을 공유하는 교육적 관계의 만남이며, 교육이라는 독특한 삶의 형식에 몰입하기로 약속한 만남이다. '나와 그것Ich-Es'의 객관적 관계가 아닌 '나와 너Ich-Du'의 상호주관적 관계의 만남이다Buber, 1923, 1970; 강선보, 2018. 이 교육적 만남에서 참여자들은 함께하는 타인을 서로 환대하고Levinas, 1979, 정성을 다해 서로를 염려하고 배려하고 심려한다Heidegger, 1927. 이 만남은 학습 행위와 교수 행위가 부단히 교차chiasma: Merleau-Ponty, 1964하면서 교육적 시너지를 창출하는 상호작용의 만남이다.

교육적 상호작용에서는 끊임없이 해석interpretation이 발생한다. 교사가 학생의 행위를 해석하고, 학생이 교사의 행위를 해석한다. 그 과정에서 학생과 교사 사이에 소통과 공감과 영향이 생성된다. 해석은 행위에 대한 이해와 의미화 작업이다. 그러므로 교사가 학생의 심층적 행위를 표면적 행동으로 축소하거나, 학생이 교사의 총체적 행위를 파편적 행동으로 축소할 때 해석은 방향을 잃고 표류하게 된다. 교육적인 소통과 공감과 영향에 적신호가 켜진다. 학생의 행위를 깊이 이해하기 위해서 교사는 온몸을 학생에게 기울여야 한다. 학생 또한 마찬가지로 교사의 행위를 깊이 이해하기 위해서 교사에게 온몸을 기울여야 한다. 이 뜻에서 나는 교육의 본질적 양상을 '학습과 교수의 해석적 상호작용'이라 규정한다.

1. 상호작용

여기서 내가 말하는 상호작용은 흔히 오해하는 '작용_action-반작용_reaction'의 선형적 반복이 아닌, 작용_힘들의 교차적인 관계와 결합이며 해체와 재구성이다. 세상의 모든 존재와 인간의 모든 인식은 관계와 결합, 해체와 재구성의 과정이며, 그 산물이다. 어떤 사람, 사물, 사태도 절대적으로, 객관적으로, 고정불변의 것으로 존재하거나 인식할 수 있는 것이 아니다. 그러므로 우리의 삶과 교육과 연구 모두 그 전제 속에서 해석되고 실천되어야 한다.

1) 상호

상호작용의 '상호_inter'는 말 그대로 '사이'이다. 사이는 둘 이상의 존재자들이 '서로에게 속하지 않으면서 더불어 존재할 때의 연관성'이다. 사이를 가지는 존재자들은 각각의 고유성을 잃지 않으면서 상관적 공동성을 확보한다. 서로 다르면서도 어떤 무엇을 함께 나누어 가진다. 친구 사이인 두 사람이 동질적일 필요는 없다. 그러나 두 사람이 전혀 이질적이어서는, 함께 나눌 무엇이 없어서는 친구가 될 수 없다. 사이는 참으로 오묘하고 신비한 무엇이다. 나는 교육적 관계에서 그 오묘하고 신비한 사이를 중시한다. 가히 '사이 교육'이라 일컬을 공존상생의 교육을 주목한다.

사이는 한 곳과 다른 한 곳까지의 거리를 의미하는 공간성을 가진다. 교육적 상호작용에서 우리는 이러한 사이의 공간성을 주목해야 한다. 학생의 자리와 교사의 자리, 학생의 입장과 교사의 입장에는 거리가 있다. 학생의 지위와 역할, 교사의 지위와 역할에는 거리가 있다. 이 거리는 멀 수도 있고 가까울 수도 있다. 연인들은 어떻게든 틈 없이 바싹 붙어 앉으려 한다. 반면에 미운 사람들은 어떻게든 서로 멀리 떨어져 앉으려 하고 아예 상종을 회피하기도 한다. 그렇다면 학생과 교사의 사이는 어떤 사이인가? 남남 같은 사이는 분명 아닐 테고, 혹시 흔히 말하는 친구 같은 사이인가? 아니면 '불가근불가원不可近不可遠'의 오묘하게 절제된 사이여야 하는가? 결코 쉽지 않은 문답이다. 하지만 학습자와 교수자 사이의 공간성이 획일적으로 규정될 수 있는 것이 아니라, 상황에 따라서 유연하게 조절되어야만 하는 것임에는 틀림이 없다. COVID-19 이후 '거리 두기'가 새로운 일상이 되면서 우리 학교와 교실은 그 상호작용의 공간성에 위기를 겪고 있다. 성찰의 계기를 맞고 있다.

사이는 한때와 다른 한때까지의 '동안'을 의미하는 시간성을 가진다. 교육적 상호작용에서 우리는 이러한 사이의 시간성 또한 주목해야 한다. 학습자의 시간의식과 교수자의 시간의식 차이로 인해 합치나 조화가 잘되지 않는 경우가 비일비재하기 때문이다. 앞에서도 언급했듯이 대량 공교육 제도는 교수 진도가 학습 진도를 지배하고, 교사의 진도가 학생의 진도를 배려하기 힘든 구조를 가지고 있다. 그럼에도 불구하고 학생들은 저마다 다른 '학습의 시간성'을 가진다. 한 학생의 학습 방식과 속도에서조차 날마다, 차시마다, 교과마다, 분위기마다 시간성이 달라질 수 있다. 한 교사가 많은 학생들의 학습 시간성을 일일이 고려하고 배려하기는 불가능하다. 그렇지만, 고려하고 배려하도록 최선은 다해야 한다. COVID-19 이후 우리 학교교육의 일상적 상호작용에서 시간성 또한 재구성과 재기획이 요청되고 있다. 줌Zoom을 활용하는 동시성 수업 말고도 시간의 장벽을 해체한 새로운 학습-교수 방식들이 창안되고 있고 교육답게 정립되어야 할 것이다. 이를테면 칸Khan, 2012이 제안하고 실험하듯이, 학교의 수업과 가정 숙제를 뒤바꿀 필요가 있다. 학교에서 영역별 튜터tutor들과 문답을 통해 개별적인 맞춤형 학습을 하고, 가정에서 시간에 구애를 받지 않고 공통적인 수업을 각종 인터넷 스마트 시스템을 활용하여 학습하는 것이다. 이 모두를 학생별 '학습 조력자learning consultant'의 안내와 도움 가운데 진행하는 것이다. 그렇게 한다면 학생들이 한꺼번에 학교에 몰려서 등교할 필요가 없고, 학기나 방학과 같은 획일적인 수업-휴가 체제를 고집할 필요가 없어진다.

사이는 시간성과 공간성 말고도 관계성을 가진다. 교육적 상호작용에서 우리는 이러한 '사이의 관계성'을 주목해야 한다. 학습배움과 교수가르침 사이의 관계, 학습자와 교수자 사이의 관계는 현상적으로 천차만별 다양하게 존재한다. 시대적으로, 사회적으로, 문화적으로 천차만별 달리 존재해 왔다. 그러나 근대 이후 학교교육의 관계성에 어떤 전형 혹은 정형을 찾아볼 수도 있다. 앞서 논의한 교수중심주의가 그 한 예이다. 우리는 도제식 제자-스승 관계와 비교를 함으로써 오늘날 학생-교사의 관계성을 검토할 수 있다. 그리고 홈스쿨링 연구를 통해서도서덕희, 2008 우리는 공교육의 전형적인 관계성이 해체되면서 어떻게 새로운 탈학교적 관계성이 모색될 수 있는지 살펴볼 수 있다. 또한 '수유너머'와 같은 대안적 교육공동체들을 통해 서도고미숙, 2004 '교인教人' 중심이 아닌 '학인學人' 중심의 교육적 관계를 새롭게 기획할 수 있다.

지금까지 살펴본 사이의 시간성, 공간성, 관계성은 궁극적으로 '사이의 신체성'에 집약된다. 반 마넨van Manen, 1990, 2014은 우리 인간의 실존을 신체, 시간, 공간, 관계의 네 가지 형식 요건으로 해부할 수 있다고 하였다. 그렇다, 현존재로서 나는 항상 이미 독특한 몸으로 지금 여기에 타자들과 독특한 관계를 맺으며 현존實存한다. 나는 시간과 공간을 떠나서 존재할 수 없고, 타자 없이 고립되어 존재할 수 없다. 이 시간과 공간과 관계는 오롯이 현존하는 내 '몸 안에' 있다. 그러면서도 내 몸이 시간과 공간과 관계 그 자체는 아니다. 그것들과 사이를 짓고 가지고 허물며 '살' 따름이다. 이런 '사이 존재'인 내가 바로 천상천하유아독존天上天下唯我獨尊인 나의 '주체subject'이다.[65] 주체로서 나는 스스로 '나'이면서 동시에 남에게는 '남'이다. 스스로 '몸'이면서 동시에 다른 몸에는 '살'이다Merleau-Ponty, 1964. 조광제2004는 메를로-퐁티Merleau-Ponty, 1945의 〈지각의 현상학〉을 해설하면서 그 핵심 주제를 '몸된 세계, 세계된 몸'이라 하였다. 세계는 항상 이미 어떤 형태Gestalt로 내 몸 안에 들어와 있다. 그리고 내 몸은 항상 이미 어떤 형태Gestalt로 세계에 속해 있다. 이것이 내가 말하는 '사이의 신체성'이다. 그러므로 학습자와 교수자, 학생과 교사의 상호작용에서 '상호성'은 근본적으로 '사이의 신체성'으로 읽혀야

---

65) 주체의 영어 'subject'는 어원상 '아래 혹은 속을 향함'을 뜻한다. 고대 그리스어 'sub'는 '속'과 '아래'의 중의(重意)를 가진다. 여기서 '속'은 주체 내부의 고유함을, '아래'는 타자들과의 관계성을 함의한다. 우리 인간의 실존을 표현하기에 이보다 더 좋은 언어는 없는 것 같다.

한다. 학생과 교사는 범주적으로 서로 다르면서도 짝패인 '외속外屬' 관계를 가진다. 그러나 교육적 상호작용에서는 부단히 서로가 하나 되는 '내속內屬'의 관계를 항상 이미 가져야 한다.[66]

2) 작용

상호작용의 '작용action'은 실상 '행위'에서 비롯된다. 아렌트Arendt, 1958가 말하는 '행위성'에서 비롯된다. 전체주의 사회는 사유를 차단하고 대화를 차단한다. 그와 달리 진정한 의미의 민주주의 사회는 사유와 대화가 한껏 살아 있고 열려 있는 사회이다. 서로의 행위에 대한 이해와 존중과 공감을 전제하는 사회이다. 달리 말해 '상호 행위성' 즉 '상호작용'이 한껏 살아 있고 열려 있는 사회이다. 그렇다면, 우리의 교실과 학교는 정녕 그런 곳인가? 그토록 듀이Dewey, 1916가 희구했던 〈민주주의와 교육〉이 있는 곳인가?

우리 인간의 행위action는 행동들acts로 구성되며, 상위의 활동activity을 구성한다. 예컨대 축구 선수의 드리블 행위는 발놀림 행동들로 구성되며, 패스나 슛과 같은 다른 행위들과 결합하여 축구라는 활동을 구성한다. 여기서의 '행동'은 행동주의의 '행동behavior'과 같지 않다. 후자가 가시성과 객관성과 실증성을 강조하는 것과 달리, 전자는 그런 뉘앙스보다는 행위를 구성하는 하위 차원의 몸놀림 혹은 단위 차원의 몸짓이라는 의미로 쓰인다. 그리고 행위는

---

66) 서로 다르지만 하나 되어 속하는 것을 일컬어 '내속(內屬)'이라 한다. 서로 떨어져 있으면서 분류 적으로 혹은 범주적으로 속하는 '외속(外屬)'이 아닌 것이다.

객관적으로 현상하는 행동에 주관적인 의식, 지향, 판단 등이 수반된 혹은 전제된 것이다. 행위는 욕망과 역량의 결합체다. 욕망이 있어도 역량이 없거나, 역량이 있어도 욕망이 없으면 행위는 생성되지 않는다. 비고츠키Vygotsky, 1986가 잘 지적하였듯이 행위는 방향성, 사회성, 통합성의 세 가지 요소를 충족시켜야 한다. 그리하여 행위의 의미는 개개인의 낱낱 차원에서 이해될 수 없고, 상호주관적이고 총체적인 '세계' 혹은 '문화' 차원에서만 온전히 이해될 수 있다.

교육적 상호작용의 작용성, 즉 행위성은 이러한 맥락 속에서 파악되고 논의되어야 한다. 이를테면 수업은 숱한 행동-행위-활동의 연계로 구성된다. 수업을 이해하고 실천할 때 우리는 '노동'이나 '제작'이 아닌 '행위'를 주목해야 한다박은주, 2018. 그리고 행위가 사적 영역이 아닌 '공론 영역'의 것임을 중시해야 한다Arendt, 1958. 의지체이자 의미체로서 행위는 일방적인 전달이나 설득이 아닌, 상호작용적인 사유와 대화를 요청한다. 학생과 교사는 서로의 행위를 방향성, 사회성, 통합성 속에서 이해하고 존중해야 한다. 학습과 교수의 교육적인 상호작용은 참여자들의 서로 다르면서도 사이를 가지는 생활세계에서 온전히 이해될 수 있다. 텍스트text로서 행위들의 맥락context인 교육문화, 학교문화, 학급문화 속에서 온전히 실현될 수 있다.

교육적 상호작용의 '작용'은 실행연구action research의 '실행action'과 같은 말이다. 실행연구는 현장의 문제점을 현장에서 찾고 현장 사람들과 연구자가 합심하여 개선의 노력을 하면서 그 경과를 분석하는 질적 연구의 일종이다조용환, 2015a. 실행연구의 '실행'은 실제적인 행위, 실질적인 행위, 실천적인 행위 같은 것이다. 그러한 행위들의 반성적이고 지속적인 상호작용이다. 실행은 추상적이지 않고 구체적인 것이며, 현장 또는 현실에 밀접하고 밀착한 것이다. 실행연구의 특징은 현장에 작용하는 행위들의 관계와 변화를 중시하는 데 있다. 학습과 교수로서 매 수업은 일종의 '실행 과정'이다. 좀 더 나은 학습을 위해서 좀 더 나은 교수를 고심하고 개선을 모색하는 노력의 지속이다.

근자에 포스트휴머니즘posthumanism이 여러 학계에 회자하고 있다. 포스트휴머니즘은 다각도로 조명 논의되고 있지만, 자연과 사물에 대한 왜곡된 인간중심주의anthropocentrism를 비판하면서 그 이념적 대안을 모색하는 공통점을 가지고 있다조용환, 2019. 포스트휴머니즘은 인간과 비인간의 '상호작용적 행위성'을 중시하는 접근이다. 인간 아닌 다른 생물과 사물을 단순히 대상화하거나 도구화해서는 안 된다는 입장이다. 인간 존재의 물질적 토대성과 인간-비인간 교차성을 주목해야 한다는 입장이다. 바라드Barad, 1999, 2003, 2007는 인간과 물질이 부단히 함께 운동하면서, 혹은 상호작용을 하면서 구체적인 실재들을 생성하고 의미화한다고 본다. 그 운동이 '외부적 관계' 속에서 이루어지는 것이 아니라 **'한 몸' 속에서 이루어진다**는 사실을 강조하기 위해서 그녀는 상호작용을 '**inter**action'이라 표기하지 않고 '**intra**action'이라 표기한다. 포스트휴머니즘의 이러한 입장은 "더 이상 학습자를 순수히 독립적이고 자율적인 존재로 간주하여 개별 인간의 심리적 특성을 바탕으로 하는 교육이론들에 의존하지 않는다."박휴용, 2019: 53 요컨대 우리 인간이 자연, 생물, 사물, 기계 등으로 분류되는 모든 '비인간'들과 변증법적 관계A:Ā=|A| 속에서 열린 대화를 지속할 때 비로소 본질적인 교육이 구현될 수 있다는 것

이다. 교육의 방법적 본질인 '변증법적 대화의 과정'으로 포스트휴먼 교육을 도식화하자면 'Human : Inhuman = |Posthuman|'의 교육이 될 것이다.

3) 상호작용

학습자와 교수자는 실존적으로 '함께 있어야' 한다.[67] 그래야만 상호작용이 온전하게 이루어질 수 있다. 이는 교사와 학생이 물리적인 공간에 동시에 함께 있어야 한다는 말이 아니다. 교육 활동이 일어나는 '교육적 지평'에 함께 처處해야 한다, 거주居住해야 한다는 말이다. 이때 교수자는 사람이 아닌 책 또는 영화일 수도 있고, 음악이나 유튜브일 수도 있다. 시간도 그렇다. 교수자와 학습자가 몸으로 꼭 동시에 함께 있어야 하는 것은 아니다. 나는 오래전에 작고한 부친의 옛 가르침을 뒤늦게 곱씹으며 깨닫고 산다. 백 년도 훨씬 더 전에 살았던 니체와도 그의 저술을 통해서 활발한 교육적 관계를 맺고 있다. 이로써 나의 부친과 니체는 나의 교사요 스승이다. 요컨대 교육적 상호작용이 일어나는 조건은 물리적-신체적 공시성이 아니라, 교육적 관계-지평의 공유성이다. 어떤 '교수敎의 힘'을 학습자가 자각하고 의지할 때, 어떤 '학습習의 존재'를 교수자가 상정하면서 학습을 기대할 때 교육적 상호작용의 계기가 마련된다. 물론 학습자와 교수자가 구체적인 시공간에 함께 실존하면서 교육

---

67) 실존주의 심리 · 상담 · 치료 분야에서는 이를 'Being with'라고 표현하면서 하이데거의 '공동현존재'를 중시한다. 존재물음을 던지며 현존(실존)하는 살아 움직이는 사람들 사이의 상생(相生)이 'Being with'이다. 그래서 이는 곧 교육적인 'Becoming with'이기도 하다.

적 상호작용을 도모하고 확인할 수 있다면 더할 나위가 없다.

셸러Scheler, 1928는 타인과 삶을 함께하는 일을 '공동수행Mitvollzug 共同遂行'이라 규정한다. 이는 외부에서 관찰하고 개입하는 '외속의 참여'가 아니라, 서로 내면을 걸치면서 함께 활동하는 '내속의 참여'이다. 들뢰즈Deleuze, 1988의 표현으로 '겹주름complication'을 형성하는 일이다. 교사가 학생들과의 삶에 교육으로 참여하는 일도 똑같다. 외부에서 관찰하고 개입하며 일방적으로 가르치는 베풂이 아니라, 학생들과 서로 내면을 걸치면서 더불어 깨닫고 익히는 교학상장敎學相長의 공동수행이다. **수업을 비롯한 모든 교육 활동은 공동수행이요 '공동생활共同生活 더불어 살아 움직임'이어야 한다.** 정도나 방식이 똑같지는 않겠지만, 눈앞에 없는 교수자와 함께 교육적 관계를 맺을 때에도 '공동현존재Mitdasein: Heidegger, 1927'가 불가능하지 않다고 본다. 이를테면 나는 니체를 읽을 때마다 그가 '지금-여기' 내게로 되살아 와서 나와 함께 생각하고 말하고 토론하는 느낌을 가진다. 그의 자서전과 전기들을 통한 분위기의 공유만은 아닐 것이다. 오히려 '교육적 상상력'이라고 칭할 '힘' 덕분이라고 본다.

이러한 공동성이 확보되지 않을 때 진정한 의미의 교육적 상호작용은 기대하기 어렵다. 제도적으로 주어지는 교사-학생 관계에 머물러 실질적이고 본질적인 교육적 상호작용이 부재하거나, 부실하거나, 부진한 사태가 우리 교육 현장에 얼마나 비일비재한가. 앞에서 언급했듯이, 무릇 학습과 교수는 항상 이미 조화와 균형을 이루는 것이 아니다. 보장된 것은 어디에도 없다. 오히려 부단히 직면하는 부조화와 불균형의 위기를 극복해 가는 과정이 교육적 상호작용일 것이다.

헨리Henry, 1972가 지적했듯이 교사는 수적 다수인 학생집단에게서 긴장과 불안과 위협을 느끼기 마련이다. 그래서 맥닐Mc Neil, 1983이 간파했듯이 소극적이거나 '방어적인 수업'으로 치달을 수 있다. 마찬가지로 학생들은 힘의 다수인 교사집단에게서 통제와 압박과 소외를 겪을 것이다. 그래서 시바노쇼오잔柴野昌山, 1985이 간파했듯이 개별 또는 집단 차원의 '대처전략' 마련에 급급할 수 있다. 특히 학생들이 소수자의 지위에 처할 때, 지배자학교와 교사의 거시적이고 기획적인 '전략strategy'을 미시적이고 일상적인 '전술tactics'로 맞서게 될 것이다de Certeau, 1984. 시간을 통제하면 공간으로 맞서고, 공간을 통제하면 시간으로 맞설 것이다남영호, 2006. 학생들이 수업시간 중간에 화장실을 가겠다거나, 교실에서 딴짓으로 휴식을 확보하는 형국이다.

2. 해석적 상호작용

교육 사태에서의 모든 상호작용이 해석적임을 주목하고, 해석적이어야 함을 강조할 필요가 있다. 이때 '해석적임'은 어떠함을 말하는가? 해석의 한자어 '解釋'은 말 그대로 '이해한 것을 풀이함'을 뜻한다. 그리고 해석의 영어 'interpretation'은 글자 그대로 '사이에inter 섬pret'을 뜻한다. 이 둘을 묶어서 나는 해석을 '사이에 서서 이해한 것을 풀이하는 일'이라 규정한다. 여기서 '사이에 섬'은 화자話者로서 나와 나의 청자聽者, 필자로서 나와 나의 독자, 연구자로서 나와 나의 동료 학자들 사이에서 해석이 이루어짐을 의미한다. 그리고 '이해'는 내가 하는 것이고, '풀이'는 나 아닌 누군가를 위해서 하는 것이다. 무릇 이해는 고정되어 있지 않고 부단히 변화하며 전환한다. 선先이해가 신新이해를 낳고 또 낳는다. 가다머_{Gadamer, 1976}는 이를 일컬어 '해석학적 순환_{hermeneutic circle}'이라 하였다. 모든 학습은 해석학적 순환의 과정이다. 교수자와 학습자 사이의 상호작용 역시 해석학적 순환의 과정이다. 교육은 본질적으로 '학습과 교수의 해석적 상호작용'이다.

1) 해석

영어 'interpretation'은 우리말로 '통역'이나 '번역'으로 옮겨진다. 이쪽 사람의 언어를 저쪽 사람이 알아들을 수 없을 때 그 사이에 통역이 필요하다. 이쪽 문화의 작품을 다른 쪽 문화의 사람들이 이해하지 못할 때 그 사이에 번역이 필요하다. 통역과 번역은 이질적인 두 세계 사이에 서서 서로의 이해와 소통을 돕는 일이다. 앞에서 우리는 자코토 교수가 프랑스어와 네덜란드어 두 언어를 넘나들며 이루어지는 '사이 교육'의 가능태를 살펴보았다.

아래 〈그림 8〉에서 보듯이 학습자와 교수자 사이에는 항상 이미 부단한 해석이 있다. 학습자는 자신의 처지, 입장, 언어, 아비투스, 지향 속에서 세상을 이해한다. 자신의 방식으로 세계를 구성하고 세계에 참여한다. 그것은 교수자에게도 마찬가지다. 교육이라는 만남에서 학습자와 교수자는 각자의 이해를 가지고서 상대방의 이해'를 만난다. 교수자는 학습자를 '하화下化'하려 하고 학습자는 교수자에게서 '상구上求'하고자 한다.[68] 교수자와 학습자는 서로 다른 이해 사이에서 교학상장을 통해 더 나은 이해를 함께 찾아가는 '해석학적 순환' 작업을 하게 된다. 무릇 교육은 이와 같은 해석 작업이며, 해석학적 순환 작업이다.

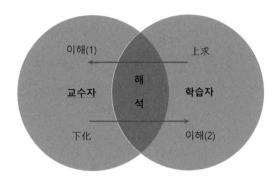

〈그림 8〉 학습-교수의 해석적 상호작용

교사는 학생이 배우고자 하는 더 나은 지식, 기술, 가치와 학생 사이에 서는 사람이다. 교과로서 지식, 기술, 가치를 선정하고 그 학습의 계열적이고 효율적인 방법을 보살피며, 바람직한 세계의 지향 속에서 학생이 자신의 학습을 조정하고 통합하도록 돕는 매개자mediator이다. 수업을 비롯한 모든 학습-교수 상황은 매개상황이다. 교수자의 매개 속에서 학습자는 '學깨달음'과 '習익힘'의 해석적 과정을 겪는다. 학습이 상황적 자극으로 다가올 때 학습자는 이전에 경험

---

68) 상구하화(上求下化)는 본래 '上求菩提 下化衆生'을 축약한 불교 용어인데, 장상호(2000, 2020)가 이를 교수(下化)와 학습(上求)을 뜻하는 교육학의 용어로 재구성하였다.

하지 못한 새로운 것들과 자신의 기존 '몸틀' 또는 '인지구조schema' 사이에 서게 된다. 그리고 해석학적 순환을 통해 축적chunking, 보완renovating, 전환transforming의 학습을 하게 된다.

2) 해석학적 순환

대부분의 어른들은 어린아이들이 '뭘 모른다'고 섣불리 단정하는 경향이 있다. 그러나 유심히 관찰해 보면 아이들이 '아무것도' 모르는 것이 아니라 '무언가를' 알고 있음을 알 수 있다. 어른들이 알고 있는 것보다 '덜' 알고 있거나, 어른들이 알고 있는 것과 '다르게' 알고 있음을 알 수 있다. 덜 알거나 다르게 아는 것이 '그릇' 아는 것은 분명 아니다. 이를테면 초등학교 입학 이전에도 아이들은 의외로 많은 지식과 기술과 가치를 이미 가지고 있다. 그리고 학교교육을 거치는 동안에도 학교 밖에서 많은 지식과 기술과 가치를 스스로 자연스럽게 터득한다. 이때의 학교 밖 학습이 학교에서의 학습과 항상 일치하지는 않을 것이다. 물론 학교 밖 학습에는 교육적인 것 말고도 비교육적인 것, 교육외적인 것, 반교육적인 것들이 뒤섞여 있을 수 있다. 그렇다고 해서 학교에서의 학습은 다 교육적인 것일까? 그리고 이 '교육적임'의 기준은 무엇일까?

학습을 전제할 때 교육은 본질적으로 '무'에서 '유'를 창조하는 일이 아니다. 오히려 하나의 '유'에서 다른 '유'로의 전환을 도와주는 일이라 할 수 있다. 이때 앞의 '유'는 뒤의 '유'에 비해서 무지, 무심, 무능, 무력, 무정견의 것일 수 있다. 부조화와 불균형 상태의 것일 수도 있다. 그러나 항상 이미 다 그렇다고 전제하는 가르침 교수는 위험하다. 교수자가 일방적으로 주입하거나 전달하거나 설득할 위험이 있다. 학습자와 함께 성찰하지 않거나 비판하지 않거나 대화하지 않을 위험이 있다. 그 점에서 너무 유식하거나 유능한 교사보다 차라리 '무지한 스승'Rancière, 1987이 더 교육적일 수도 있다. 랑시에르는 교육의 결과로 평등을 추구할 것이 아니라, 평등에서 교육을 시작해야 한다고 주장했다. 나 또한 못난 아이와 똑똑한 아이를 가려내는 교육으로는 결코 평등함에 이를 수 없다고 믿는다. 평등함 속에서 모든 아이가 다 제 나름대로의 학습을 추구할 수 있도록 도와야 한다고 믿는다.

　교수자들은 흔히 '아는 게 너무 많은' 학습자를 가르치기가 힘들다고 말한다. 맞는 말이다. 교직 생애 내내 나도 겪은 일이며 고심했던 일이다. 아는 게 많다고 자만하는 학습자는 교수자의 가르침에 마음을 쉽게 열지 않는다. 가르침에 귀를 기울이지 않고 온몸을 맡기지 않는다. 그러니 학습이 제대로 이루어질 리가 없다. 나는 학원에서의 '선행학습'이 학생의 학교 학습동기를 약화시킬 뿐만 아니라 다른 급우들과 함께하는 교실 수업의 분위기를 흐린다는 교사들의 지적에 동의한다. 이 점에서 유식하고 유능한 제자보다 '무지한 제자'가 더 좋은 학습자일 수 있다. 그렇다고 해서 학습자가 자신은 아는 게 전혀 없다고 지레 자괴하거나 자포자기하는 것은 바람직하지 않다. 오히려 자신이 덜 알고 있거나 다르게 알고 있거나 그릇 알고 있을 수 있음을 자각하고 반성하며 개선하려는 태도가 교육적인 학습-교수의 좋은 출발점이라고 나는 믿는다.

　공부를 제대로 해본 사람들은 알 것이다. 공부는 하면 할수록 모르는 것이 많아지고 질문이 많아진다. 물론 아는 것이 많아지고 깊어지기도 한다. 그러나 공부는 그 아는 것들에 대해서조차도 언제든지 허물고 다시 쌓는 태도를 요구한다. 그러므로 부모와 교사는 자신의 자녀와 학생들이 더 많이 알기를 바라기보다 모르는 것이 더 많아지기를 바라야 할 것이다. 역설적이지만 진실이다. 몰라서 궁금하고 답답하게 되면 자연히 부모와 교사의 도움을 청하게 되기 때문이다. 배움을 갈구하고 가르침에 목마른 학생은 교실에서 잡담을 하거나 딴짓을 하지 않는다. 그런 학생은 교사에게 무관심하거나 무례할 수가 없다. 자 그렇다면, 우리 가정과 학교의 현실은 어떠한가? 부모가 자녀에게, 교사가 학생들에게 무엇인가 잘 모르고 잘 하지 못해서 궁금하고 답답하게 만들고 있는가? 아니면, 그들이 궁금해하기도 전에 답답해하기도 전에 서둘러 미리 가르쳐 주고 해 주고 있지는 않은가?

3) 상징적 상호작용

내가 교육의 양상적 본질로 파악하는 학습과 교수의 '해석적 상호작용'은 '상징적 상호작용'symbolic interaction: Mead & Morris, 1935; Blumer, 1969으로 풀이할 수도 있다. 우리 인간의 커뮤니케이션은 기본적으로 기호-상징-언어의 스펙트럼에서 이루어진다. 이 스펙트럼에서 언어보다는 상징이, 상징보다는 기호가 더 원초적인 것이다. 달리 말해 상징은 일종의 기호체제이며, 언어는 일종의 상징체제이다. 알다시피 기호記號 sign는 즉자적 감각체인 기표記標 signifier와 대자적 의미체인 기의記義 signified로 구성된다. 즉자卽自 soi가 '존재 그 자체itself'인 반면에, 대자對自 pour soi는 '존재에 대한for itself 무엇'으로서 존재를 의식하고 표상하는 '존재자'이다. 사르트르는 즉자를 '존재', 대자를 '무'라 하였다Sartre, 1943. 우리의 '봄'은 즉자적 시각기표들을 대자적으로 의미화하는 과정이다. 그리고 '들음'은 즉자적 청각기표들을 대자적으로 의미화하는 과정이다. 청국장 냄새라는 하나의 후각 기표에 대해서 내가 '맛있는 음식 냄새'로 의미화할 때, 나의 미국 친구는 '혐오스러운 구린내'로 의미화할 수 있다. 소쉬르de Saussure, 1915는 인간의 문자가 즉자적 시각기표를 통약通約 가능하게 의미화한 정교한 상징체제라 하였다. 그리고 레비-스트로스Levi-Strauss, 1962는 〈야생의 사고〉에서 문명인의 커뮤니케이션이 언어에 치중하는 것과 달리, 원시인의 커뮤니케이션은 기호와 상징에 더 의존한다고 하였다.

인간은 상징적 동물이다. 단적인 예로 인간의 언어는 지시체-지시어 사이의 일대일 대응관계correspondence를 자동적으로 구성하지 않는다. 소쉬르가 말했듯이 소리나 문자와 같은 즉자적 기표와 그 대자적 의미인 기의 사이에는 부단히 미끄러지는 해석 작용이 발생한다. 언어와 그 의미 사이의 자의적이고 표상적이고 해석적인 관계는 상징체제의 한 가지 전형이다. 언어뿐만 아니라 표정, 시선, 몸짓, 자세, 자리, 동선을 비롯한 사람과 사람 사이의 모든 커뮤니케이션에는 다원적인 애매모호함이 늘상 있기 마련이다. 그러한 애매모호함을 제거하기 위해서, 혹은 소통의 합일성을 높이기 위해서 우리는 해석의 정형화 장치를 만들기도 한다. 이를테면 태극기, 애국가, 무궁화 등은 우리나라의 '상징'이다. 도로 교통신호에서 빨강, 노랑, 초록의 의미 또한 정형화된 일종의 상징적 약속체계이다. 이러한 모호함과 명료함 사이의 스펙트럼에서 의미를 교섭하는 소통을 일컬어 우리는 '상징적 상호작용'이라 한다.

셸러Scheler, 1928는 표현과 전달을 통한 '의미의 사회적 공유'가 기호작용signification을 통해서 일어난다고 하였다. 기호가 묘사描寫와 명명命名의 기능을 갖기 때문이다. 기호는 상징의 원형이며, 상징은 언어의 원형이다. 기호는 상징을 포함하며, 상징은 언어를 포함한다. 그럼에도 불구하고 우리는 커뮤니케이션에서 언어를 지나치게 중시하는 습성을 가지고 있다. 학습자가 언어에 취약하면 그의 소통력이 부재하거나 부진하다고 단정한다. 우리의 교육, 특히 학교교육은 주로 말과 글의 자연언어natural language는 물론 수학과 과학과 공학의 부호들을 비롯한 각종 인공언어artificial language로 이루어진다. 그 지배구조에서 초언어적인paralinguistic 표정, 시선, 몸짓, 자세, 자리, 동선 등의 가치가 폄하된다.

교육은 학습과 교수 사이에서 일어나는 일종의 상징적 상호작용이다. 그러므로 위 〈그림 8〉에서 학습자와 교수자 사이의 해석에 전제된 상징성을 주목해야 한다. 모든 해석이 애매모호曖昧模糊와 명석판연明晳判然, 자의성과 통약성 사이에서 부단히 흔들리고 미끄러지며 그래서 최대한 함께 붙잡아야 하는 것임을 주목해야 한다. 교사는 학생들 행동의 의미를 명확히 알 수 없고, 학생들 또한 교사 행동의 의미를 분명히 간파할 수 없다. 그래서 학습자와 교수자 모두가 늘 커뮤니케이션에 성실해야 하고 겸손해야 한다.

3. 교학상장

일반적으로 교육은 아는 사람이 모르는 사람을 가르치는 일로 인식되고 있다. 그 결과 교육을 지식의 전달 혹은 문화의 전달로 규정하게 된다조용환, 1997. 그러나 유심히 살펴보면 '아는 사람'과 '모르는 사람'의 구분은 그 자체가 애매모호하다. 앎은 내용, 수준, 방식, 가치 어느 면에서도 절대적이지 않고 상대적이다. 교사의 앎이 학생의 앎보다 그 내용, 수준, 방식, 가치 면에서 항상 이미 높거나 옳다고 말할 수 없다. 그러므로 교사는 항상 가르치는 사람, 학생은 항상 배우는 사람이라는 식의 구분법은 교육적으로 타당하지도 바람직하지도 않다. 교육의 본질은 학생과 교사가 더 나은 지식, 기술, 가치를 함께 찾아가는 일이다.

교사는 가르치기 위해서 배우고, 가르치면서 배운다. 학생은 배우면서 가르침을 함께 체험하며, 동료나 후배에게 가르침을 줄 수도 있다. 이것이 교학상장의 현상이며 원리이다. 잘 가르치기 위해서는 부단히 배워야 한다. 열심히 배우는 교사의 모습보다 더 좋은 가르침은 없다. 학생이 책을 읽게 하려면 교사가 먼저 책을 읽어야 하고, 학생이 공부를 하게 하려면 교사가 공부하는 모습을 항상 보여야 한다. 이것이 스승의 모범, 즉 사범師範의 원리이다. 혀가 짧아 발음이 어눌한 훈장이 '바잠 風'을 줄곧 읊으면 훈도들이 '바람 風'을 올바르게 익히기가 어렵다.

이런 모범의 원리가 곧 '모방학습model learning'의 원리이다. 모방은 교수자가 시키지 않아도 학습자가 스스로 하는 자연스러움을 가지고 있다. 좋은 교수자는 그 자연스러움을 활용하여 좋은 모방을 기획한다. 박준상2015은 좋은 모방을 복제적인 '이미타티오imitatio'가 아닌, 생성적인 '미메시스mimesis'라 하였다. 미메시스는 단순히 똑같이 따라하는 것이 아니라, 영향 속에서 내 것을 만들어 내는 공명적이고 공감적이며 공현적인 생성이다Auerbach, 2001. 많은 학습과제, 특히 몸으로 실습하는 과제의 경우 말이나 글로 설명하기보다 '이렇게 해보자'는 식의 시범이 더 중요한 교수방법일 수 있다Scribner & Cole, 1981. 가정교육이나 사회교육에서 나타나는 문화학습, 특히 초기사회화 과정의 문화학습은 모방학습이 주를 이룬다. '어깨너머로 배운다'거나 '서당 개 삼년에 풍월 읊는다'는 식의 학습 말이다. 학교교육에서도 교사는 학생들이 자신을 부단히 모방하고 있다는 사실을 항상 유념해야 한다.

교육은 문답의 과정이다. 모르는 것을 알기 위해서, 못하는 것을 할 수 있기 위해서 묻고 답하는 과정이다. 그 점에서 교육은 연구를 닮았다. 교육과 연구 모두에서 섣부른 해답보다 치밀한 질문이 더 중요하다. 질문이 명확하고 깊이가 있어야 그만큼 명확하고 깊이 있는 해답을 얻을 수 있다. 그럼에도 불구하고 질문이 없는 공부, 질문이 허약한 공부가 우리 학교와 우리 교육을 지배하고 있지는 않은가? 유대인 교육의 핵심 가운데 하나인 '마따호쉐프', 즉 부단히 '네 생각은 무엇이냐'를 묻는 교육이 우리 사회에도 일상화되어 있는가?

공부에는 '쌓기 공부'와 '허물기 공부'가 있다. 쌓기 공부는 보고 듣고 읽어서 지식과 지혜를 쌓아가는 방식의 공부이다. 이 공부를 하다 보면 점차 질문이 없어진다. 반면에 허물기 공부는 모르는 것을 부단히 문답함은 물론 아는 것조차 의심하는 방식의 공부이다. 이 공부를 하다 보면 질문이 자꾸 더 생긴다. 허물기는 부정negation이며 무화無化이며 변증dialectic이다. 이 허물기 방식의 공부가 바로 '연구 형태의 교육'이다. 연구와 교육이 동행하는 현상, 즉 '교연상장敎研相長'이다.

교육과 연구는 개념으로나 활동으로나 구분이 되는 별개의 일이다. 그러나 이 두 가지 일의 내부를 유심히 들여다보면 서로가 밀접하게 맞물려 있음을 알 수 있다조용환, 2004a. 교육적 관심이 연구를 요청하고, 연구를 통할 때 교육이 향상될 수 있다는 사실을 알 수 있다. 예컨대 창의력을 높이는 교육에 관심이 있다면, 먼저 창의력이 무엇이며 어떻게 길러지는지에 대해서 연구를 해야 한다. 창의력이 문제가 되고 있는 사태의 실상과 원인을 면밀히 관찰하고 조사한 연후에 비로소 교육적인 대책을 구할 수 있다. 이런 맥락에서 나는 교사들이 현장에서 실행연구를 일상적으로 수행할 필요가 있다고 주장해 왔다조용환, 2015a. 마찬가지로 학생들에게 무엇을 직접 가르치기보다는 학생들 스스로가 연구를 하면서 발견을 하고 창의성을 키우게 하는 것이 더 교육적이라 믿는다. 학생들이 자신의 문제를 연구과제로 구성하여 해답을 찾아나가면서 공부를 하도록 하는 방법이 바로 듀이가 제창하고 킬패트릭W. H. Kilpatrick이 정립한 '프로젝트 학습법project learning'이다.[69] 프로젝트 수업에서 교수자는 '연구자로서 학습자learner as researcher'들을 곁에서 보살피고 돌보는 역할에 치중한다. 나는 교직 생애 내내 모든 수업을 '교연상장'의 프로젝트 수업으로 일관해 왔다조용환, 2016a.

---

69) 프로젝트는 어원상 'pro(forward)'와 'jet(throw)'의 합성어이다. 속에 있어 볼 수 없고 알 수 없는 것을 밖으로 이끌어 볼 수 있고 알 수 있게 하는 것이 'project'이다. 모든 심리검사는 이 원리에 입각한 것이다. 심리학에서 '투사'라 번역하는 개념들도 이 원리에 기초한 것이다. 마찬가지로 프로젝트 수업은 연구자이자 학습자인 학생들의 관심과 문제를 질문 형태로 구체화하고서 그 답을 찾아가도록 안내하는 연구 형태의 수업 방식이다.

3장

교육: 더 나은 인간 형성의
존재론적 지향

교육은 인간 속에서 인간의 변화를 지향하는 활동이다. 더 나은 사람을 만들고 더 나은 사람이 되는 과정이다. 그럼에도 불구하고 교육을 기획하고 실행하면서 우리는 지식, 기술, 가치, 교과, 교과서, 시험, 성적 등을 사람보다 더 우선시하는 어리석음을 범하고 있다. 이를테면 재임용, 승진, 성과급, 명성 등을 좌우하는 '연구실적 높이기'에 매몰되어 학생들을 가르치는 일에 소홀한 연구자 교수들이 있다. 자신의 교과목을 이 반 저 반에서 가르치기 급급하여 정작 학생 한 명 한 명의 삶과 학업 전체를 돌보지 못하는 교사들이 있다. 내 자녀의 '입시 관리'에 만전을 기하라는 학부모의 압력, 더 많은 졸업생을 명문대학에 입학시키라는 동창회의 압력에 휘둘리는 학교가 있다. 인재육성, 경제발전, 국가경쟁력 등의 거대한 가치를 중시하느라 교사와 학생들의 구체적이고 일상적인 희망과 좌절을 깊이 들여다보지 않는 교육제도와 교육정책이 있다.

이러한 문제의식을 바탕으로 나는 교육이 본질적으로 '더 나은 인간의 형성'에 중심을 두어야 한다는 주장과 상심을 토로해 왔다조용환, 1997, 2001a, 2012a. 그리고 교육은 지식과 진리를 주목하는 인식론epistemology이 아니라, 인간다움 그 자체를 주목하는 존재론ontology의 접근을 취해야 한다고 역설해 왔다. 나는 '더 나은 인간 형성의 존재론적 지향'을 교육의 본질로 규정한다. 깊이 있는 분석 검토를 위해서 먼저 이 규정을 구성하는 요소들을 차례차례 면밀히 들여다볼 것이다. 그리고 인간 형성의 문제를, 또 그리고 더 나은 인간의 문제를 살펴볼 것이다. 이어서 교육의 존재론적 지향을 논의할 것이다.

인간 형성

교육이 사람의, 사람에 의한, 사람을 위한 일이라면 먼저 '인간이 무엇인가'부터 차근차근 깊이 살펴보아야 한다. 시대마다 많은 학문들이, 많은 학자들이 인간이 무엇인가를 묻고 답해왔다. 그런데 전인全人으로서 사람의 일을 다루는 교육학계에서, 교육학자들에게서 이 문답을 근본적으로 제기하고 치열하게 논쟁하는 모습을 찾아보기가 의외로 쉽지 않다. 나는 모든 교육과 교육학이 반드시 인간에 대한 이해와 사랑에서 출발해야 한다고 믿는다.

1. 인간이란

인간이란 무엇인가? 장회익1991은 이 질문에 대한 여러 학문의 다양한 답변들을 살펴보기 위해서 여섯 명의 학자들과 함께 〈인간이란 무엇인가〉라는 책을 편집하였다. 그런데 이 편집본에 교육의 눈으로 보는 인간은 없다. 이 학자들 말고도 국내외에서 단독으로 또는 집단으로 인간이 무엇인지를 묻고 답한 논의는 시대와 사회를 망라하여 헤아릴 수 없이 많다. 학문 분야로 말하자면 인류학이 그 최전선에 서 있다. 인류학은 '인간학'이다. 인간이 무엇인가를 문답하고 궁구하는 학문이다. 인간이 무엇인가를 탐구하는 학문은 인류학 말고도 숱하게 있다. 자연과학의 생물학이 그렇고, 사회

과학의 심리학이 그렇다. 물론 이 학문들은 인간의 생물성과 심리성처럼 인간의 어떤 면에 편중하는 학문이라 할 수 있다. 그에 비해 인류학은 인간의 모든 측면을 두루 아울러 다루는 학문이다. 또한 유럽의 '철학적 인간학*Philosophischen Anthropologie*'도 인류학과 같은 'anthropology'의 이름으로 인간에 대한 근본적이고 통섭적인 학문을 자임해 왔다.[70]

  당대 철학적 인간학을 정리한 셸러*Scheler, 1928*는 인간 존재와 인간 아닌 존재의 차이를 먼저 규명하고자 하였다. 그리고 진화의 스펙트럼상에서 식물-동물-인간의 생물학적 차이에 근거를 두고 인간 특유의 본질을 탐구해 온 전통을 거부하였다. 그는 형이하학形而下學 physics이 인간을 생물적, 자연적, 기계적, 과학적 존재로 다룬다고 보았다. 그와 달리 형이상학形而上學 metaphysics은 인간 특유의 인식과 존재와 윤리 문제를 다루는 것이라고 보았다. 그래서 인식론, 존재론, 윤리학을 포괄하는 형이상학이 곧 철학이며, 인간학은 철학적으로 접근해야 한다고 주장하였다.

  셸러는 인간 특유의 본질을 '이성'과 '정신'에서 찾는다. 그에게 이성*Ratio*은 헤아리는 힘, 계산하는 능력으로서 인간 특유의 것이다. 인간을 칭하는 독일어 명사 '*Mensch*'는 어원상 '계산하는*menschen* 존

---

70) 이 이름에서 'anthropo'는 인간이며, 'logy'는 학문이다. 인류학을 뜻하는 'anthropology'처럼 이 어원적 결합으로 만들어진 영어 낱말들이 많이 있다. 예컨대 인간중심주의 'anthropocentrism', 인류 박애 'philanthropy', 화석 인간 피테칸트로푸스 'Pithecanthropos', 유인원 'anthropoid' 등이 그러하다.

재'를 뜻한다.[71] 인간이 아닌 어떤 고등 동물도 계산 능력을 가지고 태어나거나 후천적으로 그것을 습득할 수 없다. 그리고 정신_Geist_ 또한 "유기적인 것으로부터 실존적으로 해방되어 있는"_Scheler, 1928/2001: 64_ 인간 특유의 것이다. 이는 인간과 동식물의 차이를 형이하학 또는 생물학의 스펙트럼에서 보지 않겠다는 철학적 입장이다.

사르트르_Sartre, 1943_가 말하는 인간 존재의 지상 원리는 대자적 '무'에 근거한 실존적 '자유'이다. 우리 인간은 '자유를 선고받은'_Sartre, 1946_ 존재이다. 이 자유는 환경과 감각충동에 직접 속박되지 않는 데서 비롯된다. 인간은 환경과 감각충동 그 자체를 '대상화'할 수 있는, 거리를 두고 성찰할 수 있는 유일한 존재이다. 그리하여 환경을 초월하는 '세계_world_'를 구성하여 산다. 후설_Husserl, 1936_과 가다머_Gadamer, 1960_가 말하는 '생활세계'와 '세계지평'을 구성하여 산다. 다른 동식물과 마찬가지로 우리 인간도 자연 생태계 환경의 지배를 받기 마련이다. 그러나 인간은 유일하게 환경에 '거리 두기'를 할 수 있으며, 환경을 감각충동의 방식으로 대처하지 않는다.

인간은 하이데거_Heidegger, 1927_가 말하는 '세계-내-존재'이다. 하이데거가 인간을 지칭하는 '현존재現存在 _Dasein_'의 존재물음은 '지금 내가 어디에 있는가'를 부단히 묻고 답하는 것이다. 독일어 '_Dasein_'의 '_da_'는 '거기'이며 '어디'이다. 사르트르의 언어로 말하자면 '상

---

71) 흔히 '초인(超人)'으로 오역하는 니체의 '_Übermensch_'는 계산적 이성 너머의 삶을 추구하는 '세속적 인간 너머의 인간'이다. 인간다움 그 자체를 온통 중시하는 질적 연구(조용환, 1999)와 달리, 양적 연구는 계산하는 존재로서 연구자 인간이 연구대상 인간들의 현상을 계산하는 연구이다. 이진법 (0/1 two-bit) 계산에 기초를 둔 컴퓨터와 그 뒤를 이은 인터넷, 이동통신, SNS, 빅데이터 등의 획기적 발전은 가히 '_Mensch_(계산하는 존재)'로서 우리 인간의 면모를 여실히 보여주고 있다.

황'이며,[72] 하이데거의 언어로 말하자면 '세계'이다. 실존적 존재로서 인간은 '이 세계가 어떻게 왜 존재하며, 그 속에서 나는 왜 어떻게 존재해야하는가'를 부단히 문답한다. 셸러Scheler, 1928는 이러한 세계의식과 자기의식이 인간의 본질에 속하는 것이라 하였다.

셸러는 정신이 이성을 포함하는 더 고차적인 인간의 본질이라고 본다. 헤아리는 힘, 계산하는 능력은 당연히 정신의 영역에 속한다. 그러나 우리 **인간의 정신이 이성만으로 구성되는 것은 아니다.** 단적으로 감각과 감성은 물론, 상상과 환상까지도 정신에 포함된다. 인간을 이성적 존재로 보느냐 더 포괄적인 정신적 존재로 보느냐에 따라서 교육을 대하는 관점이 달라질 수 있다. 단적인 예로 우리 사회의 학교교육, 특히 대학입시를 정점으로 하는 선발시험 중심의 학교교육은 학생들을 정신적 존재가 아닌 이성적 존재로 치우쳐 다루고 있다. 계산적 이성에 치우친 지식, 기술, 가치가 우리 학교의 교육과정과 평가체제를 지배하고 있다.

교육자로서, 교육학자로서 나는 정신적 존재인 인간을 이성적 존재로 축소하는 것을 거부한다. 그뿐만 아니라 다른 생명체와 크게 다르지 않은 '신체적 존재'이기도 한 인간을 정신적 존재만으로 축소하는 것 또한 단호히 거부한다. 데카르트적인 '몸과 마음의 분리'를 거부한다는 말이다. 메를로-퐁티Merleau-Ponty, 1945가 역설하듯이 **우리의 몸은 의식을 떠나서 존재할 수 없고, 의식은 몸을 떠나서 따로 존재할 수 없다.** 조광제2004의 풀이대로 인간의 모든 의식은 곧

---

72) 사르트르(Sartre, 1943)는 환경이 즉자적인 것이라면, 환경을 정의한 것으로서(Thomas, 1923) '상황'은 대자적인 것이라 하였다.

'의식된 몸'이며, 모든 몸은 곧 '몸된 의식'이다. 그럼에도 불구하고 우리는 '머리'를 '몸'과 구분하는 통념에서 쉽사리 벗어나지 못한다. 그래서 '공부 머리가 없다'거나 '머리가 나쁘면 몸이 고생한다'는 식의 말을 예사로이 한다. 그러나 사람이 되기 위한 공부, 더 나은 사람이 되기 위한 공부는 그 무엇이든 머리만으로가 아닌 온몸으로 하는 것이다. 정신은 온몸의 "활동 속에서만 그리고 그 활동을 통해서만 존재한다."Scheler, 1928/2001: 80 마찬가지로 온몸은 정신과의 통일 속에서만 그리고 그 통일을 통해서만 존재한다.

식물에게는 감각이 있지만, 의식과 표상이 없다.[73] 인간이 아닌 고등 동물에게 의식과 표상이 있는지, 만약 있다면 그것이 인간의 것과 같은 것인지는 아직 확실하지 않다. 아무튼 기본적으로 빛과 땅을 향하게 되어 있는 식물의 '감각충동'은 생존, 성장, 번식에 집중되는 본능적인 것이다. 인간에게도 본능으로서 감각충동은 '현실 존재'의 근본을 이룬다. 그러나 본능은 현상학의 핵심 개념 가운데 하나인 '지향志向 intention'과 대립되는 개념이다. 인간은 '노에마Noema 대상-노에시스Noesis 의식 상관작용'을 통해서 세계를 구성하며 살아가는 지향적 존재다. 달리 말해 의식은 인간을 인간답게 만드는 인간의 본질이다. 프레리Frerie, 1973가 말했듯이 의식은 '깨어 있음'이다. 프랭클Frankl, 1983은 이 깨어 있음, 즉 성찰적 자아의식이 실존의 핵심 요건이라 하였다. 대자로서 인간의 의식은 타자와의 관계이며 그 작용이다. 따라서 한 사람의 노에시스 수준은 노에마로서 다른 사람, 사물, 사태들과 맺는 관계의 질이며, 그 상호작용의 질이다. 교육은

---

73) 여기서 말하는 '표상'은 쇼펜하우어(Schopenhauer, 1859)의 'Vorstellung' 개념이다.

교학상장을 통해서 학습자와 교수자의 의식 수준을 상생上生하고자 하는 과업이다.

모든 존재는 외부와 경계를 가지면서 부단히 소통하고 있다. 이 경계와 소통의 형태, 방식, 과정이 곧 그 존재의 '정체성identity'이라 할 수 있다. 스스로 이동을 할 수 없는 식물은 외부 환경에 직접적으로 속박束縛된다. 다만 사람, 동물, 비바람과 같은 다른 존재들을 활용해서 운동과 이동의 효과를 도모할 뿐이다. 그와 달리 동물은 환경에 전적으로 속박되지 않는다. 이동을 통해서 환경을 스스로 어느 정도 옮길 수 있기 때문이다. 그렇기에 이를 환경과의 간접적 속박이라 할 수 있다. 글자 그대로 '식植' 즉 수동적일 수밖에 없는 식물과 달리, 동물은 '동動' 즉 능동성을 가진다.[74] 의지Schopenhauer, 1859의 펼침이 '자自'에 기한 것인지 '타他'에 기한 것인지의 차이이다. 물론 동물에 따라서 그 능동성과 자발성의 양 혹은 질에 차이가 있겠지만 말이다.

그렇다면 인간과 환경의 관계는 어떠한가? 다른 모든 생명체와 마찬가지로 인간 또한 환경의 영향을 피할 수 없다. 그러나 인간은 그 고유한 능동성과 자발성으로 환경과 직접적이지 않은 간접적인 관계를 맺는다. 이를 두고 셸러Scheler, 1928는 인간을 가장 '내면적인 존재'라 하였다. 내면이 충실하고 복잡하다는 뜻과, 외부의 영향에서 상대적으로 더 자유롭다는 두 가지 뜻을 담고 있다. 사르트르Sartre, 1943는 인간이 '무無'이기 때문에 자유로우며,[75] 그래서 무엇

---

74) 그래서 우리는 능동성을 상실한 인간을 '식물인간'이라 부른다.

75) 그는 〈존재와 무〉에서 인간 대자를 "어떤 존재로[도] 있지 않은 것"(Sartre, 1943/2009: 318) 즉 '무'라 하여 '존재'와 구분을 하였다.

이든 될 수 있다고 하였다. 인간은 자신이 아닌 모든 타자를 '대상화'할 수 있는 능력을 가진 유일한 존재자이다. 자신 밖의 무엇에도 매몰되지 않고 '거리 두기'를 할 수 있다는 말이다. 심지어 인간은 자기 자신조차도 무화無化하고 거리를 두어 성찰하거나 반성할 수 있다.[76] 그리하여 극단적으로 자살과 같은 무화를 선택하기도 한다. 요컨대 인간은 자기 자신과 세계를 넘어설 수 있는 초월적 존재이다.[77] 달리 말해 인간은 '스스로 판단하는 존재'이다. 우리 현생 인류의 생물학적 이름은 'Homo sapiens sapiens'이다. 여기서 인간Homo을 형용하는 '사피엔스sapiens'는 지혜로움을 뜻한다. 어원을 더 더듬어 살펴보면 '판단함discerning'을 뜻한다. 이는 성경 〈창세기〉에서 인간의 조상이 금단의 선악과善惡果를 따먹고 에덴동산에서 추방된 이래로 스스로 선악을 판단해야 하는 숙명에 처하게 된 이야기와 상통한다. 요컨대 우리 인간은 판단, 성찰, 반성을 통해서 환경을 초월한다.

인간이 환경의 지배를 받는 정도와 방식에 대해서는 시대와 사회와 학문 분야를 막론하고 오랫동안 연구를 하고 논쟁을 해왔다. 선천적인 것the nature과 후천적인 것the nurture 사이의 차이와 교차 문제는

---

76) 외부 대상이 아닌 자신의 내면을 향하는 인간의 의식을 우리는 '자기의식' 또는 '자아의식'이라 부른다. 인간과 달리 "동물은 자기 자신의 육체와 그 운동을 대상화할 수가 없다."(Scheler, 1928/2001: 77)

77) 흥미롭게도 셸러는 '풍자'와 '유머'를 그런 초월의 예로 들고 있다. 풍자와 유머는 극화(劇化)를 통해서 현실을 비현실화하거나, 비현실을 현실화한다. 이는 니체가 '주사위 놀이'를 인간 특유의 초월성으로 본 것과 유사하다. 나(조용환, 2004b) 또한 이에 대해 "놀이는 현실을 모사하거나 극화, 반전, 비약함으로써 현실을 다각도로 볼 수 있게 하고 현실의 한계와 고통을 극복할 수 있게 한다. 놀이를 통해서 우리는 세상 사물이 고정된 의미나 용도를 가지고 있지 않으며, 사회적 관계 또한 얼마든지 달리 구성하고 해체할 수 있음을 체득한다."(64)라고 표현한 바 있다.

교육학에서도 끊이지 않은 논쟁거리였으며 풀어야 할 과제였다. 완벽한 해결이 어려울 논란이지만, 선천 또는 후천 어느 하나에 편중된 이론이나 실천이 온당하지 않다는 것은 틀림이 없다. 달리 말해 본능과 지향의 '이분법'이 아니라 '이원론'을 취해야 한다는 말이다Putnam, 2002. 본능은 지향 속에서 실현되고, 지향은 본능의 기초 위에서 작용한다.[78] 그렇지만 교육학은 그 본질상 좀 더 후천적 지향성을 중시할 수밖에 없다. 다른 생명체의 학습에 비해서 인간의 학습은 본능보다 지향에 더 열려 있는 학습이다. 가소성, 가능성, 가변성이 더 큰 학습이다. 식물과 동물의 본능은 환경을 바꿀 수 없다. 그와 달리 실존적 인간의 지향은 환경을 '상황'으로 바꾸어 살아낼 수 있게 한다Sartre, 1943. 그러므로 교수자는 자기 자신에 대해서는 물론, 학습자의 자발성과 능동성과 가능성을 최대한 이해하고 최대한 열어주어야 한다.

2. 인간≠인력

학력주의와 기능주의가 지배하고 있는 우리 사회의 교육에서 '인간의 형성'은 구두선口頭禪에 불과하며, 실상은 '인력의 양성'이 그 중심을 차지하고 있다. 힘과 능력으로 규정되는 인간의 이름으로서 '인력'은 온전한 인간 즉 '전인全人'의 상이라고 말할 수 없다. 그럼

---

78) 본능은 생득적, 유전적, 한정적이다. 반면에 지향은 습득적, 주체적, 개방적이다. 물론 인간의 본능은 기계적 반사작용에 머물지 않고, 적응적 변이의 여지가 있는 것이다. 본능 자체는 개념상 불변-완성의 것이지만, 그 실제 작용은 가변-구성의 것이라 말할 수도 있다.

에도 불구하고 능력주의가 당연시되고 있는 우리 사회에서는 인재, 두뇌, 영재가 교육의 이상적 인간상으로 널리 인식되고 있다. 그리하여 힘없는 자, 무능한 자, 약한 자, 무지한 자에게는 설 자리가 없다. 물론 그러한 사회분위기의 병폐를 많은 사람들이 지적하고 개탄한다. 그 폐단을 치유하자고 '인간교육'을 외치는 사람 또한 적지 않다. 그러나 인간교육이 아닌 교육이 있을 수 있는가? 그렇지 않다. 어떤 활동이든 그것이 진정한 의미의 본질적인 교육 활동이라면 그것은 다름 아닌 인간교육이어야 하며 인간교육일 수밖에 없다.

잘 알다시피 우리나라 교육을 관장해 온 정부의 부처 이름이 '교육인적자원부'였던 시절이 있다. 이는 우리 교육이 '온전한 인간'의 형성보다 재능과 기능을 부각한 '인적 자원'의 개발과 관리에 치중해 왔음을 웅변하고 있다. 또 다른 시절의 교육 부처 이름인 '교육과학기술부'도 마찬가지다. 교육을 과학기술 발전의 수단으로 삼는 기본 태도가 고스란히 배여 있기 때문이다. 그런데 우리 사회의 학력주의와 기능주의는 정부의 것만이 결코 아니다. 오히려 부모와 학교, 나아가 우리 사회 전체의 '교육문화'가 정부에 피할 수 없는 압력을 가하고 있는지도 모른다. 그 결과 인간 자체의 됨됨이보다 시장적 가치를 지닌 능력 또는 경쟁력에 치우친 교육담론이 우리 사회를 지배하고 있다조용환, 2001a.

일찍이 철학자 화이트헤드Whitehead, 1929가 역설했듯이 지성과 감성은 전혀 별개의 것이 아니며, 지식교육과 인성교육이 따로 이루어지지 않는다. 세상의 모든 지식과 기술과 가치는 인류의 삶 통째에서 나왔으며, 좋은 세상을 추구하는 기대와 염원 속에서 그 의미를 가져왔다. 그러한 포괄적인 연원과 의미를 일컬어 우리는 인간의

'도덕'이라 하고 인간의 '윤리'라 한다. 그래서 우리 조상들은 모든 공부가 곧 인성 공부요 도덕 공부라 하였다. 여기서 말하는 도덕과 윤리는 오늘날 학교의 교과목 같은 것이 아니다. 전 세계 국가들 가운데 도덕이나 윤리를 학교교육의 교과로 만들어서 따로 수업을 하고 따로 시험을 치르는 국가는 손에 꼽을 만큼 적다. 인성, 도덕, 윤리가 모든 교과에 두루 연관되어 있고, 모든 교과에 걸쳐서 통합적으로 길러지고 실천되어야 하기 때문이다. 독사가 마신 물은 독을 만들고, 사향노루가 마신 물은 향을 만든다. 생선 싼 종이에서 비린내 나고, 향 싼 종이에서 향내가 난다. 교육의 내용도 중요하지만, 그것을 누가 왜 어떻게 다루는가가 더 중요하다. 교육의 내용인 지식, 기술, 가치 모두가 도덕적으로 윤리적으로 다루어져야 한다. 인성교육과 인간교육으로 귀결되어야 한다.

수학, 과학, 역사와 같은 교과 그 자체가, 교과 내용을 담고 있는 교과서 그 자체가 곧 교육은 아니다. 그것들이 교육적으로 다루어질 때 비로소 교육의 방편이 될 수 있을 뿐이다. 그럼에도 불구하고 많은 교사들이 부분적인 '교과'와 총체적인 '교육'을 혼동하고 있다. 자신의 교과만 잘 가르치면 된다고 생각하여, 학생들이 정말 인간다운 인간으로 잘 성장하고 있는지에 대해서는 깊은 관심을 두지 않는 교사들이 결코 적지 않다.

3. 학교형 인간

우리나라 학교교육에 대한 평가는 긍정과 부정을 넘나든다. 긍정의 논리와 부정의 논리가 묘하게 교차한다. 이를테면 해방 이후 학교를 통한 우리 교육이 질 높은 '인력'을 배출함으로써 '한강의 기적'을 이루었다고 하는 긍정이 있다. 바로 그 이면에 노벨상 수상자 한 사람 배출하지 못할 정도로 우리의 교육력에 문제가 있다는 부정도 있다. 그리고 세계 어느 나라에도 뒤지지 않는 "교육열"을 상찬하는 긍정이 있는 바로 그 이면에, 왜곡된 학력學歷 경쟁으로 말미암은 일그러진 "인성교육"을 염려하는 부정이 있다. 나는 이 부정과 긍정의 담론 모두가 지나치게 학교에 뿌리와 줄기, 가지와 잎을 다 두고 있음을 우려한다. 1장에서도 언급하였듯이, 우리 사회는 가히 '학교형 사회'이며 그 구성원은 가히 '학교형 인간'들이다. 그렇다면 이 '학교형'은 어떤 '형'을 말하는가? 나는 이를 우리의 학교교육, 특히 그 '주체'가 아닌 '대상'으로 흔히 다루어지고 있는 '학생의 문제'를 중심으로 살펴보고자 한다. 자, 우리나라의 학생들, 그들은 과연 어떤 존재인가?

첫째로, 제도적 '선발'의 압력 속에서 실존적 '선택'의 자유를 빼앗긴 존재다. 우리 사회의 학생들은 자신의 학교생활과 학업에 있어서 스스로 선택할 수 있는 것이 별로 없다. 먼저, 어떤 어린이집,[79] 유치원, 초등학교, 중학교, 고등학교, 대학을 다닐지를 자신이 선택하는 학생들이 얼마나 있는가? 일반적인 초등학교와 중등학교는 학군에 따라서 무선無選 배정을 받는 것이 원칙이다. 어린이집과 유치원은 부모들이 선택을 하고 어린 자녀가 따르는 양상이다. 대

---

79) 어린이집을 학교로, 그곳의 생활을 학교생활로 볼 수 있는지에 대해서는 논란의 여지가 있다. 특히 보육과 교육의 차이점을 부각할 때 이 문제는 좀 더 깊은 고찰이 필요하다. 다만 어린이집이 교육에 연관된 제도와 정책의 지배를 상당히 받고 있다는 점에서 여기 포함하여 언급하기로 한다.

학과 전공학과는 학생 자신이 선택할 여지가 있다고 하지만, 학교와 부모의 압력을 벗어나서 자유롭게 선택하는 것이 그다지 쉽지가 않다. 학교 선택이 이러하니 가르침을 받고 싶은 교수자를 선택할 수 있는가? 오히려 학원, 과외, 인터넷 강좌 등의 교수자는 선택여지가 더 있을 수 있다. 기본적으로 교사는 국가가 배치하고, 교실은 학교가 배당하며, 학급 내부의 편성에도 학생이 관여할 여지는 거의 없다. 무엇을 배울지 그 교육과정은 국가가 정해주고,[80] 세부적인 내용은 교과서에 담겨 있다. 각 교과의 운영과 진도 또한 학생은 수동적으로 따를 수밖에 없다. 어디 그뿐이랴. 우리나라 학생들은 대학입시를 정점으로 한 상급학교 진학 경쟁의 연쇄 속에서 살고 있다. 그리고 이 학교선발은 일자리를 배분하는 사회선발로 이어진다. 그 과정에서 학교교육은 도구화되고 학생들의 학습권 혹은 학습의 자유는 실질적으로 박탈된다. 물론 교육은 학습자의 선택에만 의지할 수 없고 그래서도 안 된다. "미숙한 학생"들로 하여금 배우고 싶은 것을, 배우고 싶을 때, 배우고 싶은 사람에게서 배우도록 전적으로 내맡길 수는 없다. 그렇지만, 자발적이고 자율적이며 자기주도적인 상황에서 최선의 학습이 이루어질 수 있음에는 틀림이 없다. 그 점을 감안할 때, 지금과 같이 교수가 학습을 일방적으로 지배하는 상황은 학생들의 교육 삶을 황폐하게 만드는 근원이 되고 있다. 선발이 선택을 억압하는 상황도 마찬가지다.

둘째로, 학생은 자신의 개성을 최대한 억누르고 집단의 '바람직

---

80) 최근에 와서 학교별·학생별 선택형 교과의 여지가 다소 커졌지만, 학교교육 커리큘럼의 구성과 운영에 학생들이 개입할 여지는 근본적으로 없다.

한 기준'들을 순응하며 따라야 하는 존재다. 학교는 소수의 교사가 다수의 학생을 교수하고 평가하는 곳이다. 헨리Henry, 1972가 지적하였듯이, 한 사람의 교사가 수십 명의 학생을 가르치는 교실 상황에서 교사는 학생들로부터 자신을 지켜야 한다는 구조적 방어의식을 갖게 된다. 교사의 그러한 방어의식은 교과지도에서 '방어적 수업'McNeil, 1983으로 나타나며, 생활지도에서는 '학생다움'을 요구하는 각종 규제로 행사된다. 이와 같은 교사의 전략에 직면하여 학생들도 여러 가지 대처를 하지만, 학교의 위계적 구조상 학생들의 전술은 교사의 전략에 비해 대체로 소극적이고 수동적인 수준을 넘어서지 못한다. 특히 우리나라와 같이 입시문화가 지배하고 있는 교실에서 학생들은 교사의 평가에 민감하기 마련이며, 좋은 성적과 학생다움으로 대표되는 교사의 요구에 순종할 수밖에 없다. 이때 교사의 요구는 주로 학생 개개인의 개성보다는 학급, 학교, 사회 일반의 집단적 기준에 의거한 것이다. 그러므로 집단의 기준을 거부하고 자신의 개성을 지나치게 드러내는 학생은 교사들에게 '일탈逸脫 학생'으로 낙인 찍히게 된다. 아이들 스스로 "인싸insider"와 "아싸outsider"를 나누는 데서도 개성의 돌출에 대한 학교문화의 거부감을 엿볼 수 있다. 대량교육의 과밀학급-과대학교 학생들이 수인囚人 번호와 같은 몇 학년, 몇 반, 몇 번이라는 고유 번호로 관리되는 현실 속에서 학생 각자의 개성이 존중되는 교육은 불가능하다. 그리고 **성적을 둘러싼 경쟁의 단위가 개인**임에 반해서, **학생다움에 대한 요구는 집단**적인 오늘의 학교 현실은 학생들의 실존적 갈등을 야기하는 근본적인 요인이 되고 있다.

셋째로, 학생은 미래를 위해서 현재를 희생하는 존재이다. 근대화에 수반한 학교의 팽창은 호기심 많고 힘이 넘치는 청소년들을 점점 더 오랫동안 학교에 붙들어 두게 되었고, 학력學歷과 고용의 연계가 날로 긴밀해지면서 생산 수단을 박탈당한 '학생-청소년'들의 자립 능력은 더욱 퇴화하게 되었다조용환, 1993b, 1994. 본질적으로 아동과 청소년은 성인과 달라서 미래의 행복을 위해 현재의 고통을 인내하거나 즐거움을 유보하는 데 익숙하지 않다. 따라서 당장 유용해 보이지 않는 지식과 기술을 습득하는 데 매력을 느끼지 못하거나 지친 학생들은 미래를 위해서 '죽었다 치고' 시험공부를 하거나,[81] 아니면 현재의 관심과 쾌락을 찾아서 학교의 울타리를 벗어나려고 애를 쓴다. 영국의 한 노동계급 청소년이 피력하는 현재와 미래에 대한 다음 언급에서 우리는 학생의 또 다른 실존적 갈등을 엿볼 수 있다.

죠이: 우린[lads 싸나이] 현재를 위해 살고 싶어요. 젊은 동안 사는 듯이 살고 싶단 말이에요. 외출할 때 쓸 용돈이 있었으면 좋겠고, 지금 당장 여자애들을 데리고 데이트를 하고 싶고, 지금 당장 차가 있었으면 좋겠어요. 그런데 그게 5년, 10년, 15년 후에나 이루어진다고 생각해 봐요. 한데, 다른 사람들, 이를테면 '귓구멍'[ear hole 범생이] 같은 애들을 보세요. 걔들은 죽어라고 시험 치고 공부하느라 사회생활이 없어요. 재미란 게 없어요. 걔들은 사람이 될 때까지 15년을 기다리고 있어요. 그때 가서 결혼을 한다든지 뭐 그런 일들을 하게 되겠지요. 난 그게 바로 차이

---

81) 우리 사회의 많은 학부모가 자녀들에게, 많은 교사가 학생들에게 이처럼 '죽었다 치고 공부하기'를 설득하거나 강제한다. 그런데 정작 시험공부가 너무 힘들다 보니 '죽었다 치는' 것이 아니라 실제로 죽는 아이들도 적지 않다.

점이라고 생각해요. 우리는 현재를 생각하고 현재를 즐기는 데 비해 걔들은 미래 언젠가 오게 될 최상의 때를 생각하고 있는 거예요. …중략… 걔들은 규칙대로 사는 사람들이에요. 말하자면, 공무원 타입이지요. 걔들은 집이나 다른 모든 것을 우리보다 먼저 가지게 될 거예요. 우두머리가 되는 거죠. 내 말은, 걔들은 공무원이 되고 우두머리가 되겠지만, 우리는 벽돌공이나 그 비슷한 부류의 사람이 되는 거예요.Willis, 1981b: 68

물론, 현재와 미래를 영합零合, zero-sum의 상호배제적 관계로 이해해서는 곤란하며, 교육이 그 본질상 즐겁고 보람된 일이라고 하면 현재와 미래 사이의 갈등이 아닌 조화가 교육 속에서 분명히 이루어질 수 있을 것이다. 문제는 학교가 학생들에게 깨닫는 기쁨, 배우는 즐거움을 주지 못하는 데 있다. 바꾸어 말하면, 학교가 교육의 본질에 충실하지 못할 때 위와 같은 학생들의 실존적 갈등이 파생된다.

정리하자면, 우리 사회에서 '학생이 된다'는 것은 선발의 압력 속에서 선택의 자유를 제한당하는 비주체적 존재, 개성을 누르고 집단적 기준에 순응해야 하는 소극적 존재, 미래를 위해서 현재를 희생하는 자기부정적 존재가 된다는 것을 의미한다. 물론 이러한 분석은 학생이라는 지위의 부정적인 측면을 유달리 부각시킨 것이기는 하지만, 우리나라 학생들의 존재 조건과 고투를 이해하는 데 필요한 분석임에는 틀림이 없다. 아무튼 이런 학창學窓82)시절을 더 오

---

82) 학창은 학교의 창문이다. 낭만적으로 쓰이기도 하는 말이지만, 글자 그대로 왠지 학교 울타리와 교실 벽에 갇힌 채 창으로 바깥세상을 내다보는 느낌을 주는 말이다.

래 겪으면 겪을수록 학교 밖과 학교 이후의 삶에서도 학교에 '길들여진' 삶을 살아가고 또 그렇게 자승자박하는 '학교형 인간'이 될 수밖에 없다. 그리고 그런 사람들이 모여서 만드는 사회는 '학교형 사회'로 존속할 수밖에 없다.

4. 교육적 인간

아무리 다급해도 사람을 바꾸어야 세상을 바꿀 수 있다. 우리 정부들의 지난 숱한 교육개혁이 성공하지 못한 까닭도 사람들의 마음과 습성과 문화를 읽지 않은 채 제도와 정책을 이리저리 삐뚤빼뚤 바꾸어 왔기 때문이다. 어떤 교육이든 시작할 때와 마무리할 때 그 사이에 생긴 사람들의 달라짐, 특히 나아짐을 주목해야 한다. 부분적인 변화보다는 전체적이고 종합적인 변화를, 단기적인 변화보다는 장기적이고 긴 안목의 변화를 추구해야 한다.[83] 그렇다면 교육을 통해서 변화를 추구하는 '교육적 인간'이란 어떤 존재인가? 특히 정치, 경제, 종교, 예술 등의 삶의 형식이 아닌 '교육의 눈으로' 보는 인간은 어떤 인간인가?

교육이 추구하는 변화의 인간상을 한마디로 획일적으로 규정하거나 논의할 수는 없다. 그럼에도 불구하고 나는 그 상으로 무엇보다 자유, 자발, 자립, 자율, 자조, 자애, 자강, 자족의 **교육적 주체**

---

83) 정범모(1965)는 교육을 '인간 행동의 계획적 변화'라 규정하였다. 당시 풍미하던 행동주의 심리학에 기초한 이 규정은 인간을 가시적이고 측정 가능하며 수정 가능한 행동의 더미로 축소하였다.

를 들고 싶다. 노예됨이 아닌 주인됨, 객체됨이 아닌 주체됨이 모든 행복의 근원이기 때문이다. 셸러는 인간 주체를 "대상화할 수 없는 유일한 존재"Scheler, 1928/2001: 79인 '정신Geist'이라고 하였다. 앞에서 말한 성찰적 거리 두기로서의 대상화를 할 때 '대상화하는 주체'가 있어야 할 텐데, 그 주체가 곧 정신이라는 것이다. 나는 주체 곧 정신이라는 셸러의 등식에 동의하지 않는다. 정신과 육체의 이분법을 연상하게 만들기 때문이다. 하지만 주체가 '대상화할 수 없는 존재'로서 '인격'이라는 데에는 동의한다. 셸러는 "인격의 존재를 대상화할 수는 없다. 또한 타인의 인격도 인격인 한에서 대상화될 수가 없다."같은 책: 80 하였다. 여기서 셸러는 사르트르Sartre, 1943나 레비나스Levinas, 1979와 마찬가지로 '타자autre 일반'과 '주체인 타인autrui'을 구분하는 셈이다. 사르트르는 타자를 '대상사물인 타자'와 '대자사람인 타자'로 구분하였다. 이 대자인 타자는 곧 '주체인 타자'이며 '타인'이다강영안, 1996, 2005. 레비나스는 이 타인을 '내가 어찌할 수 없는 타자'라 하였으며, 그 수동성 속에서 주체가 타인을 '환대'해야 한다는 윤리적 현상학을 전개한다.

이 맥락에서 우리는 교육의 사람, 즉 교육적 인간이 객체가 아닌 주체, 대상이 아닌 인격임을 명백히 정립할 수 있다. 학교교육의 경우 학생, 학부모, 교사 모두가 서로 간에 그리고 끼리끼리 올곧이 주체로 '환대'하고 '환대'받아야 한다. 칸트가 말한 대로 사람을 '수단'이 아닌 '목적'으로 대해야 한다. 그렇다면 우리 사회의 교육 현실은 어떠한가? 학생 한 사람 한 사람이 환대를 받고 있는가? 특히 학업이 부진하거나 장애를 가진 학생, 왕따로 몰리거나 문제아로 낙인 찍힌 학생들이 박대가 아닌 환대를 받고 있는가? 글로벌 사회를 자처하면서도 각양각색 '다문화' 배경의 학생들이 알게 모르게 환대에서 배제되고 있지는 않은가? 학교와 교사의 환대가 학업이 뛰어난 학생, 공손하고 순응적인 학생에게 쏠리고 있지는 않은가? 아무리 불편하고 불온한 학생일지라도이진경, 2011 **함부로 '내가 어찌 할 수 없는 타인'이라는 겸허함**이 우리 학교문화에 뿌리를 내리고 있는가?

교육이 지향하는 '더 나은 인간'은 무수히 다양한 방식으로 규정할 수 있고 존재할 수 있을 것이다. 니체Nietzsche, 1878의 책 〈인간적인 너무나 인간적인〉에는 '자유정신에 바치는 책'이라는 부제가 붙어 있다. 그가 지향하는 인간이 '자유로운 영혼을 가진 사람'임을 명시하기 위해서였다. 니체가 상찬하는 자유정신은 "그 어떤 체계와 규율에도 얽매이지 않는 지극히 자유롭고 가볍게 방랑하는춤추는 정신"2001: 463이다. 그 정신으로 충실하게 살아가는 인간의 이름이 '위버멘쉬Übermensch'이다. 위버멘쉬는 놀이를 즐기고, 도전적이며, 자연의 힘을 가진 존재이다Safranski, 2000. 위버멘쉬 최고의 미덕은 '생명력'이며, 스스로를 '만들고자 하는 의지'이다. 니체는 '생生'을 "창조적 잠재력과 동일시했으며, 이런 의미에서 생을 힘에의 의지라 불렀다."Safranski, 2000/2018: 420 니체는 자신의 〈가을〉이라는 시에서 생기가 없는 당대의 삶을 아래와 같이 애달파 했다. 그렇다면, 지금 우리의 시대 상황은 어떤가? 입시에 찌든 우리 학생들의 삶은 어떠하며, 취업에 지친 우리 청년들의 삶은 어떠한가?

가을

어쩌다 세상은 그렇게 생기를 잃었을까.
지치도록 팽팽한 거미줄 위에서
바람이 노래를 부른다.
희망은 사라져 버리고….
바람은 사라져 간 희망을 애달파 한다.

너는 입을 다물고 대꾸하지 않겠는가.
아직 입을 놀리는 자는 누구인가….

- 부분: Nietzsche, 1888b

위버멘쉬에게 인습적인 도덕은 방해물이다. 니체는 하이데거의 '세인世人 *das Mann*' 즉 평범한 사람들의 진부한 세계를 경멸했다. 그의 위버멘쉬는 "삶의 일상적인 속박을 벗어버린 인간"Nietzsche, 1878/2001: 59이다. 위버멘쉬는 부단한 자기 극복을 통해서 자기를 상승시키는 창조적 열정의 존재이다. 그러면서도 니체는 "어느 한구석에 취한 듯 주저앉아 버리게 될 위험을 몰아낼 수 있는 저 넘치는 풍요함의 내면적인 광대함과 자유분방함에 이르게 될 때까지의 길은 멀다."같은 책: 15고 하였다. 자유정신을 가진 인간 '위버멘쉬' 되기가 결코 쉽지 않다는 말이다.

정리하자면, 교육 속에서 그리고 교육을 통해서 나와 너, 우리 모두는 자유, 자발, 자립, 자율, 자조, 자애, 자강, 자족의 주체가 되어야 한다. 교육 상황의 모든 사람들이 그러하다는 자유로운 '주체의 전제'로 출발하고, 그 '주체의 과정'을 지속하며, 더 나은 '주체의 향상'을 부단히 확인해야 한다. 그리고 내가 주체인 만큼 나 아닌 모든 타인의 주체임과 주체됨을 존중하고 배려해야 한다. 나아가 우리 삶의 생태계와 생활세계를 구성하는 동물, 식물, 사물인 타자들에 대해서도 최대한 대상화와 도구화를 절제하고, 불가피한 경우에도 최적의 공존상생 속에서 방편으로 써야 한다.

교육에서 만나는 사람들, 즉 학습자와 교수자는 결코 추상적이거나 평균적이거나 개념적인 '이름'이 아니다. 주체적이고 구체적이며, 개성적이고 실존적인 '살아 움직이는' 존재이다. 여기서 말하는 '개성적 인간'은 개인주의적이거나 이기적인 인간을 말하는 것이 아니다. 말 그대로 각각의 고유한個 성질性을 가진 사람이다. 그리고 그 때문에 고립적이거나 탈속적인 인간을 말하는 것이 아니다. 오히려 세계 속에서 자기 자신을 찾고 세계 너머로 자기 자신을 만들어 가는 인간이다. 교육적 인간은 완벽하거나 완전한 사람이 아닌, 제각기 나름대로의 소중한 삶이 있고 의미를 찾는 사람이다.

어떤 인간이 교육이 중시하며 추구하는 인간 즉 '교육적 인간'인가는 궁극적으로 교육의 본질에 비추어서 따져보고 판단할 수밖에 없다. 지금까지의 논의를 종합하건대 교육적 인간은 교육의 본질에 충실한 삶을 더불어 살아가는 **주체-타자**이다.[84] 나의 이념형으로서 교육의 본질에 부합하는 인간은 '더 나은 인간의 형성을 지향하는

---

84) 이처럼 나는 교육이 지향하는 인간을 단순한 '주체'가 아닌 '주체-타자'라고 표현한다. 이 타자에는 인간인 타자 즉 타인은 물론, 사물과 동·식물 일반의 비인간 타자가 포함된다. 왜곡된 인간중심주의를 경계하는 신물질주의와 포스트휴머니즘에 동의하기 때문이다(조용환, 2019).

인간'이다. 그리고 부단한 '학습과 교수의 해석적 상호작용' 속에서 '변증법적 대화의 과정'에 충실한 인간이다. 이러한 인간의 상을 보다 면밀하게 파악하고 정립하면서, 동시에 그것을 준거로 우리 사회의 교육 현실태를 비판적으로 살펴보는 것이 이 책의 목적이다.

더 나은 인간의 형성

    교육은 이미 사람인 사람을 제대로 된 사람, 더 나은 사람으로 만드는 일이다. 인간은 누구나 향상의 의지를 가지고 있다Schopenhauer, 1859; Nietzsche, 1888a. 불우한 여건 때문에 향상을 포기하거나 미룰 때조차도 그 의지는 내면 깊은 곳에 살아 있다. 그런데 교육이 형성하고자 하는 '사람다운 사람' '더 나은 사람'이 어떤 사람인가에 대한 생각은 시대와 사회에 따라서 다를 수 있다. 그럼에도 불구하고 한 가지 분명한 사실은 모든 시대 모든 사회의 구성원들이 그 '교육적 인간'의 상을 부단히 모색했을 뿐만 아니라, 일정한 이미지를 교육문화 속에서 공유했다는 사실이다. 자, 그렇다면 우리 사회의 교육문화가 내포하고 있는 '더 나은 인간'은 어떤 인간인가? 특히 우리나라 학교들은 어떤 사람을 만들고자 하며, 실제로 어떤 사람을 만들고 있는가?

1. 인간 형성

    어린 시절 나는 주위 어른들이 자식을 학교에 맡기면서 "우짜든동 사람 되도록만 해주이소."라고 하는 이상한 말을 듣고 자랐다. 그 말이 내게 이상하게 들린 까닭은 두 가지다. 하나는 이미 사람인 사람을 또 사람이 되게 한다는 말의 뜻을 알 수 없었기 때문이다.

다른 하나는 사랑스러운 자식을 맡기면서 어떻게 "우짜든 동"어찌하
든 간에이라는 그런 막연하고도 방관적인 자세를 취할 수 있는가 하는
의아함 때문이었다.

그러나 지금에 와서 돌이켜 보면 그 속에 일단의 교육 본질이 담
겨 있음을 깨달을 수 있다. 교육은 사람을 만드는 일이며, 사람이
되는 일이다. 그 말은 모든 사람이 사람의 꼴로 태어나 자라지만,
교육을 통해서 비로소 '사람다운 사람'이 된다는 뜻을 담고 있다.
그리고 여기에서 우리는 자녀의 '사람됨'을 위해서 교사에게 '사람
만듦'의 도움을 간절히 청하는 부모의 교육 열정을 고스란히 읽을
수 있다. 교사들이 '학부모 민원'을 가장 두려워하는 오늘의 세태를
감안하면, 교사의 전문성에 대한 그 시절의 기대와 신뢰가 새삼 신
선하게 와닿기도 한다.

교육은 '사람 되기' 혹은 '인간 형성'의 과업이다. 교육은 인간의
현 상태 'being정체성'이 아닌 그 변화 'becoming지향성',[85] 즉 형성을
중시한다. 교육은 명사형이 아닌 동사형, 고착형이 아닌 진행형, 정
주定住형이 아닌 유목遊牧형의 과업이다.[86] 들뢰즈와 가타리Deleuze &
Guattari, 1980는 〈천개의 고원〉에서 다양하고 다원적인 '-되기devenir'를
중심으로 그들 '생성의 철학'을 정립한다. 지배자 혹은 다수자는 안

---

85) 어원상 'become'은 'be'(이다)와 'come'(오다)의 합성어이다. 내가 무엇이 '됨'은 어떤 새로운
'임'이 나에게로 '옴'이다.

86) 이 유목형의 삶, 즉 정주형과 수목(樹木)형이 아닌 리좀(rhizome)형의 삶에 대한 논의는 이진경
(2002)이 〈노마디즘〉에서 잘 정리하고 있다. 들뢰즈와 가타리(Deleuze & Guattari, 1980)는 존재
에게 '정체'는 없으며, 부단한 '생성'이 있을 뿐이라고 하였다. 니체는 인간을 "아직 확정되지 않은 동
물"(Safranski, 2000/2018: 240)이라 하였다. 그를 이어 들뢰즈는 모든 존재가 "규정되지 않은 역량
으로 가득하다"(김범수, 2013: 117)고 하였다.

정, 고착, 정주의 수목적 질서를 선호하며 강조한다. 영토화에 집착한다. 유리한 고지vantage에서 기득권을 누릴 수 있기 때문이다. 반면에 피지배자 혹은 소수자는 숙명적으로 불안정, 이동, 유목의 리좀적 무질서에 처할 수밖에 없다. 그 처지에서 탈영토화와 재영토화를 모색할 수밖에 없다. 불리한 험지hinterland에서 생존과 실존을 쟁취해야 하기 때문이다. 이 대목에서 우리는 학교가 수목적 질서를 재생산하느라 리좀의 생산적 고투를[87] 경시하거나 무시하거나 도외시하지 않는지 경계해야 한다. 교육이 안정, 고착, 정주의 '홈이진경, 2002'에 빠져 매끄러운 '평면'을 미끄러지는 '탈주' 행위들을 부정적으로 다루고 있지는 않은지 성찰해야 한다. 1등급-되기, 범생-되기, 합격-되기가 다른 등급과 개성과 실패를 섣불리 비하하고 압도하지는 않는지 염려해야 한다.

들뢰즈와 가타리는 창의적이고 민주적인 생성을 지향할 때 '다수자-되기'보다 '소수자-되기'가 더 필요하다고 역설한다. 이를테면 왜곡된 인간중심주의anthropocentrism를 깨기 위해서는 '동물-되기'와 '식물-되기'와 '사물-되기'를 거듭해야 한다. 카프카Kafka, 1916가 〈변신〉에서 '벌레-되기'를 통해, 김중미2016가 '고양이-되기'를 통해 인간의 부조리를 간파했듯이 말이다. 마찬가지로 남성주의 사회에서는 '여성-되기'가김은주, 2014, 어른 중심 사회에서는 '아이-되기'가Nietzsche, 1885; Jo, 1989, 인재 추구 사회에서는 '바보-되기'가김수환, 2009 절실하게 요청된다는 것이다. 이은지2021는 '성소수자-되기'를 통해

---

87) 이와 관련하여 우리는 '질서의 재생산'이 아닌 '무질서의 생산'을 주목한 윌리스(Willis, 1978, 1981a · b)를 참조할 필요가 있다.

서 성소수자 부모들이 성소수자인 자신의 자녀들만이 아니라 무수한 다른 소수자들의 삶과 실존적 고투까지도 더 두루 깊이 이해하게 되는 과정을 보여준다.

교육은 숱한 '서로 다르게 되기'를 통해서 '나다운 나 되기'를 지향하는 과정이다. 생성은 언제나 **사이에서** 일어난다.[88] '나我, 주체'와 '나 아닌 것非我, 타자'들 사이의 변증법적 대화와 '무한 도전'Camus, 1942이 생성을 낳는다. 〈천개의 고원〉에서 말하듯이 되기는 서로 다른 것들 사이의 '결연alliance'이다. 그러므로 정답, 상수, 정체는 생성의 걸림돌이 될 수 있다. 그와 달리 오답, 변수, 다양체가 생성을 촉진한다. 윤지혜2018는 한 사진작가가 예술이 아닌 교육에 몰입하면서 '예술강사-되기'로 나아가는 일종의 '거듭나기'를 관찰하였다. 이 과정에서 그 강사의 학생들은 '예술가-되기'를 체험함으로써 심미적인 '나'를 새롭게 발견하고 구성하게 된다. 어떻게 보면 좋은 '교사-되기'는 다양한 '학생-되기'를 통해서 가능한지 모른다. 좋은 '학생-되기' 또한 여러 '교사-되기'를 통해서 가능한지 모른다. 이러한 '되기'들로 변모하고 심화하는 교육적인 정체성identity은 부단히 더불어 '살아 움직이는' 생활生活의 것이지, 서로 먼저 차지하기 위한 경쟁 끝에 도달하여 머무르는 지위地位의 것일 수 없다. 다른 뭇 존재자들과 같이 존재자로서 우리 인간은 '*Was*what'로 규정된다Heidegger, 1927. 즉 **내가 무엇인가**'는 중년, 남성, 크리스천, 아버지, 교수와 같은 사회적 지위로 규정된다. 그러나 다른 존재자들과 달

---

88) 들뢰즈와 가타리는 주체-타자, 남성-여성, 적-동지 식의 "이원론[이분법]을 빠져나가는 유일한 방법은 사이에-존재하기"(Deleuze & Guattari, 1980/2001: 525)라 하였다.

리 인간은 '*Wer*who'인 유일한 현존재이다. 이 **'내가 누구인가'**는 어떤 무엇으로도 규정하거나 확정할 수 없다. 인간은 항상 이미 부단한 생성과 형성의 와중에 있기 때문이다. 물론 인간만이 아니라 모든 존재자가 시중時中에서 주역周易한다. 그러나 우리 인간은 그 '주역' 현상에 존재물음을 던지는, '피투被投'되면서도 '기투企投'하는 유일한 실존적 존재이다. 교육은 인간의 잠재적 역량을 이끌어 내어, 새로운 가능성을 한껏 건축해 나가는 되기-과업이다. 교육은 독일어로 '*Erziehung*이끌어 냄'과 '*Bildung*만듦' 사이의 개념이다. 전자는 교육의 영어 'education'과 말 뿌리를 같이한다. 인간은 외부 환경의 지배를 내면의 지혜로 극복하여 '만물의 영장'이 되었다. 바로 그 인간 내부의 지혜를 찾아서 펼쳐 나아가게 하는 삶의 형식이 바로 교육이다. 내면의 가능성을 이끌어 내어 더 나은 상태로 만들어 가는 일, 그것이 교육이다. 교육은 학습자 스스로 자신의 내면을 깊이 살펴서 자신을 찾고 더 나은 자신을 만들어 가도록 교수자가 돕는 활동이다.

　인간은 주어진 환경 조건에 수동적으로 적응하지 않는다. 타고난 신체 조건에 활동을 한정하지 않는다. 도구를 만들어서 적응의 역량을 극대화하고 활동의 영역을 개척한다. 활동活動은 말 그대로 '살아 움직임'이다. 니체는 이 '살아 움직임'의 근저에 '*Wille zur Macht*만들고자 하는 의지'가 있다고 하였다.[89] 독일어 명사 '*Macht*'는 우

---

89) 니체 철학의 핵심 개념 가운데 하나인 '*Wille zur Macht*'는 '권력의지'(강대석, 2005) 또는 '힘에의 의지'(박찬국, 2007; Nietzsche, 1885 정동호 역, 2007)로 널리 오역되어 왔다. 독일어 '*Macht*'에 대해서 고병권(2001)은 "아렌트(Hannah Arendt)는 '*Macht*'가 그리스 정치의 공공 영역을 가능하게 했던 힘인 '디나미스(*dinamis*)'와 같은 뜻이며, 근대의 다양한 파생어를 가지고 있는 라틴어 '포텐샤(*potentia*)'와 통하는 말이라고 설명했다. 아렌트의 설명에 따르자면 그것은 '능력'이나 '가능성'이다. 불어로는 '*puissance*'가 번역어로 쓰이고 있다."(170)고 하였다. 이는 나의 해석과 번역에 상통하는 것이라 할 수 있다.

리말 '권력'이나 영어 'power'에서는 찾아볼 수 없는 'machen'이라는 동사 뿌리를 가지고 있다. 알다시피 독일어 'machen'은 만들다, 창조하다, 행하다, 얻다 등의 다양한 의미를 지니고 있다. 그러므로 우리는 니체의 'Macht'를 만들고, 창조하고, 행하고, 얻으려는 형성의 태도와 생성의 힘으로 읽어야 한다. 박찬국2007은 니체가 "고통을 극복할 수 있는 궁극적인 길로서 힘에의 의지를 건강하게 만드는 것을 제시하고 있다. 이에 반해 불교는 우리가 보통 자신의 자아라고 생각하는 것에 대한 집착을 버리는 것을 제시하고 있다."18고 풀이했다. 그러나 내가 보기에 니체의 '만들고자 하는 의지'는 한편 해체하고 한편 도전하면서 자신의 운명을 스스로 열어 나가고자 하는 양면적인 의지이다. '노예'의 무력함이 아닌 '위버멘쉬Übermensch'의 당참과 힘참을 추구하는 의지이다. 교육은 그 의지 속에서 우리의 몸이 시간과 공간과 관계를 바꾸고 되바꾸며 '나'를 '더 나은 나'로 만들어 나가는 삶의 형식이다.

2. 교육의 자기부정성

교육에는 자기부정의 전제가 있다. 혹은 '무화無化'의 전제가 있다. 그 부정은 파괴를 위한 부정이 아닌 창조를 위한 부정이다. 그 무화는 허무주의에서와 같은 냉소 또는 우울의 것이 아닌, 더 나은 재구성을 위한 해체의 것이다Derrida, 1996. 셸러Scheler, 1928와 사르트르Sartre, 1943는 공히 인간의 본질을 변증법적 자기부정에서 찾고 있다. 인간이 부정을 통해서 현존現存을 '초월'할 수 있는 유일한 존재자이기 때문이다. 교육은 무지와 무능을 깨닫고서 더 잘 알려 하고 더 제대로 하려 할 때 시작된다. 내가 알고 있는 것들 사이에, 내가 하는 일들 사이에 모순이 있고 부조화가 있을 때 교육이 절실해진다. 나와 너 사이에, 우리와 그들 사이에 삶과 앎에 관련된 갈등이 있고 다툼이 있을 때 교육이 요청된다. 이미 다 알고 있고 다 잘한다고 생각할 때, 자신에게 아무런 부족함이 없을 때 교육은 필요가 없다. 내 삶과 앎에 아무런 모순도 부조화도 없을 때 교육은 필요가 없다. 나와 너 사이에, 우리와 저들 사이에 삶과 앎에 관련된 아무런 갈등이 없고 다툼이 없을 때 교육은 필요가 없다.

1) 교육의 기회비용

알고 보면 교육은 근원적으로 고통스러운 일이다. 학습자의 입장에서 배움은 자신의 무지, 무능, 부족, 혼란, 모순, 부조화에 대한 각성을 요구한다. 지금 상태에 만족하거나 안주하지 않고 더 좋아짐을 향하는 불안과 불편을 애써 감수해야 한다. 가르침을 청할 때의 머뭇거림과 부끄러움, 때로는 구박과 모멸감을 감내해야 한다. 단적으로, 배움에 따르는 '기회비용'들을 감수해야 한다. 기회비용은 어떤 기회를 가지는 데에 따르는 비용을 말한다. 계약에서 쌍방이 주고받는 '반대급부'와 유사한 점이 있지만, 기회비용은 긍정적인 기회를 얻기 위해 치르는 부정적인 급부를 의미하는 면이 더 강하다. 모든 배움에는 관심으로 표현되는 몸과 마음의 기울임, 시간을 냄, 교수자에 다가가기 위한 이동, 교육적 관계 맺기 등이 요구된다. 가르침에 보답하는 유형무형의 보상도 준비해야 한다. 요컨대 무언가를 배우느라Δ 잃게 되거나 하지 못하게 되는Δ 모든 것이 '**배움의 기회비용**'이다. 세상에는 얻기만 하고 잃는 것이 없거나, 잃기만 하고 얻는 것이 없는 일은 없다. 그러므로 배움에는 **얻기 위해서 잃는 용기**가 반드시 필요하다.

  교수자의 경우도 마찬가지다. 자신은 이미 잘 알고 있고 잘할 수 있는 것을, 잘 모르고 잘할 수 없는 학습자를 위해 '눈높이를 낮추어서' 이해하기 쉽게 반복하고 번역하는 노고를 감내해야 한다. 이미 거쳐온 길을 되돌아가는, 개구리의 '올챙이-되기' 노고를 마다하지 않아야 한다. 불가의 언어로 상구上求의 욕망을 접고 하화下化에 충실해야 한다. 배움과 마찬가지로 모든 가르침에는 관심으로 표현되는 몸과 마음의 기울임, 시간을 냄, 학습자에 다가가기 위한 이동, 교육적 관계 맺기 등의 부담이 요구된다. 누군가를 가르치느라Δ 잃게 되거나 하지 못하게 되는Δ 모든 것이 '**가르침의 기회비용**'이다. 가르침에도 배움과 다를 바 없이 **얻기 위해서 잃는 용기**가 꼭 필요하다. 제자를 위해서 스승은 자신의 일부을 내려놓고 내놓아야 한다. 제자의 성장에서 자기 삶의 보람을 찾아야 할 수도 있다. 많은 스승이 제자가 자신을 딛고 더 나아지는 '청출어람青出於藍'을 기대한다.[90] 하지만 정작 제자의 승승장구가 마냥 마음 편하지만은 않을 수 있다. 게다가 자기 일에 몰두하여 한껏 성공한 사업가, 의사, 법조인 등의 친구들과 비교하면서 '나는 뭘 했냐'는 자괴감을 가질 수도 있

---

90) 그리스 신화의 '친부살해(親父殺害 patroktonia)' 이야기처럼 자식이 아버지를 죽여야, 제자가 스승을 죽여야 더 나은 세상을 열어갈 수 있다. 알다시피 이 죽임은 상징적인 의미로서 껍질을 깬다거나 굴레를 벗어난다는 의미이다. 그렇다면 그 '죽임'과 '깸'과 '벗어남'을 현실의 교육에서는 어떻게 의미화하고 구체화해야 할까?

다. 승진 없이 평교사로 오래 헌신한 초·중등학교 교사들에게서 간혹 그런 허탈의 예를 본다.

2) 교육적 전인

우리는 교육이 형성할 이상적 인간상으로 흔히 '전인全人'을 거론한다. 그러나 정작 전인이 어떤 사람인지 물어보면 명확한 대답을 제시하지 못하는 경우가 많다. 정녕 전인은 어떤 사람인가? 내가 생각하기에 전인은 모든 것을 다 잘하는 '팔방미인'이 아니다. 물론 이것저것 모두를 다 잘할 수 있다면 당연히 좋다. 지력의 교육, 인격의 교육, 신체의 교육을 통합하여 '지덕체'를 완비한 사람이 될 수 있다면 너무나 좋다. 하지만 그것은 결코 쉬운 일이 아니다. 그럼에도 불구하고 우리 사회에는 자녀의 'All 100' 'All good'을 앙망하는 부모들이 결코 적지 않다.[91] 입시 철마다 '수능 만점자'를 지나치게 상찬하는 언론이 있다. 서열화된 대학학벌 피라미드의 꼭대기에 오르지 못해 안달하다 부모와 자녀 모두가 파괴되는 가정들도 많다.[92] 그러면서도 우리는 수학 이외의 교과목에 낙제를 하기까지 한 천재 아인슈타인A. Einstein 이야기를 무심코 나누기도 한다. 자문해 보자, 아인슈타인은 전인인가 아닌가?

---

91) 언제부턴가 우리 사회에는 맞느냐 틀리냐를 'All-right All-wrong' 논리로, 좋으냐 나쁘냐를 'All-good All-bad' 논리로 재단하는 풍조가 만연하고 있다. 중용과 스펙트럼이 '회색'으로 비난받고, 분열과 파탄이 '선명'으로 상찬되고 있다. 정치권이 그 앞장에 서 있다. 교육은 그런 양극단 논리에 휘둘리지 말아야 한다.

92) 한때 장안을 달구었던 〈SKY 캐슬〉이라는 텔레비전 드라마를 기억할 것이다. 허구라 치부하기에는 너무나 현실적인 면들이 있어서 우리를 안타깝게 만들었던 '한국 교육의 비극' 가운데 하나였다.

내가 생각하는 전인은 교육적으로 바람직하다고 간주되는 속성들을 산술적 집합으로 다 갖춘 사람이 아니다. 그렇다고 해서 한두 속성에만 편협되게 특출한 영재가 전인일 수도 없다. 나는 **혼합**混合**의 전체적**total **영토화**가 아닌, **화합**化合**의 총체적**holistic **탈영토화**가 오히려 전인을 만든다고 본다.[93)] 여기서 말하는 '혼합'은 서로 섞여 있되 통일된 하나를 이루지 못하는 상태를, '화합'은 섞여서 뭔가 새로운 통합을 이루는 양상을 말한다. 그리고 '전체'가 '모두 다'를 의미하는 것과 달리, '총체'는 '통틀어 뭉뚱그려'의 뉘앙스를 가지는 것으로 구분한다. 무슨 일이든 하나를 하더라도 관련된 다른 일들을 두루 보살피며 통틀어 뭉뚱그려 깊이 꿰뚫어 행하는 사람이 전인이다. 즉 '일이관지一以貫之'하여 '문리가 트인' 사람이 내가 생각하는 전인이다. 이는 바퀴의 부분들이 모여 하나의 통합체로서 바퀴 '법륜法輪'을 이루는 불가의 '만다라曼茶羅'와 상통하는 것이라 볼 수도 있다. 우리 선인들은 '한 솥의 국 맛을 아는 데 고기 한 점이면 충분하다'고 하였다. 한 우물을 깊게 파면 넓은 수원水源에 이를 수 있다. 개성과 적성에 부합한다면 어떤 길을 찾아서 가더라도 즐겁게 최선을 다하면서, 가지 않은 길과 갈 수 없는 길까지 마음에 품고 갈 수 있는 사람이 전인이다. 특히 교육적 전인은 무수한 삶의 형식들 가운데 교육을 삶의 중심에 두고 매사를 교육의 본질에 비추어 충실하며 사는 사람일 것이다.

---

93) 인류학자들은 한 사회의 문화를 연구할 때 모든 것을 다 다루어 연구하기보다 꿰뚫어 흐르는 무엇을 연구하고자 한다. 그것을 일컬어 인류학의 '총체적 접근(holistic approach)'이라 한다(Mauss, 1925). 전체를 뜻하는 'whole'에서 'w'가 탈락된 것을 주목하자. 또한 '영토화'와 '탈영토화'는 들뢰즈와 가타리(Deleuze & Guattari, 1980)의 〈천개의 고원〉에서 유래한 용어이며, 이진경(2002)이 여러 문제에 잘 적용해 보이고 있다.

그렇지만 나는 굳이 전인이 지배하는 세상을 바라지 않는다. 전인이라 자타 일컫는 자가 그렇지 않은 사람들을 지배한다면, 그 세상은 좋은 세상일 수 없다. '전인-되기'는 결코 '다수자-되기'가 아니다. 오히려 부단한 '소수자-되기'를 통해서 전인 아닌 사람, 전인 될 수 없는 사람 모두를 '있는 그대로' 두루 이해하고 함께 살피고 보살피며 더불어 잘 살아가는 사람이 전인이다. 아니, 그런 '소수자-되기'들을 통해서 우리는 누구나 전인이 될 수 있다. 그리고 교육은 지금보다 더 나아지면 되는 일이지, 완벽하게 좋아져야 하는 일은 아니다. 교육적 전인은 완벽한 사람, 완전한 사람이 아니라 바람직한 '전인-되기'를 부단히 추구하는 사람, 좀 더 나은 완성을 지향하는 사람이다.

3. 더 나아짐

지금보다 더 나아짐은 시간 축에서의 비교를 수반한다. 머물던 곳보다 머물 곳에서 더 나아짐은 공간 축에서의 비교를 수반한다. 그리고 지금 만남보다 더 나은 앞으로의 만남은 관계 축에서의 비교를 수반한다. 이 모두 내 몸틀의 더 나아짐이기에 신체 축에서의 비교를 수반한다. 그렇지만, 상대적 비교는 신중해야 하며 절제되어야 한다. 더욱이 상대적 비교가 상대적 경쟁을 전제하거나 촉발한다면 누군가는, 아니 결국에 모두가 불행해지게 된다.

1) 문화의 횡적 상대성

잘살든 못살든 간에 모든 삶은 소중하고 경건하다. 비록 무능하고 무력하고 무지하더라도 모든 사람은 소중하고 존엄하다.[94] 한 사람 한 사람에 대해서 그 구체적인 삶과 배경 하나하나를 깊이 이해하지 못한 채 사람들에 대해서, 그 삶들에 대해서 선불리 내리는 외부적인 판단과 분별은 위험하다. 모든 삶에는 인연이 있고 우연이 있어서 부단히 변전變轉하는 그 긴 행로를 어느 시점에서 예단할 수도 없다. 그러므로 잘 사는 삶과 못 사는 삶, 옳은 삶과 그릇된 삶을 선불리 판단하지 않고 모든 삶을 '있는 그대로'Maharishi, 1985 이해하고 포용하는 태도가 배움과 가르침에 반드시 필요하다. 각 개인, 각 집단이 처한 특수한 여건 때문에 독특한 삶이 있고 그 문화가 있으므로 각자의 고유성과 상대성을 존중하는 자세가 필요하다. 그러한 자세를 인류학자들은 '문화상대주의cultural relativism'라고 부른다.

문화상대주의는 세상을 대하는 관점과 살아가는 방식, 즉 인간의 문화가 무한히 다양하고 다를 수 있음을 인정하고 각 집단의 상이한 문화를 최대한 존중한다. 예컨대 아라비아 사막의 베두인Bedouin 문화가 우리 서울의 시민들에게 적합하지 않듯이, 한국의 대도시 문화가 베두인 사람들에게 적합할 리 없다. 그러한 사실을 간과한 채 자신의 문화가 다른 문화보다 더 우월하다거나 올바르다고 고

---

94) 실존주의 심리학자 프랭클(Frankl, 1983)은 "이 세상에 자신의 존재를 대신할 수 있는 것이 아무것도 없다는 사실을 일단 깨닫게 되면, 생존에 대한 책임과 그것을 계속 지켜야 한다는 책임이 아주 중요한 의미로 부각된다."(2005: 142)고 하였다. '살아 있음' 하나하나의 존귀함을 말하고 있다. 이처럼 자신의 존귀함으로 우리는 타인들의 존귀함을 대해야 한다.

집하는 자세는 온당하지 않다. 인류학자들은 그러한 그릇된 자세를 '자문화중심주의ethnocentrism'라고 부른다.

자문화중심주의는 한 문화 속에 공존하는 하위문화들을 대하는 우리의 일상적 태도에서 흔히 찾아볼 수 있다. 예컨대 우리 주위에는 가정을 뛰쳐나와서 주유소, 술집, 공사장, 중국집 등을 전전하는 가출청소년들이 적지 않다. 그들의 삶을 장기간 유심히 관찰하고 또 그들의 속내 이야기를 진지하게 들어보면 가출청소년의 독특한 문화라는 것이 있음을 알게 된다. 이러한 하위문화들에 대해서 주류 집단 사람들은 섣불리 부정적인 인식을 가질 수 있다. 그들의 못남이나 게으름을 나무랄 수 있다. 그러나 모범생의 문화가 그들이 처한 독특한 환경에서 형성되는 것과 마찬가지로 가출청소년의 문화 또한 그들이 처한 독특한 환경의 산물이다.

문화가 환경의 산물이고, 살아가는 환경들이 서로 다를 수밖에 없음을 인정한다면 문화들 간의 '횡적인 상대성' 또한 마땅히 인정해야 할 것이다. 소극적인 인정에 그치지 않고 다양한 타자들과의 상생적인 공존을 모색해야 할 것이다. 이것이 다문화교육multicultural education의 기본 원리이다. 우리는 다문화교육을 노동이주민, 혼인이주민, 탈북이주민들의 '다문화가정' 자녀들을 위한 배려형 교육이라 자칫 오해할 수 있다조용환, 2007. 그러나 인종, 민족, 혈통, 국적은 물론이요 성, 연령, 직업, 지역, 취향 등에 따라서 천차만별의 문화가 항상 이미 존재함을 감안할 때 어떤 사회도 다 다문화사회이다. 마찬가지로 우리 사회의 어떤 가정도 다 다문화가정이다. '다문화학생'이 없는 학교의 교실 또한 실상 알고 보면 모두가 '다문화교실'이다. 다문화교육은 이주민을 향하거나 위해서만이 아니라, 기존의 정주민들을 향하고 위해서도 반드시 이루어져야 하는 교육이다. 적응이 서로에게 이루어져야 하듯이, 구성원 모두가 서로의 문화를 이해하고 존중하고 배려할 때 다문화교육이 비로소 완성될 수 있다. 요컨대 모든 교육은 항상 이미 다문화교육이며, '교육다운 교육'의 필수적인 양상이다조용환, 2011.

2) 교육의 종적 상대성

횡적 상대성을 강조할 때 문화의 가치는 판단보류의 대상이다. 그러나 더 나음을 지향하는 교육에서는 가치판단을 잠시도 유보할 수 없다. 물론 서로 다른 문화를 최대한 폭넓게 이해하고 포용하도록 힘쓰는 일은 교육의 중대한 과제이다. 모든 삶과 문화를 '있는 그대로' 긍정하는 태도, 즉 문화상대주의는 교육이나 학문뿐만 아니라 삶 전반에 걸쳐서 요구되는 본질적인 태도이다. 하지만 인간의 삶과 문화에는 제각기 장단점이 있기 마련이어서, 기왕이면 단점을 버리고 장점을 취하는 선택이 요구된다.

니체Nietzsche, 1878는 모든 문화의 가치와 고유함을 전제하면서도 "좀 더 높은 문화와 좀 더 낮은 문화"2001: 223가 있을 수 있다고 하였다. 그리고는 마땅히 전자를 추구해야 한다고 하였다. 그렇다면 어떤 문화가 '좀 더 높은 문화'인가? 니체는 "힘과 유연성을 가진 과감한 춤"같은 책: 274과 같은 것이라 하였다. 더 나은 문화의 '힘'은 정치경제적인 권력이나 물리적인 무력이 아니다. 그가 '*Wille zur Macht*만들고자 하는 의지'에서 말하는 힘이다. 주어진 것을 답습하지 않는 '창조적인 영원회귀'의 힘이다. 바로 그 점에서 더 나은 문화의 '유연성'도 개방성, 창의성, 비판성 등의 의미를 가진다. 무엇이 더 나은지, 무엇이 더 가치 있는지를 어떻게 알 수 있는가? 이 질문에 대한 듀이Dewey, 1938의 대답은 '비판criticism'이다. 비판은 가능한 대안들을 충실히 드러내고 공정한 비교를 함으로써 그 가운데서 최선의 선택을 도모하는 작업이다. 내가 교육의 방법적 본질로서 '변증법적 대화의 과정'을 규정하는 까닭과 다르지 않다.

더 나은 '인간다움'을 묻고 찾고 추구하는 교육의 본질에는 이러한 '종적 상대성'이 내재해 있다. 교육의 관점에서 문화의 가치는 부단한 비교, 평가, 판단, 선택의 대상이다. 자연에는 우열이 없지만 우리 인간은 우열을 분별하도록 타고났다.[95] 그러므로 기왕에 우열을 따지고 더 나은 것을 지향해야 한다면 공명정대하게 해야 한다. 사사롭지 않게, 투명하게, 올바르게, 더 큰 시야 속에서 분별하고 판단하고 평가해야 할 것이다. 그리고 어떤 문화가 더 나은 문화인지에 대한 가치판단은 결코 확정적이거나 단정적이어서는 곤란하다. 개방적이고 발견적이며 잠정적이어야 한다. 그것이 교육의 본질에 부합하는 자세이다.

학습에서, 학습자들에게서 못함과 나음의 차이가 불평등을 전제해서는 안 된다. 불평등에서 출발하거나 불평등으로 나아가서는 안 된다. 1장에서 강조했듯이, 교육다운 교육은 **'불평등을 전제하는 능력주의'**Rancière, 1987를 배척한다. 사람을 신분이 아닌 능력으로 존중하자는 말이, 사람을 능력에 따라서 차별하자는 말로 오해되어서는

---

95) 인간이 삼라만상을 분별하고 판단하는 존재자로서 숙명을 갖게 된 배경은 앞에서 이미 〈창세기〉 '금단의 선악과' 이야기를 통해 두 차례 언급한 바 있다.

곤란하다. 사람의 능력은 천차만별 무한히 다양하다. 아니, 사람의 능력이란 것이 도대체 무엇인지 어느 누구도 온전히 알고 말할 수 없다. 그러니 사람의 능력에 대해서 어찌 가볍게 왈가왈부할 것이며 판단하고 평가할 것인가. 능력은 문화적인 것이다. 사회와 시대에 따라서 얼마든지 다르게 개념화될 수 있고, 그 기준이나 준거가 달라질 수 있다는 말이다. 그러므로 교육의 종적 상대성은 말 그대로 '상대적인 것임'을 전제하면서 더 나음을 논하고 다루는 것이어야 한다.

사람의 능력은 멈추거나 머물러 있지 않고 부단히 흐르며 바뀐다. 이 변화 속에서 개선을 기하는 것이 교육이다. 교육다운 교육이 능력주의를 수용한다면 그것은 **'평등을 전제하는 능력주의'**^{Rancière,} ₁₉₈₇이다. 달리 말해 '서로 다름을 전제하는 평등' 원리로 '능력 향상의 교육'이 이루어져야 한다는 것이다. 랑시에르는 불평등에서는 결코 평등을 이끌어 낼 수 없다고 하였다. 평등할 때만 평등할 수 있다고 역설_{逆說}했다. 구체적으로 말하자면, 자코토 선생이 그랬듯이 학습자들의 능력이 평등함, 모든 학생이 다 배울 수 있음을 무엇보다 먼저 전제해야 한다는 주장이다. 이때의 평등은 학습자들의 능력이 서로 다르고 다양함, 학생들이 서로 다르게 배울 수 있음을 말한다. 랑시에르는 학습자를 지와 무지의 기준으로, 또는 지의 양적 정도나 수준으로 변별하는 획일적 평가를 경계한다. 그래서 그는 교사가 가장 중시해야 할 일이 학생들을 '무지의 늪'에서가 아니라 '자기 무시의 늪'에서 벗어나게 하는 일이라 하였다. **'나는 할 수 없어'라고 말하는 학습자가 없도록 해야 한다**는 것이다. '너는 할 수 있어'라며 학생 한 명 한 명이 지금보다 더 잘할 수 있도록, 더 나아질 수 있도록 격려하고 안내하고 지원하는 것이 교사의 지속적인 임무라는 것이다. 그러고 보면, 교육다운 교육의 진정한 종적 상대성은 타인과의 경쟁이 아닌 자신과의 경쟁 원리라 할 수 있다.

3) 함께 더 나아짐

더 나음, 더 나아짐의 희구는 우리 인간의 천성이자 숙명인 듯싶다. 그래서인지 우리는 멈춤과 머묾, 즉 '停'을 부정시하는 숱한 언어를 가지고 있다. 정간, 정년, 정무, 정선, 정전, 정지, 정직, 정체, 정필, 정학, 정회 등등이 그러하다. 현대 현상학의 비조인 후설Husserl, 1966은 '시간의식'을 인간의 본질로 들었다. 그리고 시간에 대한 전통적인 '선線'과 '흐름'의 이미지를 논박하였다. 그럼에도 불구하고 거의 모든 사회에서 시간은 과거-현재-미래로 구분되는 선형적인 흐름으로 간주되어 왔다. 과거보다 나은 현재, 현재보다 나은 미래의 희구와 그 기반인 진보주의적 시간관이 당연시되어 왔다.[96] 삶의 형식으로서 교육에도 이런 더 나음, 더 나아짐의 추구가 붙박여 있다. 무지에서 지로, 무능에서 유능으로, 하품에서 상품으로장상호, 2020, 속박에서 해방으로, 아집에서 대화로의 전환을 지향하는 과업이 교육이기 때문이다. 물론 이는 포퍼Popper, 1957가 비판한 '결정론적 개량주의ameliorative determinism'와는 명백히 결이 다른 것이다.

교육으로 인한 더 나아짐은 "습관의 한계, 사유의 한계, 심지어

---

96) 그와 달리 인류학자들은 숱한 비서구 사회, 특히 원시 부족사회에서 비선형적, 비진보적 시간관을 발견하여 보고하고 있다. 이는 현대 서구 중심의 사회를 지배하고 있는 선형적, 진보적 시간관이 인류 본래의 보편타당한 것이 아님을 입증하고 있다.

현실의 경계를 넘어서려는 생산성"김범수, 2013: 128이다. 우리의 몸은 "역량들이 어떻게 배치되느냐에 따라서, 무엇이 접속하느냐에 따라서 끊임없이 생성이 이루어지는"같은 글, 124 상황에 거주한다. 우리 인간의 능력과 역량은 사람, 사물, 사태들과 관계를 맺는 과정이며 그 잠정적 산물이다. 부단한 생성과 형성, 즉 '되기'들의 과정이며 산물이다. 교육다운 교육이 지향하는 '더 나아짐'은 바로 이런 것이다.

인간은 인人-간間, 즉 사람과 사람 **사이에** 존재한다. 아렌트Arendt, 1958는 타인과의 관계와 소통 속에서만 주체가 비로소 형성되고 또 표현될 수 있다고 하였다. 사르트르Sartre, 1946는 "인간은 자신을 파악하는 과정에서 타인을 발견하고, 그들을 자신의 존재 조건으로 보게 되어 있다."1975: 50고 하였다. "타인은 나에게 있어 불가결한 것이며, 내가 나 자신을 아는 데에 불가결한 것이다."같은 책: 51고도 하였다. 그러니 교육에서 한 사람 한 사람 개개인의 성장과 더불어, **함께 더 나아질 수 있는**becoming better together 공동체적인 목표와 협력의 환경을 비판적 대화와 토론을 통해서 조성하는 일이 중요할 수밖에 없다. 그렇다면, 우리 사회의 교육은 과연 그러한 '함께 더 나아짐'에 충실한 교육인가? 내가 보기에 그렇지 않다. 1장에서 '한정된 재화의 이미지'를 통해 살펴보았듯이 우리 교육은 내부 경쟁과 가족이기주의에서 좀처럼 벗어나지 못하고 있다. 우리 사회의 "교육"들에는 개인주의적이거나 가족이기주의적인 무한경쟁이 난무하고 있다. 승자와 패자를 가르고 '승자독식winner-all-take'을 부추기는 경쟁이 난무하고 있다Brown et al., 2011. 일등부터 꼴찌까지 줄을 세워야 직성이 풀리는 '서열화' 경쟁이 난무하고 있다. 부모, 학교, 사회가 모두 나서서 상대적 우위 쟁탈의 '적자생존survival of the fittest' 담론을 고취하고 있다.

니체에게 "인간은 한목소리를 내는 조화로운 존재가 아니라, 여러 목소리를 내는 불협화음의 존재이다."_{Safranski, 2000/2018: 240} 이처럼 나 자신부터 어떤 정해진 '나'가 아닌, 다원적이고 다발적이며 다현적인 '나들'이다. 그럴진대, 나 아닌 타인은 어떻겠는가? 주체의 개성을 강조하면서도 니체는 집단의 목소리로서 '합창合唱'을 주목했다. 니체_{Nietzsche, 1878}는 인간을 "고립된 시선으로 보지 않으려는 신념"_{2001: 10}에 충실했다. 그래서 "나와 너를 넘어서라! 우주적으로 느껴라!"_{Safranski, 2000/2018: 294}고 외쳤다.

다시 강조하건대, 교육은 '함께 더 나아짐'을 추구하는 일이다. 혼자 하는 공부는 위험하다. 다양한 입장, 다양한 관점, 다양한 지혜를 접할 수 없기 때문이다. 타자에 비추어서 나의 나음과 모자람을 검토하고 확인할 수 없기 때문이다. 그리고 서로 다른 사람들이 함께 힘을 합쳐야만 좋은 세상을 만들 수 있듯이 모든 교육은 반드시 상호이해, 상호존중, 상호협력의 방식과 과정으로 이루어져야 한다. 생활공동체, 학습공동체, 교육공동체가 살아 있는 교육이 교육의 본질에 부합하는 교육이다.

존재론적 지향

어떤 사람이 좋은 사람인가? 어떤 삶이 잘 사는 삶인가? 인간 아닌 어떤 고등 동물도 자신에게 그리고 서로에게 이런 질문을 하지 않는다. 현상학자들은 이런 물음을 생존 너머의 실존적 '존재물음'이라고 한다. 어떻게 하면 지금보다 더 좋은 사람이 될 수 있는가? 어떻게 하면 지금보다 더 잘 살 수 있는가? 향상의 의지를 가진 인간은 자신에게 그리고 서로에게 부단히 이런 질문들을 하며 산다. 그런데 사람을 판단하는 '좋음'의 기준이 무엇인지는 대단히 복잡하고 불확실한 문제이다. 삶을 평가하는 '잘'의 기준 또한 다양하고 애매모호한 것이다. 이 기준들은 시대와 사회에 따라서, 집단과 개인에 따라서 한결같지 않았으며 앞으로도 그럴 것이다. 계속 붙안고 고심하며 고투해야 할 문제들이다. 정치, 경제, 사회, 종교, 학문, 예술 등등 어떤 삶의 형식에 중심을 두고 보는가에 따라서 그 답이 달라질 수도 있는 문제이다.

교육은 이 문제를 다루는 독특한 방식을 가진 삶의 형식이다. 내 지론에 교육은 이를 '배움과 가르침의 해석적 상호작용' 속에서 '변증법적 대화의 과정'으로 문답하며 모색한다. 나는 좋은 사람과 잘 사는 삶의 기준을 '더 나은 인간 형성의 존재론적 지향'이라는 본질에서 찾는다. 그런데 현실태 한국의 사회와 교육에서는 '좋은' 사람'과 '잘' 사는 삶의 문제가 다분히 정치경제적이거나 사회문화적인 삶의 형식에 압도된 채 다루어지고 있다. '좋은' 집과 자동차와

옷과 음식이 '잘' 사는 삶의 지배적 기준이 되고 있다. 더 강한 권력과 재력, 배경과 연줄을 가진 사람이 '잘' 사는 사람으로 널리 평가되고 있다. 더 뛰어난 지식과 기술을 배타적으로 소유한 사람이 '좋은' 사람으로 평가되고 있다. 그 기준에 미모와 달변, 정보력이 가세하기도 한다.[97] 그러지 못한 삶은 실패한 삶이요, 그러지 못한 사람은 '루저loser'로 낙인찍힌다. 이런 풍조가 비단 우리나라의 것만은 아니겠지만, 경쟁의 성패가 더 첨예하게 엇갈려 갈등과 불행을 초래하고 있음에는 틀림이 없다. 그래서 나는 좀 더 평화롭고 행복해 보이는 사회와 그곳 사람들을 부러워할 때가 많다.

1장에서 언급했듯이 교육의 문제는 곧 학교의 문제가 아니다. 학교가 교육만 하는 곳이 아니듯이, 교육이 학교에서만 이루어지는 것이 아니기 때문이다. 그렇다고 하더라도 학교가 교육에 가장 중요한 제도이며 기구임에는 틀림이 없다. 공교육 제도로서 학교가 좋은 교육의 모범이 될 수 있어서이기도 하고, 학교가 교육을 망치는 거점이 될 수 있어서이기도 하다. 그렇다면, 지금 우리의 학교는 어떤가? 좋은 교육의 모범이 되고 있는가, 잘못된 교육의 거점이 되고 있는가?

---

97) 우리 인류의 농업혁명이나 산업혁명에서와 달리, 정보혁명 이후에 고품질의 정보를 누가 먼저 얼마나 많이 획득하고 보유하는지가 적자생존의 필수적인 잣대로 등장하였다. 이를테면 수시와 정시로 나뉘고 수시 안에서 각종 전형이 나뉘는 등, 대학입시제도가 워낙 복잡해지다 보니까 입시 정보를 둘러싼 '컨설팅'이 큰 돈벌이가 되고 있다.

1. 인식론 vs 존재론

다시 문답해 보자, 좋은 사람은 어떤 사람인가? 많이 아는 사람인가? 뛰어난 기술 또는 기예를 가진 사람인가? 그래서 그 지식과 기술을 팔아 권세를 누리며 사는 사람인가? 아니면, 팔거나 팔리는 데 개의치 않고 앎과 뛰어남 그 자체의 아름다움에 몰두하는 사람인가? 아니면, 어떤 '소유'에도 구속되지 않고 더불어 평화롭고 행복한 '존재'의 삶에 충실한 사람인가? 남보다 앞서는 경쟁력을 가진 사람인가, 경쟁에 매몰되지 않고 공존상생의 지혜를 실천하며 사는 사람인가? 이 숱한 질문들은 실존에 필수적인 존재물음들이지만, 그 복잡다단함 때문에 피로와 권태를 느낄 수도 있다. 그래서 하루하루 별 고민 없이 그저 주어지는 대로 살아가고 싶을 수도 있다.

교육다운 교육을 꿈꾸고 찾아가는 사람으로서 나는 이 존재물음들이 우리 사회에서, 학교에서, 가정에서 어떻게 다루어지고 있는지가 늘 궁금하다. 궁금증을 온전히 풀기 위해서는 많은 연구가 필요할 것이다. 실제로 내가 수행한 연구와 논의들도 적지 않다.[98] 그러나 지금까지 내 평생 삶과 교육의 관찰, 성찰, 통찰을 종합할 때 나는 이 존재물음에 관한 가장 근본적인 상심 하나가 있다. 우리 교육이 지나치게 지식과 기술에 치우쳐 있다는 것이다. 앎의 문제에 편향되어 삶의 문제가 소홀히 다루어지고 있다는 것이다. 삶에서도 실존이 아닌 생존 담론이 지나치게 부각되고 있다는 것이다. 지식

---

98) 이 문제를 직접 혹은 다른 문제와 연관하여 다룬 내 연구와 논의들로 조용환(1989, 1991, 1993a·b, 1994, 1995a·b, 1996, 1997, 1998, 2000, 2001a, 2002, 2004b, 2006, 2007, 2009, 2011, 2012a, 2014, 2016a·b, 2017, 2019) 등을 예시할 수 있다.

과 기술에 치우친 사람의 능력에 경도되어 사람됨 그 자체가 경시되고 있다는 상심이다.[99]

배움과 가르침의 궁극 목적은 더 탁월한 지식인식 *episteme* 이 아닌 더 행복한 실존존재 *onto* 에 있다는 것이 내 지론이다.[100] 인식론epistemology이 '진리眞理'를 논할 때, 존재론ontology은 '진면목眞面目'을 논한다. 인식론이 맞고 틀림에 치중할 때, 존재론은 있고 없음과 어떻게 있음을 주목한다. 앎은 삶 속에서 비로소 의미를 가진다. 이전에 몰랐던 것을 알게 되고, 이전에 할 수 없던 것을 할 수 있게 되는 삶은 중요하다. 그러나 지식과 기술이 늘고 깊어감에도 불구하고 나 자신이 더 좋은 사람이 되지 못하고 우리의 삶이 더 행복해지지 않는다면 그 지식과 기술은 무슨 의미가 있겠는가? 인력, 학력, 권력, 재력, 경쟁력 등등의 '힘'이 아무리 넘친다 한들, 찌든 내 삶을 바로잡아 즐겁고 아름답고 의미 있게 만들어 가는 '힘'이 없다면 어찌 행복할 수 있겠는가? 한병철Han, 2010이 지적했듯이, 언제부턴가 우리는 이른바 '성취사회' '피로사회' '자책사회'를 살고 있다. 성취로써 사람을 분별하고 상벌로써 사람을 길들이는 사회 말이다. 그 억압구조가 철저히 내면화되어 누가 쫓지 않아도 스스로 쫓기는 사회 말이다. 그러한 자본주의 적자생존 사회의 인간 군상을 나는 졸

---

99) 니체는 인간이 "사회적인 유용성에 의해 정당화되는 것이 아니라, 그들 자신의 **존재 자체에 의해 정당화된다.**"(Safranski, 2000/2018: 92, 강조는 나의 것)고 하였다. 그리고 서구 중심의 근대화 과정에서 파토스(pathos)가 로고스(logos)에, 감성이 지성에, 느낌이 앎에 지배당하고 압도당한 역사를 통탄하면서 **"삶이 지식에 질식당하지 않으려면** 어떻게 스스로를 지켜야 하는가"(같은 책: 159, 강조는 나의 것)를 묻고 되물었다.

100) 이 대목에서 나의 '교육적 존재론(조용환, 2001b)'과 장상호의 '교육적 인식론'(장상호, 2000)이 대비된다.

시 〈또 한 해가〉에서 아래와 같이 표현하였다.

또 한 해가

요즘 많이 초조해 보이네그려

아니 늘 그랬던 것 같아

열심히 잘 사는 모양이던데

아닌가

실은 나도 그래

쫓는 사람 없는데 쫓기는 사람 같다고

좀 쉬어야 할 텐데

쉬고 나면 맘이 더 안 편해

누가 내 일 대신 해주는 게 아니라

일은 그대로 남아 있지

그래도 힘을 내자고

어떻게든 살아야 할 거 아냐

다 내려놓자고

안 되는 일은 안 되는 거지 머

내가 나를 족치지는 말자

다짐하는 거야

나를 사랑하자 나를 칭찬하자

주문이라도 외면서

큰일 한 사람들은 그런 사람들이고

나는 그냥 나인 거잖아

아니면 상담이라도 받아보든가

함께 갈까

초조하지 않으려고 애를 쓰네만

이미 몸에 뱄어

열심히 살기야 하지

뭔가 보여줄 게 없어서 그렇지

다른 사람들은 척척 잘 해내는데

난 왜 이럴까

너무 힘들어서 어제 하루는 종일 쉬었어

그냥 아무 생각 없이

그런데 생각들이 깨어 있지 않았을 뿐

내 속에 다 자고 있었던 거야

힘을 내보려고 하지

왜 않겠어

내려놓을 수는 있지만

그것도 잠시뿐인 거야

남들이 족치는 게 싫어서

내가 먼저 나를 족치는 것 같아

그러면서 더

자신이 없어진다니까

난 상담 안 믿어

뻔한 얘기들

아, 정말 이래도 되는 걸까

이렇게 살아도 되는 걸까

인간은 결코 혼자서만 좋아질 수가 없다. 나를 둘러싸고 있는 자연, 사람, 사물, 사태 그 모두가 함께 좋아져야만 정말로 좋아질 수 있다. 그래서 모든 존재에 대한 최대한 깊고 폭넓은 이해가 필요하고 그것을 위한 공부들이 필요한 것이다. 생명교육, 생태교육, 생활교육이 중요한 것이다. 학습은 무엇보다도 나 자신의 개별지평, 세계지평, 존재지평을 드넓히고 드높이고 더 깊게 만드는 '위기지학'의 과정이다.[101] 내 안에서 다원적인 '우리'의 중층重層을 더 새롭게 하고 더 낫게 만드는 과정이다. 그 과정에 나의 학습을 보살피고 도와주는 교수가 함께하는 것이 바로 나의 교육이요 우리의 교육이다.

우리 전통에서 소인과 대인, 소학과 대학은 어떻게 왜 구분하였는가? 우리 선인들의 교육은 소학의 기초 위에 대학을 닦아서 소인이 대인을 지향하는 과정의 교육이었다. 그 교육의 공통 입문서로서 〈小學〉은 크게 나누어 ① 立敎: 배우는 이유와 그에 임하는 자세, ② 明倫: 윤리의 이해와 실천, ③ 敬身: 바른 몸가짐과 마음가짐의 세 가지 내용이 담겨 있다. 그와 달리 유학의 '사서四書' 가운데 하나인 〈大學〉은 ① 明明德: 밝은 인간 본성의 탐색과 구현, ② 親民新民: 사

---

101) 인간의 삶이 접히고 펼쳐지는 세 가지 지평, 즉 개별지평-세계지평-존재지평에 대해서는 5장의 전문교육-교양교육-종교교육 삼층구조를 논할 때 좀 더 깊이 살펴볼 것이다.

람들을 사랑하고 새롭게 함, ③ 止於至善: 지극히 선한 경지에 머묾, ④ 格物致知: 사물의 이치를 구명하여 현묘한 앎에 이름, ⑤ 誠意正心: 정성스러운 뜻과 올바른 마음을 가짐, ⑥ 修身齊家治國平天下: 바른 몸가짐으로 집안과 나라를 돌보고 나아가 세상을 보살핌의 여섯 가지 내용을 담고 있다. 〈大學〉이 내용의 항목 수는 많지만, 〈小學〉이 훨씬 더 부피가 크고 실천적인 세세함을 담고 있다. 이 양자의 대조를 통해 우리가 알 수 있는 것은 기초교육으로서 소학교육과 그 이후 대학교육이 연장선상에 놓여 있으면서도, 소학교육에 비해 대학교육이 훨씬 더 본질적이고 초월적이며, 통합적이고 지도적인 성격의 교육이라는 사실이다. 여기서 '본질적'이라 함은 현상 이면의 원리를 더 깊이 천착한다는 뜻이다. '초월적'이라 함은 학습자가 처한 구체적이고 실제적인 시공과 관계를 넘어서서 더 멀리 더 크게 본다는 뜻이다. 그리고 '통합적'이라 함은 여기저기서 배우는 것들을 낱낱이 흩어진 상태가 아닌, 체계와 구조 속에서 깊이 이해한다는 뜻이다. 끝으로 '지도적'이라 함은 자신의 수양에 머물지 않고 이웃에게 배움과 가르침을 나누며 세상을 이끈다는 뜻이다. 〈大學〉에는 결코 고리타분하거나 케케묵은 것이라 여길 수 없는 광대하고 심오한 지식, 기술, 가치의 문제들이 고스란히 다 담겨 있다. 그런데도 오늘날 우리 대학인들 가운데 〈大學〉을 온전히 읽고 대학의 정신과 원리를 유념하는 사람이 얼마나 있는가? 〈大學〉을 접할 때마다 나는 입시와 취업에 편향된 오늘 우리 "교육"의 병고에 상심한다. 그래서 나는 교육의 본질을 '더 나은 인간 형성의 존재론적 지향'이라 규정하면서 더 큰 사람들의 더 큰 공부를 염원한다.

이름, 개념, 범주인 분별적 '존재자'名와 달리 '존재'道는 분별이 없는 일체무애─切無碍 무변광대無邊廣大의 것이다. 존재는 '있는 그대로'as it is이며 '스스로 그러한'自然, 인간 대자 밖의 즉자이다. 나는 이 즉자가 불가의 자재自在와 다르지 않은 것이라 본다. 우리 인간은 **그냥 있는 즉자**soi, itself 존재들을 인간의 방식과 방편으로 분별하고 길들여서 **존재자로 대하며**pour soi, for itself 살아갈 뿐이다. 1장에서 논했듯이 홍길동은 '학생'일 수도 있고 '청소년'일 수도 있다. '범생이'일 수도 있고 '못난이'일 수도 있다. 그러나 그 이전에 '홍길동' 자체가 그냥 존재가 아닌, 무수한 이미지가 덕지덕지 들러붙은 '사람'과 '이름'의 존재자이다. 문화적 존재 혹은 세계-내-존재로서 우리 인간은 '존재 그 자체'에 다가가기가 어렵다.[102] 판단을 중지할 수가 없기 때문이다. 그럼에도 불구하고 우리는 최대한 판단을 중지하고 사람, 사물, 사태를 '있는 그대로' 대하도록 힘써야 한다.[103] 그래야만 선입견, 편견, 고정관념에서 자유로울 수 있기 때문이다. 그래야만 존재를 온전하게 이해할 수 있으며, 내가 당연시하는 존재자에게서 새로운 면모들을 '발견'할 수도 있기 때문이다.[104]

---

102) 여기서 '있는 그대로' '자연' '도' '즉자' '자재' '존재' 등으로 표현되고 있는 것이 바로 내가 (조용환, 1999, 2004a, 2012b, 2020) 해오고 있는 질적 연구의 '질(質)'이다. 질적 태도가 무엇이며, 문(화)적 존재인 인간에게 질이 얼마나 혼란스러울 수 있는 것인지에 대해서는 사르트르의 〈구토〉(1938)와 〈존재와 무〉(1943)를 참조하기 바란다.

103) 〈大學〉은 우리가 무엇이든 새롭게 배우기 위해서 해야 할 학업의 과정을 '知止而后有定, 定而后能靜, 靜而后能安, 安而后能慮, 慮而后能得'이라 설명하고 있다. '知得'에서 가장 먼저 해야 할 일이 바로 '止'이다. 판단을 멈춤, 선입견을 내려놓음, 고정관념에서 벗어남이다.

104) 발견은 한자어로 '펼칠 發' '볼 見', 즉 펼침으로써 볼 수 있게 됨을 의미한다. 그리고 영어로는 'discover', 즉 뚜껑을 열어서 속이 드러남 또는 속을 드러냄을 의미한다. 하이데거(Heidegger, 1927)는 '세인(世人 das Mann)'인 우리에게 존재는 망각되거나 은폐되어 있거나 왜곡되어 있기 십상이라고 하였다. 그러므로 최대한 '있는 그대로'의 사람, 사물, 사태에 다가가 한껏 '열어 밝힘'으로써 그 존재를 이해할 수 있게 된다고 하였다.

학생들은 교사가 보는 대로, 기대하는 대로 달라질 수 있다. 피그말리온Pygmalion 효과이다. 물론 교사를 계속 실망시키는 학생에게 애써 긍정적인 기대를 가지기는 쉽지 않다. 그러나 타인의 '어찌할 수 없음'을 오히려 전제하고, 일종의 하한선 혹은 배수진을 가지고 그를 최대한 '있는 그대로' 이해하다 보면 의외로 기회가 생길 수 있다. 실상 우리 모두는 사람, 사물, 사태를 결코 '있는 그대로' 보거나 대하지 않는다. 아니, 그럴 수가 없다. 그럼에도 불구하고, 인식론이 아닌 **존재론에 충실한 인간**은 무엇보다 먼저 사람에 대해서, 사물에 대해서, 사태에 대해서 자신 속에 있는 선입견, 편견, 고정관념들을 힘써 내려놓고 되살피고자 한다. 자신의 이해와 판단을 해체deconstruction하여 더 좋게 재구성reconstruction하고자 한다. 전前이해에 머물지 않고 더 나은 새 이해를 부단히 모색하고자 한다. 이것이 가다머Gadamer, 1960가 중시하는 '해석학적 순환'이다. 모든 교육은 바로 이 해석학적 순환의 과정이며 해체-재구성의 과정이다.

자, 그렇다면 우리 현실태 학교에서 교사가 학생들과, 학부모가 자녀들과 이런 존재론적 교육의 과정에 충실하고 있는가? 내 학생, 내 자녀의 어떤 점을 지나치게 주목하여 다른 존재적 특성들을 무시하거나, 경시하거나, 도외시하고 있지는 않은가? 특히 시험과 취업에 절박한 지식과 기술에 치중하여 내 학생, 내 자녀의 다른 숱한 가능성들을 관심의 초점지대 밖으로 밀어내고 있지는 않은가? 데리다Derrida, 1967는 우리 삶이 어떤 무엇을 주목하여 전경에 부각할 때 다른 무엇들이 배경으로 후퇴하여 관심에서 벗어나는 현상을 '차연差延, différance'이라 개념화하였다. 차연은 어떤 '차이'에 집중할 때 다른 차이들이 '연기'된다는, 차이와 연기를 합성한 말이다. 이 전경-배경의 교차는 게슈탈트_Gestalt_의 원리이기도 하다. 우리에게 친숙한 아래 두 그림을 보기로 하자.

〈그림 9〉 전경과 배경: 잔과 얼굴

〈그림 10〉 전경과 배경: 아가씨와 할머니

위 〈그림 9〉에서 우리는 흰 잔을 주목하는 순간 마주한 검은 두 얼굴을 못 보게 되고, 검은 두 얼굴을 주목하는 순간 흰 잔을 못 보게 된다. 〈그림 10〉에서도 마찬가지다. 큰 코 할머니를 주시하는 순간 작은 얼굴 아가씨를 못 보게 되고, 작은 얼굴 아가씨를 주시하는 순간 큰 코 할머니를 못 보게 된다. 이처럼 인간의 지각은 주목하는 전경과 지나치는 배경의 교차 속에서 부단히 달리 구성된다. 아니, 구성되고 해체되고 재구성된다. 우리 가정과 학교의 숱한 학생-청소년들에게 성적 위주의 범주화, 등급화, 서열화가 만연해 있다. 그 주목으로 인해서 우리는 무엇을 놓치게 되는가? 흔히 말하는 '문제학생'들에게는 또 다른 낙인들이 찍히고 교사에서 교사로 인수인계까지 된다. 그 낙인으로 인해서 우리는 무엇을 놓치게 되는가?

그런데 이런 차연과 낙인 그 자체에서도 멀어져 있는 학생-청소년이 있다. 그야말로 '눈에 띄지 않는' 아무 '존재감이 없는 자'들이다. 학급에 출석하여 수업시간에 **함께 '있음'에도**, 그가 와 있는지 없는지 교사와 급우들이 모르는 학생이다. 주목을 받고 챙김을 받는 급우들 사이에서 아무런 주목도 챙김도 받지 못해 배제되고 소외되는 학생이다. 그러다 보니 애써 관심을 끌고자 무리를 하다가 되려 비난을 받는 '관종관심종자'이 나타난다. 능력주의 대량교육 시스템에 크고 작은 저항을 하다가 결국 '일탈자'로 낙인이 찍히는 학생도 나타나게 된다. 이러한 현실들을 우리는 어떻게 이해하고 어떻게 개선해야 하는가? 내 답의 하나는 '실존의 회복'이다.

2. 생존 vs 실존

너나 할 것 없이 시시각각 실존현존하고 있으면서도[105] 우리는 '실존'이라는 말을 어렵게 혹은 부담스럽게 여기는 것 같다. 그러나 쉽게 힘들이지 않고 말해서 실존은 의미 있는 삶, 의미를 추구하는 삶, 의미를 함께 나누는 삶이다. 우리의 삶은 현실세계 속에서 **직접적으로 간접적으로 체험하는 것들의 의미를 구성하는 과정이며 그 산물**이다. 의미는 선험적으로 주어지는 인식 또는 지식이 아니라, 일정한 생활세계에서의 체험을 통해 의미 주체들이 부단히 구성하는 것이다Deleuze, 1969. 찾고, 만들고, 짓고, 허물고, 다시 짓고 하는 것이다. 의미는 대상에 붙박여 있는 것이 아니며, 개별 주체의 의식이 아무렇게나흔히 말하는 "주관적으로" 구성할 수 있는 것도 아니다. 현상학에서 말하듯이 대상Noema과 의식Noesis 사이의 부단한 상관작용을 통해서 비로소 의미가 구성되기 때문이다. 오그덴과 리차즈Ogden & Richards, 1923는 〈의미의 의미 *The Meaning of Meaning*〉에서 의미가 단순히 개념적 '정의definition'나 언어적 '표현presentation'의 문제가 아닌, 삶 그 자체의 문제라고 하였다. 의미는 지각, 정서, 상황, 관계, 실천, 기능 등등 삶의 모든 측면과 두루 밀접하게 관련되어 있다. 의미는 개인 주관의 것인 동시에 사회와 문화의 것이다. 핸슨Hanson, 1975은 의미화 주체 각자가 사람, 사물, 사태를 이해하고 실천하는 방식을 '개인적personal' 차원의 의미라고 하였다. 그와 달리 한 문화 속에 집단적

---

105) 내가 여기서 '실존'이라는 말에 '현존(現存)'을 괄호로 덧붙인 까닭은 조광제(2013)가 사르트르의 실존철학을 해설하면서 'existence'의 적절한 번역어가 '실존'이 아닌 '현존'이라고 한 주장에 어느 정도 동의하기 때문이다.

으로 전제되어 있거나 공유되어 있는 의미를 '제도적institutional' 차원의 의미라 하였다.

지금 우리가 논하고 있는 실존으로서 '의미'는 생존적 '기능'과 대조되는 것이다. 친구의 '쓸모'가 곧 친구의 '다움'이 아니듯이, 삶에 연관된 기능들이 곧 삶의 의미는 아니다. 실존의 삶은 적자생존을 위해 자신과 타인 모두를 도구화하고 대상화하고 객체화하는 삶이 결코 아니다. 실존주의 심리학자 프랭클Frankl, 1983은 포스트모던 사회 청소년의 고통과 그 뿌리를 아래와 같이 진단한다.

> 요즘 젊은 세대 사이에 널리 퍼져 있는 집단적 신경 증후군, 즉 우울증, 공격성, 약물중독 등이 로고테라피[logotherapy: 실존주의 심리치료]에서 말하는 **실존적 공허감, 즉 허무하고 무의미하다는 생각에서 나왔다**는 사실을 경험적으로 뒷받침해 주는 증거들이 무수하게 많이 있다.2005: 225. 강조는 나의 것

> 실직 상태에 있는 사람[청년]들은 일자리를 잃게 된 것을 자신이 쓸모없는 인간이 되었다는 것과 동일시하고, **쓸모없게 되었다는 것을 무의미한 삶을 살게 되었다는 것과 동일시하는 경향이 있다.**같은 책: 224, 강조는 나의 것

이는 우리 사회, 우리 교육에 대한 나의 상심과 맞닿아 있다. 우리 사회, 우리 교육은 의미와 기능을 혼동하고 있지 않은가? '쓸모'를

지나치게 중시하여 '다움'본질을 경시하고 있지 않은가? 그렇다면, 도대체 의미는 무엇이고 다움은 무엇인가? 먼저 의미에 대한 프랭클의 이야기를 다시 들어보자.

사람이 삶의 의미에 도달하는 데에는 세 가지 길이 있다. 첫째는 **일**을 하거나 어떤 행위를 하는 것을 통해서이다. 둘째는 어떤 것을 깊이 체험하거나 어떤 사람을 깊이 만나는 **사랑**을 통해서이다. 그리고 셋째는 자기 힘으로 바꿀 수 없는 운명에 처한 절망적인 상황에 놓였을 때조차 자기 자신을 극복하고 초월하는 **힘**을 통해서이다.같은 책: 230-231, 강조는 나의 것

그가 말하는 실존적인 삶의 길은 일과 사랑과 힘, 세 가지다. 내가 1장에서 이미 지적했듯이 일work은 곧 직업occupation이 아니다. 우리는 직업이 없거나 실직을 할 수 있다. 하지만 그것이 바로 아무 일 없이 빈둥대는 삶을 뜻하지는 않는다. 그리고 아렌트Arendt, 1958가 강조했듯이 행위로서 일은 '노동'이 아니다. 일은 자연 속에서 자연을 활용하여 인간이 자신의 존재를 기획하고 구성하며 평가하는 의미화의 과정이자 그 산물이다. 그 점에서 우리 인간은 누구나 항상 이미 일을 하고 있고, 더 좋은 일을 더 잘하고자 힘쓰며 살게 되어 있다. 마르크스Marx, 1862는 자본주의 사회에서 특히 산업혁명 이후 사회에서 우리 인간이 일을 노동과 자본에 빼앗겼다고 통탄하였다. 일리치Illich, 1981는 비자본 영역의 노동조차도 화폐경제, 시장경제에 모조리 잠식당했다고 통탄하였다. 물론 이 시대 우리는 화폐와 시

장을 떠나서 살 수 없다. 하지만 우리의 모든 삶이 노동과 자본, 화폐와 시장에 식민화되어서는 곤란하다. 축구 선수 손흥민은 축구가 너무 좋다고 했다. 그래서 잘하는 것이다. 그처럼 나도 나의 일과 체험과 만남들을 열정을 가지고 사랑하고자 한다. 절망적인 상황에 처했을 때조차도 나 자신을 잃지 않고 나 스스로 더 나은 나를 부단히 만들고자 노력한다. 자, 그렇다면 지금 우리 사회와 교육에서는 이러한 일과 사랑과 힘이 과연 어떤 모습으로 존재하는가? 우리 가정의 부모와 자녀들, 우리 학교의 교사와 학생들은 과연 실존에 충실한 삶을 살고 있는가?

하이데거Heidegger, 1927는 자신의 현상학적 존재론을 '실존론적 존재론'이라 규정하였다. 현존재인 인간 주체를 중심으로 존재 문제를 다루었다는 비판을 받기도 하지만이진경, 2011; Merleau-Ponty, 1964, 이전의 키엘케고르Kierkegaard, 1848 니체Nietzsche, 1878와 이후의 사르트르Sartre, 1943로 연결되는 보다 정교한 실존주의 철학의 정립에 탄탄한 징검다리를 제공한 것에는 틀림이 없다. 나는 실존의 문제를 다음과 같이 네 가지로 이해한다.

첫째로, 실존은 자유로운 삶이다. 이미 여러 차례 언급했듯이 자유는 우리 인간 특유의 본질이다.[106) 자유自由는 말 그대로 '스스로 말미암는' 것, 나의 모든 판단과 선택과 참여와 책임이 나에게서 생기生起하는 것이다. 인간은 환경조차 상황으로 정의하여 초월적으로 대처하는 '상황적 존재'이다. 후설Husserl, 1936은 초월을 인간 의식의

---

106) 조광제(2013)는 사르트르 실존철학의 기본 명제를 '인간은 자유를 선고받았다'고 한 그의 선언에서 찾는다. 사르트르(Sartre, 1946)는 〈실존주의는 휴머니즘이다〉에서 "당신은 자유요, 선택하시오, 창조하시오."(1975: 39)라고 외쳤다.

본질이라 하였다. 그를 비롯한 현상학자들은 인간이 스스로 또는 외압에 굴복하여 자유를 잃게 되는 현상을 '전락顚落' 또는 '퇴락頹落'이라 하였다. 니체Nietzsche, 1885는 사람을 세 부류로 나눈다. 첫째 부류는 가장 흔한 '보통사람'이다. 이들은 낙타처럼 순응하거나 사자처럼 욕망하면서 사는 하이데거의 '세인世人'과 같은 존재들이다. 이들을 질타할 때 니체는 '천민' '소인배' 등의 용어를 쓰기도 한다. 이들 중에는 강자도 있고 약자도 있다. 그러나 알고 보면 모두가 '노예'들이다. 신의 노예, 권력의 노예, 자본의 노예, 노동의 노예, 자신의 노예이다. 둘째 부류는 '지체 높은 사람'이다. 이들은 "인간적 가치들을 경멸해서 세속으로부터 탈출했고 차라투스트라를 만나 구원을 꿈꾸는 자들이다."고병권, 2003: 314 이들은 자신의 삶을 스스로 '만들고자 하는 힘의 의지'를 가지고 노예가 아닌 주인이 되고자 노력하는 사람들이다. "묵묵히 자신의 정념들의 주인이 되어 충만하고 자유로운 자아를 즐길 줄 아는 인간"박찬국, 2013: 73이다.[107] 니체는 이들을 상찬하여 '고귀한 자' 또는 '귀족'이라 부르기도 한다. 셋째 부류는 우리가 흔히 '초인超人'으로 오역해 온 '위버멘쉬 Übermensch'다. "위버멘쉬라는 말은 그 자체로 '인간을 넘어섬' 혹은 '인간의 죽음'을 의미한다."고병권, 2003: 329 이들은 '인간'으로는 죽고서 다시 태

---

107) 이 둘째 부류의 사람을 좀 더 부연하자면, 박찬국(2013)이 말하는 "적절한 지배력을 소유하고 있어서 내적으로 평온하고 자신에 대해서 긍지를 갖고 있는 자이다. 그는 이렇게 자신에 대해서 긍지를 갖고 있기에 구태여 외부에 자신을 그럴듯하게 포장하면서 타인들을 압도하려고 할 필요를 느끼지 않는다. 그는 자신의 충동을 지배할 수 있는 힘이 있기에 매사에 유연하고 여유 있게 행동한다. 그는 보통사람들이 공포를 느낄 수 있는 상황에서도 공포감에 대한 지배력을 소유하고 있기 때문에 유머와 재치를 잃지 않는다. 그는 어떠한 상황에서도 모든 것에 자신을 열고 그 모든 것을 자신의 성장에 필요한 방식으로 적절하게 수용한다. 이러한 사람은 이미 충만한 힘을 가지고 있기에 자신의 넘치는 힘을 타인들에게 나누어 준다. 그러나 그 경우 그는 준다는 의식도 없이 자신의 힘을 나누어 준다."(73)

어난 '새로운 인간'들이다. 보통사람들은 상상하기조차 힘든 경지에 오른 '인간 아닌 인간'이다. 니체는 이들을 극찬하여 '영웅'이라 부르기도 한다. 물론 이 책에서 내가 말하고 지향하는 실존이 '귀족'이나 '영웅'의 삶은 아니다. 전락하지 않고 퇴락하지 않으면서 자신과 세계의 자유를 지키고자 힘쓰는 삶이라면 실존에 충실한 삶이라 할 것이다. 자신의 삶을 스스로 '만들고자 하는 힘의 의지'를 가지고 노예가 아닌 주인이 되고자 노력하는 사람이면 충분하다.

둘째로, 실존은 공존상생의 삶이다. 실존exist은 말 그대로 '밖으로 펼쳐 존재함', 즉 탈자脫自이다. 이는 '안으로 닫혀 존재함', 즉 자폐自閉 insist와 대비된다. 실존은 소인의 삶이 아닌 대인의 삶이다. 실존적 인간은 자신의 존재와 자신의 삶을 타자 속에서 교차하며 해석하고 실천한다. 프랭클Frankl, 1983은 "진정한 삶의 의미는 인간의 내면이나 그의 정신에서 찾을 것이 아니라 이 **세상에서 찾아야** 한다. 이런 구조적 특성을 나는 '인간 존재의 자기 초월'이라고 이름 지었다. 이 말은 자기 자신이 아닌 그 어떤 것, 혹은 그 어떤 사람을 지향하거나 그쪽으로 주의를 돌린다는 것을 의미한다."2005: 183, 강조는 나의 것고 하였다. 메를로-퐁티Merleau-Ponty, 1945가 역설했듯이 내 몸은 항상 이미 세계의 것이며, 세계는 항상 이미 나의 것이기 때문이다. 혹은 〈보이는 것과 보이지 않는 것〉Merleau-Ponty, 1964에서 말했듯이 내 '몸'은 그것을 둘러싸고 있는 '살' 속에서 구성되는 것이며, 그 몸과 살의 부단한 교차 속에서 비로소 의미화하는 것이기 때문이다. 조광제2016는 이를 '자기가 아닌 것들'과 부단히 대조함으로써 '역설적인 자기'를 구성한다고 하였다. 내가 말하는 교육의 방법적 본질인 '변증법적 대화의 과정'과 상통하는 대목이다.

셋째로, 실존은 구체적인 '지금-여기'의 삶이다. 앞에서 언급한 바 있듯이, 지금 우리 사회의 많은 학생-청소년들이 미래의 진학과 취업을 준비하느라 '지금-여기'의 삶을 방기하거나 포기하고 있다. 물론 장차의 행복을 위해서 현존의 불행을 감내하는 것이 다 나쁜 것은 아니다. 어떤 생명체, 어떤 고등 동물보다 깊고 긴 시간의식을 가진 인간이기에, 우리는 굳이 누가 시키지 않아도 과거와 미래를 연관하며 현재를 살아가기 마련이다. 하지만 지나치게 과거에서 벗어나지 못하거나 지나치게 미래에 얽매여서는 실존현존의 삶을 살 수가 없다. 아무래도 과거와 미래는 구체적이기보다 추상적일 수밖에 없다. 그러나 '지금-여기'의 실존은 "막연하고 추상적인 것이 아니라 현실적이고 구체적인 것이다."Frankl, 1983/2005: 138 그리고 사르트르Sartre, 1943가 말했듯이 "추상된 여러 요소의 집계 또는 편성에 의해서는 구체적인 것을 회복할 수 없다."2009: 48 실존은 낱낱으로 쪼개어 분석하지 않고 온통 뭉뚱그려 직관하며 사는 삶이다. 반마넌van Manen, 1990은 신체, 시간, 공간, 관계를 실존의 네 가지 구성 요소라 하였다. 그렇다, 나의 실존을 검토하여 개선하기 위해서는 무엇보다도 내 몸, 내 '몸틀'을 먼저 통찰해야 한다. 그것이 어떤 시간과 공간과 관계 속에서 구체적으로 존재하는지를 살펴보고 들여다보아야 한다. 그런데 우리의 교육, 특히 학교교육은 이러한 실존적인 몸을 얼마나 귀하게 여기는가? 교사와 학생들의 시간, 공간, 관계를 얼마나 깊이 이해하고 교육적으로 보살피고 있는가?

넷째로, 실존은 생존을 성찰하고 초월하는 삶이다. 모든 생명체에 생존보다 더 중요한 것은 없다. 살아야 하고, 살아남아야 한다. 생식과 번식을 통해 종을 보존해야 한다. 인간도 예외가 아니다. 먹이 활동이 그렇고 대물림이 그렇다. 그런데 생존의 문제에서 우리가 흔히 간과하는 것이 있다. 어떤 생명체에게도 생존이 각 개체 독자의 문제가 아니라는 사실이다. 무리 생활을 하지 않더라도 모든 생명체는 자기 종족 내부는 물론이요 외부 환경체들과 부단히 상호작용을 하면서 살아가게 되어 있다. 이 상호작용은 협력일 수도 있고, 갈등과 투쟁일 수도 있다. 그런데 이 과정에서 인간보다 더 대규모로, 더 계획적으로, 더 철저하게 동족을 서로 죽이는 종은 생태계에 없다.[108] 최고의 생명체로서 인간에게 천적은 없다. 다만 인간 유일의 천적인 인간 자신이 있을 뿐이다. 인간은 적자생존 과정에서 수동적인 자연선택natural selection과 더불어 능동적인 문화선택cultural selection을 하는 유일한 종이다. 이 대목에서 우리는 인간의 생존이 다른 생명체의 그것과 달리 성찰적이어야 하고 초월적이어야 하는 숙명을 만난다. 인간은 죽음을 미리 내다보며 삶을 보살필 수 있고, 때로는 죽음을 스스로 결단하기도 하는 유일한 존재자이다. 교육은 인간의 생존과 실존에 필수적인 삶의 형식이다. 그런데 작금의 우리 사회와 우리 교육이 지나치게 생존 담론에 편향되어 실존 담론을 등한시하고 있지 않은가 나는 우려한다.[109] 자본주의로 생태계를 구조화하고 날 선 무한경쟁의 적자생존 담론을 서로 부추기는 세상, 그곳으로 교육이 내몰리고 있지 않은가 나는 상심한다.

---

108) 동족상잔이라는 인간의 숙명을 '카인과 아벨의 후예'로 설명하는 사람들도 있다. 예컨대 황순원의 소설 〈카인의 후예〉에서 우리는 동족상잔의 비극을 볼 수 있다.

109) 등한시(等閑視)는 말 그대로 '한가한 놀음으로 보아 대수롭지 않게 여김'을 뜻한다. 우리는 '목구멍이 포도청'이라거나 '당장 끼니 걱정인데'라는 말을 일상으로 접한다. 실존이 과연 그렇게 '한가한 놀음'일까?

실존의 문제에 대한 이러한 입장을 통해서 나는 교육이 지향해야 할 인간의 상을 정립한다. 교육적 인간이 살아야 할 삶의 모습을 설정한다. 물론 이러한 상은 이념형의 것이어서 현실태에서 찾아보기가 쉽지 않고 실천하기가 어렵다. 그러나 '사람은 자신을 스스로 만드는 것'이라는 실존의 명제만큼은 어떤 현실태에서도 시시각각 놓아서는 안 되는 것이라고 나는 믿는다. 자신을 스스로 만들되 다른 사람의 조언과 조력을 받으면서, 그리고 다른 사람의 '스스로 만들기'에 조언과 조력을 주면서 그리하는, 그것이 교육적인 학습과 교수의 태도이다.

교육 사태에서 우리는 왜 배우며 왜 가르치는가를 근원적으로 부단히 묻고 답할 필요가 있다. 그리고 그 문답의 방식 자체를 유심히 성찰할 필요가 있다. 우리 사회의 대다수 학생들은 '왜 이것을 배우느냐'를, '이것을 배워서 어디에 써먹느냐'로 묻고 답한다조용환, 2009. 학습의 사용가치, 교환가치, 상징가치를 경쟁적 생존 차원에서 문답하는 것이다. 교육의 본질은 외면한 채, 그 실존적 의미는 도외시한 채 교육의 도구적 기능만을 집요하게 물고 늘어지는 것이다. 그렇다면 '왜 교육을 하는가'에 대해서 우리 부모와 교사들은 과연 어떻게 묻고 답하는가? 그 자녀나 학생과 꼭 같이 생존 차원의 도구적 문답에서 한 치도 벗어나지 못하고 있는 것은 아닐까? 아니, 오히려 고뇌하는 자녀와 학생들에게 그런 비교육적인 "교육"을 주입하고 강요하고 있지는 않은가?

진정한 교육에는 이유가 없다. 배워야 하기 때문에 배우고, 가르쳐야 하기 때문에 가르치는 것이다. 인간은 항상 이미 가르치고 배우도록 타고난 존재이다. 교육은 인간의 삶에 선택이 아닌 필수이다. 당장의 쓸모만을 생각한다면 바람의 이치, 새와 꽃의 생태, 언어의 원리, 가난과 불평등의 구조, 수리의 오묘함, 역사와 문화의 역동, 철학적 사유의 치밀함을 애써 가르치고 배워야 할 이유는 없다. 그러지 않아도 먹고 살 수는 있다. 그렇다면 왜 굳이 그것들을 가르치고 배우는가? 나 자신과 나를 둘러싼 모든 존재들을, 흔히 말하는 세상을 더 깊이 이해하기 위해서 가르치고 배울 따름이다. 가르치고 배워야 인간이 될 수 있고, 함께 어울려 더 잘 살 수 있기 때문이다. 교육의 가치는 결코 생존 경쟁에 있지 않고, 교육의 본질은 결코 그 도구적 기능에 있지 않다.

3. 교육의 지향

교육은 나중에 잘 써먹기 위해서 지금은 불행하더라도 무조건 참고 해내야 하는·일이 아니다. 공부가 다분히 고통을 수반하는 일이기에, 공부 속에서 맛보는 지금-여기 **'깨달음과 익힘의 기쁨과 보람'**이 없다면 참고 지속하기 어려운 일이기도 하다. 우리는 흔히 어두운 과거를 청산하고 밝은 미래를 향하는 일이 교육이라고 오해한다. 그러나 인간의 실존에서 과거와 미래는 결코 현재와 분리될 수 없다. 과거와 미래는 항상 '지금-여기'에 있다. 그것이 인간의 지향적인 시간이다. 그럼에도 불구하고 우리의 학교, 우리의 교육은 좋은 대학에 가고 좋은 직업을 얻기 위한 '미래 지향'의 볼모가 되어 왔다. 그 결과 우리 사회에는 현재가 불행한 학생들이 너무나 많다. 교육의 본질에 부합하는 교육을 위해서는 학생들의 삶이 시시각각

의미가 있도록, 지금 바로 여기서 행복하도록 보살펴야 한다.

교육적인 삶은 지향적인 삶이다. 지향志向 intention은 마음의 방향이다. '마음이 향함'이며 '마음으로 향함'이다. 영어 'intention'은 어원상 'in안으로 inward'과 'tendere뻗음 stretch'의 합성어이다. 지향은 '내향 운동' 즉 '몸과 마음의 기울임'이다. 마음은 의식과 의지, 의미와 의의, 인식과 지식, 의도와 목적이다. 그래서 본능과 대립한다. 지향은 인간 실존의 본질인 자유와 상통한다. 마음으로서 지향은 몸과 대립하지 않는다. 메를로-퐁티Merleau-Ponty, 1945가 역설하듯이 우리의 몸은 항상 이미 '마음된 몸'이며, 우리의 마음은 항상 이미 '몸된 마음'이다. 일상에서 말하듯이 '몸 가는 곳에 마음 있고, 마음 가는 데로 몸이 간다.' 현상학은 마음과 몸, 그 하나됨이 만드는 '주관'을 중시한다.

한자어 '主觀'은 '내 몸이 봄'을 뜻한다. 그와 달리 '客觀'은 '나 밖의 손님이 봄'을 뜻한다. 인간은 각자가 자신의 몸에 터하여 자신의 눈으로 세상을 볼 수밖에 없다. 그럼에도 불구하고 근대 이후의 사회에서 객관주의, 실증주의, 과학주의 인간관이 만연하면서 우리는 '나'를 믿지 못하고 '남'을 더 믿는, 사람을 믿지 못하고 도구를 더 믿는 이상한 삶을 살고 있다. '주관적으로'가 부정의 뉘앙스를 가질 때, '객관적으로'는 긍정의 뉘앙스를 가진다. 주관식 시험과 평가는 믿지 못하고 객관식 시험과 평가를 더 믿는다. 나는 이 야릇한 불신을 극복하지 못하는 한 우리 교육에 희망이 없다고 믿는다. 현상학은 주관과 주관 사이의 '상호주관적 대화'를 통해서 세계가 구성된다고 본다. 실험, 측정, 평가의 도구들은 그 대화의 방편에 불과하다고 본다. 내가 해오고 있는 질적 연구는 현상학을 그 철학적 기초로 삼고 있다.

지향적인 삶은 과거, 현재, 미래가 선형적으로 분절되지 않는 삶이다. 과거와 미래가 현재 속에서 살아 움직이는 삶이다. 현상학적 지향intention에서 "현재는 언제나 과거의 총체를 연속적으로 뒤에 달고 미래에 일정하게 예상 참여하며 진행하는 것이다."류종열, 2013: 144 달리 말해 지향은 돌아봄retention과 내다봄protention이 지금-여기서 매 순간 응축되는 것이다. 교육은 시간의 뒤와 앞을 유념하되 그 한가운데에 집중하는 일이다. 교육의 시간은 곁이나 옆이 아닌, 위나 아래가 아닌 바로 그 안에 있다. 교육은 내 온몸의 삶을 시간과 공간과 관계를 관통하여 부단히 성찰하고 통찰하는 '메타적인 삶'삶을 대하는 삶을 지향한다. 그것이 교육의 현상학이다.

교육의 본질로서 지향은 '주어진 것'을 초월하여 부단히 '가능한 것'을 추구하는 태도이다. 무한하기에 항상 새로운 몸, 새로운 시간, 새로운 공간, 새로운 관계를 구성하고자 하는 자세이다. 나의 일거수일투족을 늘상 새롭게 의미화하는 삶이 지향적인 삶으로서 교육적인 삶이다. 그런 삶은 신비, 경탄, 외경, 상심, 호기심으로 끊임없이 깨어나고 거듭나는 삶이다. 망각되고 은폐되고 왜곡되어 있던 것들의 장막을 걷고discover 그 심연의 존재태 자체를 열어 밝히는 삶이다.

4장

교육: 변증법적 대화의 과정

삶의 형식으로서 교육은 독특한 방식의 '더불어 살이communal life'를 전제하며, 그 특유의 '더불어 소통communication' 방법을 전제한다. 그래서 아무리 좋은 목적과 내용이 있고 좋은 결과가 있다 하더라도, 그 무엇을 가르치고 배우는 **방법과 과정이 교육적이지 않다면** 그것을 '교육다운 교육' '교육의 본질에 충실한 교육'이라 할 수 없다. 그렇다면 교육 특유의 방식, 방법, 과정은 무엇인가? 교육적인 커뮤니케이션의 특성은 무엇인가? 차근차근 살펴보아야 하겠지만 주입이 아닌 문답, 선언이 아닌 실질, 설득이 아닌 대화, 말초가 아닌 근본을 지향하는 방식과 방법과 과정이 교육적인 것임에는 틀림이 없다.

방법상 교육은 '변증법적 대화의 과정'이다. 교육적 태도는 사람, 사물, 사태를 대할 때 그것이 아닌 다른 것대안 alternatives들을 함께 염려하고 고려함으로써 그 본질을 추구하는 비판적이며 변증법적인 태도이다. 그래야만 사람, 사물, 사태의 같음과 다름을 통찰할 수 있고, 같지도 다르지도 않음을 통찰할 수 있다. 대화는 전달이나 설득이 아니다. 해답을 가지고 상대방을 굴복시키는 설득과 달리, 대화에는 내내 새로운 문답이 이어질 뿐이다. 설득이 우열을 전제한 한 방향의 닫힌 주장인 반면에, 대화는 참여자 모두를 동등하게 존중하는 여러 방향의 열린 소통이다. 대화가 과정이듯이 교육도 과정이다. 교육에는 끝이 없고 종점이 없다. 다만 잠정적인 매듭이나 마무리가 있을 뿐이다.

교육의 이러한 방법적 본질을 궁구하기 위해서 나는 먼저 '변증법적'이라 함의 의미를 치밀하게 따져볼 것이다. 이어서 교육의 '대화적 성격'을 규명할 것이다. 그리고는 교육의 '과정성'을 깊이 들여다볼 것이다. 이러한 이념형적인 논의들을 우리 사회와 우리 교

육의 현실태 속에서 구체적인 문제, 쟁점, 사례들을 검토하는 작업
과 병행해 나갈 것이다.

교육의 변증성

무엇을 사유할 때 관련된 다른 무엇들까지 두루 깊이 사유함을 '숙고熟考 consideration'라 한다. 한 가지 방안이 주어질 때 다른 가능한 대안들까지 두루 검토하는 가운데 최선의 것을 찾아감을 우리는 '비판批判 critique'이라 한다.[110] 방법상 교육은 '비판적 숙고'를 전제한다. 배움에서도 그렇고 가르침에서도 그렇다. 교육은 같음과 다름의 부단한 '변증辨證 dialectic'을 통해서 무엇의 '참 무엇다움', 즉 본질을 찾아가는 과정이다. 현상학자들이 말하는 '자유변경을 통한 본질직관'이다. 변증법은 무엇'인 것'과 무엇 '아닌 것'의 부단한 대조와 대비 속에서 가장 무엇'다운 것'을 찾아간다. 그래서 'A:Ā=|A|'가 내가 생각하는 변증법의 기본 모형이다. 교육의 모든 지향적 '되기'는 부정과 해체를 통한 창조적 생성의 작업이다.

1. 변증법적인 교육

어느 학술 전문기자가 인류학자 레비-스트로스C. Levi-Strauss에게 그의 학문적 성취를 가능하게 한 가장 큰 에너지가 무엇인지 물은 적

---

110) 내가 말하는 대안은 한자어로 '對案'(**무엇에 대한** 다른 것)과 '代案'(**무엇을 대신할 수 있는** 다른 것)을 포함한다. 영어 'alternative'에서도 그 핵심은 '다름(alter 즉 other)'에 있다. 프랑스어에서는 나 아닌 다른 존재자인 타자 일반이 *autre*이며, 나와 다른 사람인 타인은 *autrui*이다.

이 있다고 한다김신일, 2009. 그 질문에 대한 레비-스트로스의 답변은 '프랑스 교육'이었다. 프랑스 교육의 어떤 점이 그러하냐는 이어지는 질문에 레비-스트로스는 '변증법적인 교육'을 들었다. 가정과 학교와 사회를 막론하고 레비-스트로스 자신이 체험한 프랑스 교육은 항상 변증법적인 방식이었다는 것이다. 하나의 주장, 입장, 사상, 사례가 제기될 때 반드시 그것과 다른 주장, 입장, 사상, 사례를 함께 비판적으로 검토하도록 요구했다는 것이다. 그러한 '방법적인 부정'의 과정을 통해서 양자의 모순과 대립 속에서 제삼의 비판적 대안을 찾도록 항상 권장했다는 것이다.[111] 자 그렇다면, 우리 한국의 교육은 어떤가?

프랑스 교육의 변증법적 접근은 고등학교 졸업 자격시험이자 대학교 입학 자격시험인 바칼로레아Bàccaláureate에서 여실히 볼 수 있다. 예를 들자면 동성결혼 합법화 문제를 다루면서 찬성하는 입장과 반대하는 입장을 두루 검토하게 하고 다른 대안이 있을 수 있는지를 묻는 식이다. 이런 방식의 시험은 평소 학교교육의 주요 정규 교과목인 '철학'에 닿아 있다. 그러니 프랑스 고등학교 학생들이 거리의 '철학 카페'에서 어른들과 나란히 변증법적 대화와 논쟁에 참여하는 것이 결코 이상하지 않다.[112] 그렇다면, 우리나라의 대학수학능력시험은 어떤가? 주관식 평가를 신뢰하지 못하는 사회 분위기 속

---

111) 니체는 힘의 균형을 나타내는 '차가운 사회'보다 "힘의 균형이 깨지면서 동요하고 새로운 균형을 찾으려고 투쟁하는"(Safranski, 2000/2018: 375) '뜨거운 사회'를 상찬했다.

112) 2013년 봄 5부작으로 방영된 KBS 기획 다큐 〈공부하는 인간〉의 프랑스 편에 이와 관련된 장면들이 소개되어 있다. 이 방송 프로그램의 원고는 〈공부하는 인간: 호모 아카데미쿠스〉(KBS 공부하는 인간 제작팀, 2013)라는 책으로도 정리 출판되어 있다.

에서, 객관식 선다형으로 오답을 배제하고 정답을 골라내는 능력만을 집중적으로 측정 평가하고 있지는 않은가?

우리나라 교실의 수업, 우리나라 부모의 자녀교육은 어떠한가? 변증법적인 접근이 권장되고 일상화되어 있는가? 내가 보기에는 썩 그런 것 같지 않다. 변증법적인 교육은 어떤 지식, 기술, 가치이든 간에 주어지는 대로 덥석 받아들이지 않고 반론과 반증 속에서 예외와 대항사례를 함께 치밀하게 검토할 것을 요구한다. 그러기 위해서는 교수자로서 부모와 교사 자신이 먼저 변증법적인 문제의식과 사고방식을 가져야 한다. 자신의 삶이 그렇지 않으면서 자녀와 학생들에게 변증법적이기를 기대할 수는 없기 때문이다.

아래 李箱의 시 〈각혈의 아침〉을 살펴보자. 거리와 사람의 크기가 해체되어 있다. 나와 타인의 관계가 변증되어 있다. '아니'로 이어지는 부정을 통해서 시인은 세상의 존재자들을 예사롭게 보지 않는다. 길레일과 방향을 달리하면 어디로든 새롭게 다시 갈 수 있기 때문이다. 정상적인 호흡의 아침이 아닌, 각혈의 아침이 갖는 불온성이 진경, 2011 덕분이다.

먼 사람이 그대로 커다랗다 아니 가까운 사람이
그대로 자그마하다 아니 어느 쪽도 아니다 나는
그 누구와도 알지 못하니 말이다 아니 그들의 어
느 하나도 나를 알지 못하니 말이다 아니 그 어느
쪽도 아니다 레일을 타면 전차는 어디라도 갈 수 있다

- 제2연

이러한 시적 상상력은 변증법적 상상력과 닿아 있다. 내 눈앞의, 내 손안의 무엇'**임**'이나 어떠'**함**'을 초월하여 '보이지 않는 것' '볼 수 없는 것'까지 포획하는 '**됨**'의 변증법적 상상력을 요구한다. 무엇이 그 무엇이 아닐 수도 있음을, 무엇이 그러하지 않을 수도 있음을 해체와 부정으로 상상해야 한다. 이경혜2004의 소설 〈어느 날 내가 죽었습니다〉의 아래 부분을 살펴보자. 여기서 등장인물인 중학생 재준이는 일기 속에서 자신이 살아 있지 않고 죽었다고 생각하는 상상 실험을 한다.

죽은 사람의 심정이 되어 하루를 보내보았다. …중략… 일단 아침에 자리에서 깼을 때, 나는 이미 죽었어, 하고 생각했더니 눈앞에 펼쳐진 하루가 한없이 소중하게 여겨졌다. 그렇게 가기 싫던 학교도 당장 달려가 보고 싶었고, 아침부터 공부 열심히 해야 한다고 잔소리를 퍼붓는 아빠도 재미있게 여겨졌고, 새로 산 내 나이키 운동화를 몰래 신고 나가 진흙을 묻혀온 인준이도 용서할 수 있었다. 나는 이미 죽었는데, 죽은 사람에게 나이키 운동화쯤이야 하찮지, 하는 생각 때문이었다.97-98

그런데 실제로 이런 상상 실험을 해보는 학생-청소년이 있다면, '거꾸로 보기' '뒤집어 보기'를 통해서 그들의 힘들고 각박한 현실을 다른 각도에서 다르게 인식할 수도 있을 것이다. 시인 이성복은 "시를 쓰는 것은 철저히 대상의 입장에서 대상을 살피고, 대상의 입장에서 자기를 바라보는 거"이성복, 2015b: 101라고 했다. "글쓰기는 매

순간 다르게 살아보는 것"이성복, 2015a: 78이라고도 했다. 이처럼 문학은 자신의 틀에 박힌 사유와 삶에서 벗어나 우리로 하여금 실존적 '탈자脫自' 체험을 할 수 있도록 돕는다. 물론 시와 소설이 곧 교육일수 없고, 교육이 시와 소설일 수는 없다. 그러나 교육이 전제하는 '자기부정의 여유'를 문학이 제공할 수 있다.

자신의 학문 초발심初發心을 〈반시대적 고찰〉에 둔 니체Nietzsche, 1872는 19세기 당대 유럽을 "멀리서 새롭게 보는 법"Safranski, 2000/2018: 284을 배우고자 하였다. 그래서 애써 "회교도들과 함께 좋은 시간을 보내려고" 한다 했고, 저 먼 "멕시코의 고원을 동경"하기도 하였다같은 책: 284. 그렇게 함으로써 "유럽에 대한 내 판단과 안목이 날카로워질 것"같은 책: 284을 추구하였다. 마찬가지 태도로 니체는 '아이러니irony'를 교육의 방법으로 삼고자 했다. 그의 생각에 "아이러니컬한 사람은 무지한 체한다. 그는 자신과 이야기하고 있는 학생들이 착각할 정도로 무지한 체를 잘해서, 학생들은 자신들이 그보다 더 잘 알고 있다는 확고한 믿음 속에 과감해져 온갖 허점을 보이게 된다."Nietzsche, 1878/2001: 313고 하였다. 앞서 언급한 랑시에르Rancière, 1987의 〈무지한 스승〉을 생각나게 하는 대목이다.

지금부터는 이러한 부정의 변증법에 대해서 풀키에Foulquié, 1976의 책을 중심으로 조금 더 깊이 살펴보기로 하겠다. 너무 학술적이라 어렵게 여길 수도 있지만, 교육의 방법적 본질을 이해하는 데 꼭 필요한 것이어서 상술하고자 한다.

2. 변증법

변증辨證의 한자 '辨'에는 두 개의 '매울 신辛' 사이에 '칼 도刂'
가 들어 있다. 칼은 자르는 데 쓰이는 도구다. 언어 혹은 개념 차
원으로 말하자면 칼은 구별, 분별, 변별의 도구이다. 따라서 '辨證'
의 '辨'은 지극히 맵도록 치열하게 구별하고 그 구별의 타당성을
비판적으로 따지고 듦을 의미한다. 알다시피 구별differentiation은 차
이difference를 주목하여 드러내는 작위作爲이다.[113] 세상의 사람, 사물,
사태는 어느 둘도 같지 않다. 존재지평에는 무한히 서로 다름, 즉
무변광대한 차이들이 있다. 그 차이들은 애써 구별하지 않는 한 있
는 듯 없는 듯 그냥 존재할 뿐이다. 그와 달리 세계지평은 특정한
차이들을 주목하고 드러내어 개념화, 의미화, 범주화한 존재자들
의 독특한 문화적 질서를 구성하고 있다. 〈논어〉雍也 편의 '문질빈
빈文質彬彬'에서 자연적인 '바탕'으로서 질質은 무한한 차이들의 부단
한 역동 그 자체이다.[114] 그와 달리 인위적 '무늬'인 문文은 '더불어
살이'의 '더불어 소통'을 위한 특정한 차이들의 유한한 주목이며 규
정이다. 그리고 사람, 사물, 사태를 구별하고 나아가 그 구별에 가치
를 편향적으로 부여할 때 차별discrimination이 비롯된다. 이러한 맥락에
서 변증은 존재-존재자, 문질빈빈, 차이-차연 등과 밀접한 관련이

---

113) 즉자 존재 자체에는 아무런 차이가 없다. 그냥 그것들일 뿐이다. 그러나 즉자 존재를 인간 대
자가 어떤 관심을 가지고 주목하는 순간 존재자적인 차이가 생성되어 우리에게 다가온다. 데리다
(Derrida, 1967)는 어떤 차이를 주목하느라 다른 차이들이 주목받지 못하고 미루어지는 현상을 차연
(差延, différence)이라 하였다.

114) 질적 연구의 '질(質)'이 바로 이것이다(조용환, 2012b). 우리 인간은 '질'의 바탕에 무늬를 새기
는 과정, 즉 문화(文化)의 길을 걸어왔다.

있다. 요컨대 변증은 사람, 사물, 사태의 존재론적인 무엇 '임동일성, identity'과 '아님차이성, variety'을 따지는 논증의 방식 혹은 방법이다. 그래서 변증'법'이라 일컫는 것이다.

변증법의 내포와 외연은 일상적 용법과 학술적 용법에 따라서 다르고, 학술적 용법에서도 전통과 관심에 따라 다양한 갈래를 볼 수 있다. 시대에 따라서 변증법은 '엄밀한 논증'으로서 논리학과 동일시되기도 했고, '난삽한 설득'의 기법인 궤변술로 간주되기도 했다. 풀키에Foulquié, 1976는 자신의 저서 〈변증법의 이해〉에서 1부를 전통적 변증법, 2부를 새로운 변증법으로 나누어 다루고 있다. 그에게 전통적 변증법은 고대 그리스 시대부터 헤겔Hegel, 1770-1831 이전까지의 변증법이다. 이의 핵심은 하나의 사물 혹은 사상이 동시에 있으면서 없기도 하는 모순률을 소극적으로 혹은 부정적으로 다루는 데 있다. 반면에 새로운 변증법은 헤겔의 철학적 접근과 마르크스의 정치경제학적 접근에 이어서 과학적 접근으로 나아가는 변증법이다. 이의 핵심은 모순률을 적극적으로 혹은 긍정적으로 다루는 데 있다.

그렇다면 위와 같은 다양한 용법들을 꿰뚫는 '변증법'의 공통점은 무엇일까? 〈변증법의 이해〉 역자인 최정식과 임희근은 그 공통점이 '역동성dynamism'에 있다고 하였다. 어원상 'dynamic'은 힘, 에너지, 운동을 의미한다. 여기서 우리는 음양의 모순과 그 상관적 운동에 기초한 〈周易〉을 상기하지 않을 수 없다. 또한 이들은 "사유에 의해 발견된 내용의 논리적 내포를 그 극한점까지 밀고 나감으로써, 그리고 최초의 주장과 모순되는 것처럼 보이는 새로운 관점에 부단히 관심을 기울임으로써, 그 자체를 뛰어넘으려고 부단히 애쓰는 정신"Foulquié, 1976/1983: 7에 한하여 '변증법적'이라는 형용을 할 수 있다고 하였다같은 책을 이하 'F'로 표기함.

변증법 'dialectic'은 어원상 '*dia*through/between'와 '*legein*talk/logos'의 합성어이다. 알다시피 'logos'는 다의적으로 빛, 말쓺, 진리, 이성, 논리 등을 뜻한다. 풀키에는 자신의 저술을 변증법에 대한 아래의 어원적 접근으로 시작한다.

> 변증법이라는 말의 어원은 희랍어 '레고λέγω: lego'에서 나온 명사 '로고스λóγος: logos'로서 그 주된 뜻은 '말' 또는 '담론'과 '이성'이라는 두 가지이다. 변증법 'dialectique'이라는 말에도 이 두 가지 뜻이 들어 있다. 접두사 'dia'는 여기서 상호성 또는 교환의 뜻을 나타낸다. '디알레게인διαλέγειν: dialegein'은 말이나 논리를 교환하는 것, 대화나 토론을 나누는 것이다.F: 10

이러한 어원적 접근을 통해서 우리가 알 수 있는 것은 애초의 변증법이 논리적이고 합리적인 대화 또는 토론의 방식을 의미했다는 사실이다. 그러나 그리스 시대의 소피스트들은 자신의 이익에 부합하는 방향으로 주장을 입증하기 위해서 논리와 합리를 이용하는 데, 즉 궤변술에 능수능란하였다. 풀키에는 "소피스트와 마찬가지로 소크라테스도 상대편을 최초의 주장과는 정반대되는 주장으로 이끌고 가서 그들을 막다른 골목으로 몰아붙이는 데에 뛰어났다."F: 19고 하면서 '소크라테스적 변증법'을 소피스트의 그것과 크게 다르지 않다고 비판하였다. 그럼에도 불구하고 "소크라테스는 무엇보다도 용어의 의미를 명확히 하는 데에, 또 단어가 나타내는 사물의 성질을 규정하는 데에 유념"F: 19함으로써 '문질빈빈'의 전통을 수립한 인물에는 틀림이 없다.

풀키에에 따르면 "아리스토텔레스는 파르메니데스의 제자인 엘레아의 제논을 변증법의 창시자로 생각했다고 한다."F: 12 아리스토텔레스와 풀키에가 주목한 제논Zeno, c.B.C.500의 변증법이 "기본적으로 의거한 것은 모순율이다."F: 15 우리에게도 익숙한 "아무도 같은 강물에 두 번 몸을 담글 수 없으며, 소멸하는 물질을 두 번 만져볼 수도 없다. 왜냐하면 그것은 신속하고 민첩하게 변화하면서 흩어졌다가 새롭게 다시 모이며, 서로 가까워졌다가 다시 멀어지기 때문"F: 14이라고 한 예시는 '모순의 변증'을 잘 보여준다. 제논은 다른 예시로 날쌘 아킬레스와 느린 거북이의 경주를 들고 있다. 그의 '모순 변증'에 의하면 "아킬레스는 자신보다 앞선 거북을 결코 따라잡지 못한다. 그가 출발할 때 거북이 있던 자리에 다다르면 거북은 이미 그곳을 떠나 거기에 있지 않고…. 이런 식으로 무한히 계속"F: 17되기 때문이다. 아리스토텔레스가 경멸했던 이런 식의 '모순에 입각한 변증법'은 어수룩한 시대를 지나 칸트Kant, 1724-1804에 이르러 비로소 체계적인 철학으로 정립된다. 그러나 "칸트는 가상假象에 바탕을 둔 헛된 [사변적인] 추론을 '변증법'이라 부름"F: 36으로써 아리스토텔레스의 비판에서 벗어나지 못했다. "칸트에게 변증론 일반은 가상의 논리학이다."F: 37

이와 달리 헤겔은 존재의 모든 활동에 기본이 되는 원동력이 모순에서 나온다는 적극적이고 긍정적인 입장을 취하면서 풀키에가 말하는 '새로운 변증법'을 개척한다. 헤겔이 주목한 고대의 변증론은 제논의 것이 아닌 헤라클레이토스Heraclitus, c.B.C.500의 것이었다. 헤라클레이토스는 존재와 비존재의 동시성을 '모순'이라 칭하였으며, 반대와 투쟁에서 '조화'가 나온다고 하였다. "자연이 조화를 이루는 것은 대립되는 것에 의해서이지 닮은 것에 의해서가 아니다."F: 50고 하였다. 그러한 사상을 계승하여 헤겔은 "자연에서는 모순된 힘들의 끊임없는 투쟁이 관찰될 뿐만 아니라, 그러한 투쟁 없이는 자연은 무無에 가까운 부동不動 속에 머무르게 될 것"F: 60이라고 하였다. 그리고 자연의 모순율과 달리 "수학적 추론의 기본 방편은 동일률"F: 60이라고 보았다. 양적 연구의 기본 원리인 실증주의와 보편 기법인 통계는 모두가 이 동일률에 근거한 것이다. 같은 것끼리 모아서 헤아리고, 그 헤아림을 근거로 증명을 하는 것이다.

우리는 헤겔의 변증법을 흔히 '정正, These-반反, Antithese-합合, Synthese'의 공식으로 단순하게 도식화한다. 그러나 "헤겔은 결코 '정-반-합'이라는 삼박자 공식을 지어내지 않았다. 그와 동시대에 살았던 피히테Fichte, 1762-1814와 셸링Schelling, 1775-1854이 그런 방식으로 형이상학의 틀을 짰고, 헤겔은 그것을 이용했을 따름이다."F: 56 그리고 "변증법적 과정을 구성하는 세 계기를 지금은 주로 정, 반, 합으로 부르지만 헤겔 자신은 습관적으로 긍정, 부정, 부정의 부정으로 불렀다."F: 61 이에 대해서 김준수2012는 그 '실상'이 아래와 같다고 주장하였다.

정-반-합 또는 정립-반정립-종합이라는 친숙한 도식은 헤겔 사후 샬리
베우스H. Chalybäus라는 인물에 의해 최초로 제시된 후에 통용되기 시작했

다. 그런데 막상 헤겔은 이 용어들 자체를 드물게 사용한 데다가, 그나마도 칸트의 이율배반론 또는 칸트의 추종자인 피히테J. Fichte나 야코비F. Jacobi의 철학을 비판적으로 소개하는 구절에 언급한 경우가 대부분이다. 헤겔이 이 도식을 적극적으로 자신의 학문 방법론을 설명하는 데에 사용한 경우는 없다.306

여하튼 '정과 반'을 제각기 '긍정과 부정'으로 사유하는 법은 우리에게도 친숙한 것이지만, 합을 '부정의 부정'으로 사유하는 데 대해서는 헤겔 특유의 이해 방식을 살펴보아야 한다. 헤겔에게 "합은 모순을 극복하지만 상반되는 두 명제를 보존한다. 그것이 '지양止揚하다'라는 동사가 표현하는 바다."F: 61 우리는 '지양'을 배제 또는 폐지의 부정적 뉘앙스로 흔히 사용하지만, 독일어 'aufheben'은 본래 보존과 통합의 긍정적인 뉘앙스를 포함한다. "극복된 단계는 더 이상 그 자체로서 독립적으로, 이전과 같이 존재하지는 않는다. 그러나 그것은 그것의 부정을 통하여 그 결과 속에 살아남는다."F: 82 요컨대 합은 '부정을 위한 부정'이 아니라 **본질을 찾기 위한 지속적이고 궁극적인 부정**'이라 할 수 있다. 현상학의 '자유변경을 통한 본질직관'과 상통하는 대목이다. 지양은 "멈추었다가 더 높은 수준으로 올라가는 것"F: 82이다. 이 점에서 나는 헤겔의 지양이 교육, 즉 '더 나은 인간 형성의 존재론적 지향'과 크게 다르지 않다고 본다. 한마디로 말해서 정과 반과 합은 '존재자'의 세 가지 다른 양상이지, 상이한 세 '존재'가 아니다. 나의 언어로 바꾸자면, 정의 '주체'와 반의 '타자' 그리고 합의 '주체-타자' 관계이다.

마르크스Marx, 1862는 당대 독일 관념론을 비롯한 형이상학 중심의 전통적 철학들이 계급사회의 지배 이데올로기를 생산하고 재생산하는 데 봉사해 왔다고 맹렬히 비판했다. 그리고 단순히 관념론에 반대하는 '기계적 유물론'이 아닌, 세계의 운동을 힘과 힘 사이의 모순 관계로 구명하는 '변증법적 유물론'을 개척하였다. 그에게 "운동은 물질의 존재세계이며, 물질의 존재방식이다. 운동이 없는 물질은 물질 없는 운동과 마찬가지로 생각할 수 없다."F: 69 따라서 물질의 운동은 자연스럽게 '물질의 변증법'으로 정립되었다. 마르크스는 헤겔의 변증법을 수용하되 관념론이 아닌 유물론의 입장에서 수용하였다. 달리 말해 헤겔에게는 실재가 관념의 외화外化인 반면에, 마르크스에게는 관념이 실재의 내화內化에 해당하는 것이었다. 관념이 먼저 있고 실재가 있는 것이 아니라, 실재가 먼저 있고 관념이 있다는 말이다. 이 양자의 대립은 후설Husserl, 1950에 이르러 '노에마Noema, 실재-노에시스Noesis, 관념 상관작용'의 현상학으로 정리된다. 현상학자들은 실재와 관념 어느 것도 먼저 있지 않으며, 항상 이미 함께 있다고 주장한다. 이 맥락에서 폴키에는 마르크스가 사유의 가치를 근원적으로 부정한 것을 통박한다. 폴키에는 마르크스의 유물론적 변증법을 아래 다섯 가지 특징들로 요약한다F: 71-78. 앞의 축약어는 내가 덧붙인 것이다.

(1) 관계: 실재의 다양한 부분들 사이에는 능동적인 상호의존성이 존재한다. 개체는 추상에 지나지 않는다.

(2) 운동: 모든 것은 생성 중에 있으며, 모든 것은 끊임없이 변화한다.

(3) 창조: 물질의 운동과 생성은 새로움의 창조자이다.

(4) 모순: 실재는 내재적 모순을 포함한다.

(5) 잠정: 사물과 사유의 모순, 그리고 그것에 따른 불안정성에서 마르크
스는 진리의 잠정성을 도출한다.[115]

변증법은 자연과 물질의 세계를 고립, 독립, 분리된 것으로 보거
나 우연적인 축적으로 보지 않는다. 그것은 항상 이미 통일적이고
정합적인 총체이며 서로 연결되어 있고, 서로 의존하며, 서로가 조
건을 부여한다F: 72. 이 점에서 변증법은 상호성을 근간으로 하는 교
육의 본질 '학습과 교수의 해석적 상호작용'과 상통한다. 교육다운
교육의 배움과 가르침은 항상 서로 연결되어 있고, 서로 의존하며,
서로가 조건을 부여한다. 마르크스는 물질의 운동이 양적 축적과
질적 변화의 연동連動을 야기한다고 보았다. 그렇다. 사람, 사물, 사
태의 정체성은 잠시 혹은 한동안은 확실하거나 안정되어 보이지만,
그 상태는 오로지 문턱threshold, 범주경계을 넘나들기 전후에 국한된 것
이다. 소싯적에 나는 "달도 차면 기우나니"라는 타령을 듣고 자랐
다. 매사는 부단히 변전하고 변모한다. 그리고 그 에너지는 아니면
서 이고 이면서 아닌, 같으면서 다르고 다르면서 같은 '모순' 관계
속에 항상 처해 있다.

앞서 언급하였듯이 풀키에는 헤겔 이전의 변증법을 '전통적 변증

---

115) 그렇게 주장하고서 자신의 이론은 결정론으로 정당화하고, 그 속의 모순은 내부에서 자체적으로
극복되는 것이라 주장한 마르크스를 풀키에는 '자가당착'이라 맹공한다.

법'이라 하여 제1부에서 다루고, 헤겔 이후의 변증법을 '새로운 변
증법'이라 하여 제2부에서 다루었다. 그리고 제2부의 제1장에서 헤
겔과 마르크스의 변증법을 다룬 연후에, 제2장에서 자신이 선호하
는 '과학적 변증법'을 다루고 있다. 과학적 변증법은 "헤겔과 마르
크스가 애써 이룩한 변증법과 별개의 것은 아니지만"F: 72 두 사람
이 범한 독단론을 극복하고 최대한 자유로우며 개방적인 변증법으
로 나아간 것이다. 과학적 변증법이 독단론을 극복하기 위해 취한
접근법의 일차적인 원리는 철학자 또는 과학자 자신에 대한 투철
한 변증법적 성찰에 있다. 이를 두고 풀키에는 "현대의 [과학적] 변
증론자들이 결점을 찾으려 애쓰는 것은 바로 자기 자신의 이론이
다."F: 127라고 하였다. 왜냐하면 "인간의 동기를 연구하려 할 때 그
자신의 동기가 이미 작동하기 시작"F: 89하기 때문이며, "역사는 역
사가와 분리될 수 없기"F: 90 때문이다. 그리고 "모든 인식은 우리
를 우리 자신에게 되돌려 준다. 왜냐하면 그러한 인식이 [항상 이
미] 우리의 한 부분이기 때문이다."F: 91[116] 여기서 우리는 학습자와
교수자 사이의 배움과 가르침이 '변증법적'이기 위해서는 무엇보다
먼저 제각기 자신의 인식과 사유 내면이 '변증법적'인지부터 반성
해야 함을 알 수 있다. 풀키에는 과학적 사유의 특징을 아래 세 가

116) 종래의 양적 연구가 '연구자 효과(researcher effect)'를 배제하는 데 치중한 것과 달리 질적 연
구는 연구자의 '자기 분석'을 중시한다. 그 점에서 과학적 변증법과 질적 연구는 맞닿아 있다. 실제로
풀키에는 질적 연구의 이론적 배경을 구성하는 후설의 현상학, 아인슈타인의 상대성이론, 하이젠베르
크의 불확정성이론, 괴델의 무한성정리 등을 과학적 변증법의 주요 사례로 제시하고 있다. 나아가 최
근 수학계에서 일고 있는, 직관적 체험을 중시하는 '현상학적 수학'의 붐까지도 예고하고 있다. "수학
을 수학자 자신과 분리시켜서 생각할 수 없다"(F: 105)거나 "논리학도 경험으로부터 온다"(F: 105)거
나 "다른 내용을 가지면 필연적으로 다른 논리학이 나온다"(F: 107)는 등의 말에 비추어 볼 때 그렇다
는 것이다.

지 '대화'로 요약한다. 교육의 방법적 본질을 '변증법적 대화'로 보는 나의 입장과 맞닿아 있는 대목이다.

(1) 과학적 사유는 선천적인 것과 후천적인 것 사이의 대화이다.
(2) 과학적 사유는 구체적인 것과 추상적인 것 사이의 대화이다.
(3) 과학적 사유는 객체와 주체, 사물과 정신의 대화이다.

이 대화들은 '상호보완성'을 지향한다. 풀키에가 예시하듯이 부분과 전체, 위치와 운동, 입자와 파동, 거시물리학과 원자물리학 등은 대립적이면서도 상호보완적인 것이다. 헤겔 및 마르크스와 마찬가지로 풀키에도 운동성과 잠정성을 과학적 변증법의 중요한 특징으로 간주한다. 그래서 "모든 정신의 작업은 본질적으로 미완결적이며, 부단한 생성 속에 있다."F: 121 하였고, "과학은 다시 나타나는 수수께끼이며, 하나의 해결은 다시 하나의 문제를 가져온다."F: 120고 하였다. "우리가 과학적이라고 불렀던 변증법은 실재의 인식을 향한 진보에 있어서 **결코 멈추지 않으려고 항상 주의하는 정신의 역동적 태도**라 특징지을 수 있을 것"F: 127, 강조는 나의 것이라고도 하였다. 변증법적 대화의 과정으로서 우리 교육이 유의하고 지향해야 할 점들을 잘 제시하고 있다.

니체가 나서 자라고 학문을 시작했던 19세기 중반의 유럽에는 '선한 신'과 '죄 많은 인간', '욕망덩어리 신체'와 '고결한 영혼', '합리적인 과학'과 '불합리한 일상' 등의 이분법적인 대립이 생활세계를 지배하고 있었다. 철학 또한 관념론과 유물론, 합리주의와 경험주의, 아폴론주의와 디오니소스주의 등의 이분법이 맞서서 대결하고 있었다.[117] 니체는 생애 내내 어떻게 하면 이런 분열과 대립을 극복할 수 있을까 고심하였다. 그가 그랬듯이 지금 이 시대의 나 또한 남과 북, 동과 서, 진보와 보수가 극한분열과 극한대립으로 일관해 온 우리 사회의 시대상을 떠올리지 않을 수 없다. 온갖 부조리 속에서 방황하며 파행하는 우리 사회의 학문과 교육을 떠올리지 않을 수 없다. 그래서 나는 부정과 긍정을 초월적으로 통합하여 '메타-긍정'의 철학을 정립한 니체에게서 길을 묻고 찾아왔다.

지금까지 다소 장황하게 '변증법이 무엇인가'를 살펴보았다. 그 전통과 진보, 동의와 이설異說 와중에서도 변증법은 분명히 무엇의 '임A'과 '아님Á'의 대조 속에서 가장 무엇'다움|A|'을 추구하고 지향하는 사유와 대화와 실천의 방법이다. 흔히 정-반-합으로 표현하는 '합'의 자리에 나는 절댓값 '|A|'를 놓는다. 이 절댓값은 나에게 '본질'과 같은 것이며, 내가 찾아온 '교육다운 교육' 같은 것이다.

---

117) 박찬국(2013)은 "플라톤 이후의 서양철학과 종교는 세계를 피안과 차안으로 나누는 이원론에 의해 규정되어 있다. …중략… 니체는 이러한 이원론이 서양의 근대철학까지도 규정하고 있는 것으로 본다. 예를 들어 근대철학의 비조인 데카르트는 세계를 순수한 정신적인 실체와 물질적인 연장으로 이루어진 것으로 보고 있으며, 칸트만 해도 인간은 도덕률에 따르는 순수한 양심과 이기적인 자연적인 기질로 구성되어 있다고 보는 것이다."(13) 하였다.

교육의 대화성

　단도직입적으로 말해서 대화는 '설득'이 아니다. 해답을 가지고 상대방의 동의를 얻고자 하는 설득과 달리, 대화에는 내내 상호이해와 공동해법을 찾아가는 소통의 문답이 있을 뿐이다. 우리는 사회와 학교에서 대화의 중요성 담론을 일상으로 접하고 산다. 교육에서 대화가 얼마나, 왜, 어떻게 필요한지를 강조하는 분위기에도 부족함이 없다. 하지만 정작 우리 사회의 교육, 특히 가정교육과 학교교육에 '대화다운 대화'가 얼마나 깊이 뿌리를 내리고 있는가? 교사의 지시와 설명 위주인 수업에 학생들과 함께하는 진정한 대화가 자리 잡을 수 있는가? 상급학교 진학을 향한 시험과 평가 위주의 교육이 정녕 대화적일 수 있을까? COVID-19로 인한 '비대면 교육'이라는 위기 사태에서 '대면 없는 대화'는 어떻게 가능할까?

1. 대화와 설득

　하버마스Habermas, 1981가 역설했듯이 대화는 탐구와 발견의 과정이며, 그러기 위해서 모든 질문과 반론에 열려 있어야 하고 모든 가설과 비판이 허용되어야 한다. 대화에서 불성실, 편향, 폐쇄, 속단 등은 금기 사항이다. 대화는 더 나은 대화를 추구하는 '상생相生과 상생上生'의 지속 과정이다. 하버마스는 "다양한 관념들이 있는 세계가 모두가 하나의 관념에 동의하는 세계보다 더 나은 세계"_{Putnam,} 2002/2010: 191 재인용라고 하였다. 자 그렇다면, 우리 사회와 교육은 혹시 '하나의 관념에 모두가 동의하는 세계'를 지향해 오지는 않았는가? 절대불변의 보편타당한 '진리 모형'이 그 세계의 기초 모형을 이루고 있지는 않았는가?

대화의 첫째 조건은 개방성이다. 즉 열려 있음이다. 대화는 한 방향의 닫힌 전달이 아닌 가능한 모든 방향으로 열린 소통이다. 미리 정한 목표나 예상한 결과를 향해서 치닫는 만남은 설득이지 대화가 아니다. 대화는 있는 길을 따라서 걷는 것이 아니라, 함께 길을 만들면서 나아가는 여정旅程이다. 대화에는 무엇을 어디까지 확실하게 성취해야 한다는 결정이 없다. 대화의 성과는 잠정적이며 다음 대화를 위한 디딤돌일 뿐이다. 열려 있음은 대화의 참여자 모두가 서로를 동등하게 존중하면서 '환대'_{Derrida, 1997; Dufourmantelle, 1997}함을 의미한다. 경청은 환대의 전제이다. 경청은 듣는 '나'를 낮추면서 말하는 '너'를 높임이다. 그리하여 서로의 높낮이가 없어짐이다. 권위주의는 대화의 적이다. 혹시 대화 속에서 어떤 권위가 감동으로 드러날 수는 있겠지만, 권위를 앞세워 대화를 파탄으로 몰아서는 안 된다. 열린 대화에는 이기고 짐이 없다. 성과를 다투는 경쟁이 절제된다. 경쟁이 유형무형의 폭력을 부를 수 있기 때문이다. 폭력은 대화의 적이다. 대화는 느려 보이지만 평화에 이르는 지름길이다.

진정성은 대화의 또 다른 핵심 요건이다. 진짜 대화가 이루어지기 위해서는 상호 신뢰와 성실이 전제되어야 한다. 불신, 불성실, 가식, 위선은 전정한 대화의 적이다. 물론 대화에 앞서 혹은 대화를 시작할 때 이미 충분한 신뢰를 갖기는 쉽지 않다. 그래서 오히려 대화가 신뢰를 쌓아가는 과정이라 말하는 것이 더 맞을 수 있다. 신뢰를 쌓기 위해서는 성실해야 한다. 성실은 '거짓이 없고 참됨'이다. 언행일치言行—致이며, 표리일체表裏—體이다. 가식과 위선은 '참됨'에 어긋난다. 겉과 속이 다르기 때문이다. 진정한 대화를 위해서는 내가 먼저 나를 진솔하게 열어 밝혀야 한다. 비록 조심스럽고 때로 손해 보는 느낌이 들더라도 말이다. 내가 나를 진솔하게 열어 밝힐 때 상대방의 진정성도 기대할 수 있다. 대화 도중에 딴짓을 하거나 한눈을 팔면 당연히 좋은 대화가 이루어질 수 없다. 대화는 집중을 요구한다. 집중력이 떨어질 때면 차라리 대화를 멈추고 쉬는 편이 낫다. 그럼에도 불구하고 우리는 학교 현실태에서 교사가 대화에 열중할 때 딴짓을 하거나 한눈을 팔아 교사를 상심하게 만드는 학생들을 흔히 볼 수 있다. 왜 이런 일이 생길까? 어떻게 하면 이런 일을 줄일 수 있을까? 간단명료하게 이 답을 찾기는 어렵다. 하지만, 좋은 대화의 습관을 길러주기 위해서 부모가 자녀에게, 교사가 학생에게 일상적으로 진정한 대화의 모범을 줄곧 보이는 것이 한 가지 가장 근본적인 답이 될 수 있다고 나는 믿는다.

대화적인 수업, 대화가 풍부한 수업이 교육다운 교육의 수업이다. 교육의 본질에 부합하는 수업이다. 우리는 통념적으로 학습자의 미성숙後進性과 교수자의 성숙先進性을 대비한다. 아주 틀린 것은 아니지만, 그 대비가 교육적 대화에 그다지 바람직한 것이 아니라는 사실을 유념할 필요가 있다. 그보다는 오히려 '학생이 알고 있는 것'과 '교사가 알고 있는 것'이 서로 다를 뿐이라는 생각이 교육적으로 더 바람직하다. 학습자가 어떤 교과에 대해 아무 개념이 없을 수도 있겠지만, 실상 그런 경우는 드물다. 오히려 정正개념이 아닌 오誤개념을 가지고 있어서, 그것을 바꾸어 바로잡기 어려운 경우가 훨씬 더 흔하다. 이 문제는 아동교육에서보다 성인교육에서 더 자주 더 심각하게 나타난다. 어른들은 살아온 세월만큼 아는 것도 많고 할 수 있는 것도 많다. 그러다 보니 자신이 알고 있는 것, 자신이 해온 것이 틀렸다거나 부족함을 쉽게 받아들이지 못한다. 그래서 새로운 학습, 새로운 교육에 어려움을 겪는다. 이 어려움이 교육적 대화에 장애가 될 수 있다.

학교교육에서 일반적으로 교사가 학생보다 지식, 기술, 가치의 우위에 있음은 부인할 수 없는 일종의 전제이다. 그러나 가장 지혜로운 가르침이 '가르치지 않고 가르침'이라는 사실을 감안할 때, 교육적인 대화를 위해서 교사들의 '눈높이' 조정은 가히 필수적인 것이다. 교육적 대화를 정립하기 위해서 교사는 학생 한 사람 한 사람의 눈높이로 자신을 낮추어야 한다. '上求菩提'를 할 때와 다른 '下化衆生'의 태도가 교사의 몸에 배어야 한다. 진정한 열린 대화에 충실한 교사는 자신의 목표와 수준, 입장과 상황을 최대한 접고 학생의 그것들에 최대한 다가간다. 학생 한 명 한 명의 목표와 수준, 입장과 상황을 '있는 그대로' 이해하고 배려하여 자신의 교수 활동에 반영한다. 아무리 대량교육, 대중교육, 대의교육의 시대라 하더라도 모든 교육은 궁극적으로 학습자 중심의 맞춤형 교육이어야 한다. 좋은 교수자-되기는 좋은 학습자-되기를 통해서, 좋은 교사-되기는 좋은 학생-되기를 통해서만 이루어질 수 있다. 풀꽃도 오래 보아야 예쁘고 깊이 들여다보아야 사랑스럽다나태주, 2015. 하물며 무한히 복잡다단한 사람일진대, 오래 깊이 만나지 않고 어찌 좋은 교육적 만남을 기대할 수 있겠는가.

대화의 관점에서 볼 때 설명을 많이 하는 '가르치는 교사'보다 질문을 많이 하는 '생각하는 교사'가 더 바람직하다. 변증법적 대화의 자세가 몸에 밴 교사는 '맞았어'나 '틀렸어' 식의 평가를 절제한다. 그 대신 '일리가 있겠구나'라거나 '다르게 생각해 보자'라거나 '다르게 해볼까'라고 더 자주 말한다. 교사가 주도하는 수업보다 학생들의 참여와 활동이 많은 수업에서 대화가 더 잘 이루어질 수 있다. 학생들의 진정한 수업 참여는 교사가 주도하는 수업의 대상이나 들러리 역할을 하는 것이 아니라, 교사와 함께 수업을 구상하고 기획하는 동반자의 역할을 하는 것을 의미한다. 자유가 있는 곳에 선택이 있고, 선택이 있는 곳에 참여가 있으며, 참여가 있는 곳에 책임감이 있다. 나는 내 모든 제자 학생을 항상 '도반道伴' 즉 '길벗'이라 여긴다. '伴'이라는 글자는 반쪽인 사람들의 함께함을 뜻한다. 반려자伴侶者인 부부의 길이 그렇듯이, 교사와 학생의 길은 서로의 부족함을 서로가 살피고 다독이고 채우는 길이다.

　　조급함은 대화를 저해한다. 교사가 시간에 쫓기면서 허겁지겁 진도를 나가는 상황에서 교육적인 대화는 불가능하다.[118] 아무리 유능한 교사라 할지라도 교과의 모든 내용을 빠짐없이 완벽하게 가르칠 수는 없다. 실은 그럴 필요가 없다. 어떤 경우에도 교사가 학생의 공부를 대신 해줄 수 없기 때문이다. 학생들의 '학學 깨달음'은 도울

---

118) 우리 인간에게는 세 가지 시간이 있다. 하나는 흐르는 시간 그 자체, 혹은 시계 중심의 객관적 시간, 누구에게나 공평한 시간인 **크로노스(cronos)**이다. 다른 하나는 어떤 일을 하고 있을 때의, 그 일에 따라서 밀도와 속도가 달라지는, 때로는 그 일에 최적이거나 최상인 시간을 의미하는 **카이로스(kairos)**이다. 나머지 하나는 한 사람 한 사람 각자가 의식하고 의미화하는, 사람마다 서로 다른 주관적인 **실존적 시간**이다. 학습과 교수, 학습자와 교수자 모두의 여건과 상황에 따라서 이 세 가지 시간이 적절하게 고려되고 배려될 때 교육다운 교육이 이루어질 수 있다.

지언정 '습^{習 익힘}'을 대신 할 수는 없기 때문이다. 교과의 핵심은 교사가 가르치되, 그 적용과 응용과 심화는 실상 학생 각자의 몫이다. 그런데 우리 사회 학생들의 삶은 너무나 빠듯하고 조급하고 초조하다. 한마디로 여유가 없다. 특히 우리 중등학교 학생들은 이어지는 거의 독립적인 교과목 수업들의 연쇄 속에서 배운 것을 익힐 여유를 가지지 못한다. 학교 수업을 마치고 나면 학원이다 과외다 하여 그 모두를 통합하여 익힐 시간은 더더욱 없다.

이런 사태에서 교사만 여유와 인내심을 가지고 학생들을 대할 수가 없다. 교사들 또한 과도한 수업시수에 진도 맞추기, 넘치는 잡무와 부조리한 입시교육 등으로 여유가 없기는 마찬가지다. 여유가 있어야 배경과 관심과 역량이 서로 다른 학생 한 사람 한 사람을 두루 깊이 살피고 보살필 수 있을 텐데 말이다. 조금 느린 학생, 잘 따라오지 못하는 학생조차 인내심을 가지고 기다려 줄 수 있을 텐데 말이다. 이러한 여유 없음, 인내심 없음이 교사 개개인의 잘못이나 책임만일 리는 없다. 제도와 정책의 변화, 학교문화의 변화가 뒷받침되지 않고서는 불가능한 일이다. 그렇다면 교육적인 대화, 교육다운 교육을 위해서 가정과 학교와 사회가 개선해야 할 일들은 무엇일까? 학생과 교사, 학부모와 행정당국이 제각기 헌신해야 할 일들은 무엇일까?

2. 대화와 대면

대화는 '마주 대하며 나누는 이야기'다. 국어사전에서 '마주'를 찾아보면 '서로 똑바로 향하여'라고 풀이되어 있다. 어떻게 향하는 것이 '똑바로' 향하는 것일까? 혹시 직접적으로, 온몸으로, 성실하게 만남을 말하는 게 아닐까? 그리고 이야기를 나눈다고 함은 말을 서로 주고받음을 의미한다. 지금까지 별 자각 없이, 별 탈 없이 해오던 '대면 수업'에서는 이 '똑바로'와 '주고받음'에 근원적인 문제가 제기되지 않았다. 교실과 수업 하나하나의 분위기에 따라서 '똑바로'와 '주고받음'이 양적으로나 질적으로 달라질 수 있었겠지만 말이다. 그런데 지금의 '비대면 수업'에서는 이 '똑바로'와 '주고받음'이 근원적인 한계에 봉착하고 있다. 교사와 학생이 온몸으로 직접 만날 수가 없게 되었고, 'Zoom'이든 'You-tube'든 'ETL'이든 간에[119] 간접적인 만남들 속에서 교수자가 학습자의 성실함을 충분히 확인할 수 없게 되었다. 그래서 수행평가를 비롯한 정규 교육과정의 평가에서 '온라인 학습 활동과 그 성과는 내신 성적에 반영하지 않는' 웃지 못할 일까지 벌어지고 있다. 성과 검증의 철저함으로도 볼 수 있겠지만, 나에게는 학습자의 '비대면 활동'에 대한 불신이 먼저 읽혀 서글프다.

대면對面은 '얼굴을 마주함'이다. 대화의 마주함에서 '얼굴을 마주함'은 대단히 중요한 의미를 가진다. 강영안2005이 말하듯이 우리는 얼굴을 속일 수 없다.[120] 얼굴이 우리의 '얼정신, 넋, 혼'을 담고 있기 때문이다. 화면을 통해서도 우리는 타인의 얼굴을 대할 수 있다. 그러

---

119) 여기서 'ETL'은 다양한 온라인 교수-학습 프로그램인 'e-Teaching & Learning'을 말한다. 특히 내가 활용해 온 서울대학교 교수학습개발센터의 'ETL'을 염두에 두고 쓴 것이다.

120) 성형 수술을 통해 외면의 얼굴을 고쳐 속일 수는 있겠지만, 얼굴 깊이 드러나는 내면까지 고쳐서 속일 수는 없다는 말이다.

나 직접 가까이 다가가서 몸 전체로 마주하는 살아 움직이는 얼굴은 결코 화면의 얼굴과 같을 수 없다. 사람과 사람 사이가 멀수록 얼굴은 불분명하다. 반면에 그 사이가 가까워질수록 얼굴은 점점 더 분명해진다. 그래서 우리는 진심을 확인하기 위해 '내 얼굴을, 내 눈을 똑바로 보고 말하라'고 한다. 앞에서 논의한 그 '똑바로'이다. 적지 않은 교육공학도들이 화면이 대면을 대체할 수 있다고 억설한다. 나는 동의하지 않는다. 그들은 인공지능의 얼굴 인식 역량이 획기적으로 발전하는 데 감탄하고 자찬한다. 하지만 인공지능은 얼굴을 '정보의 그릇'으로 볼 뿐, 그 깊이의 정신과 넋과 혼을 의미화하지는 않는다. 아니, 의미화할 수가 없다. 아무리 교육공학 기술이 발전하더라도 대면을 대체할 기술은 불가능하며 한계가 있을 수밖에 없다. 그래서 대면 수업을 할 수 있기만 하다면 마땅히 대면 수업을 해야 한다는 게 내 지론이다. 비대면 기술은 대면 교육의 보조와 방편으로 활용될 수 있을 뿐이다.

대화의 '주고받음' 또한 그렇다. 지금의 기술로도 우리는 이미 말과 글을 통한, 자연언어와 인공언어 모두를 활용한 쌍방향, 다방향, 무방향의 정보 주고받기가 얼마든지 가능하다. 향후 머지않아 홀로그램hologram 레이저 영상을 활용한 비언어적 소통 기술도 괄목하리만치 발달할 것이다. 그렇지만 이 모두가 정보에 기초한 기술적 방편이라는 사실에는 한 치도 변함이 있을 수 없다. 정보는 존재있는 그대로 그 자체가 아니며, 자연自然 스스로 그러함일 수는 더더욱 없다Han, 2009. 인공 존재자로서 정보는 자연 존재로서 정신, 넋, 혼을 결코 대체할 수 없다. 존재에는 표면과 경계가 없지만, 정보는 표면과 경계를 가지기 마련이다조광제, 2013. 존재로서 학습자의 삶과 학습은 정보로 축소할 수 없는 신비한 영역들을 가지고 있다. 그 점은 존재로서 인간인 교수자에게도 마찬가지다. 그러므로 어떤 비인간 교수-학습 보조장치도 교육의 본질인 '학습과 교수의 해석적 상호작용'을 온전히 충족시킬 수 없다. '더 나은 인간 형성의 존재론적 지향'을 온전히 충족시킬 수 없다.

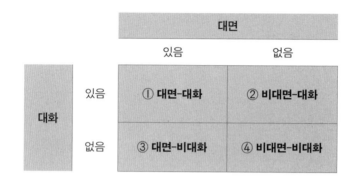

〈그림 11〉 대면-비대면, 대화-비대화 수업

대화의 이러한 '마주함'과 '주고받음'을 여러 유형의 수업에 적용해 보기로 하자. 대면-비대면, 대화-비대화를 교차시킬 때 우리는 위 〈그림 11〉과 같은 네 가지 형태의 수업을 볼 수 있다. 먼저 ① 대면-대화의 수업은 가장 교육적인 수업 형태라 할 수 있다. COVID-19 이전의 일상 수업이 당연히 이러했다고 주장할 수도 있다. 그러나 과연 그런가? 대면이 대화를 촉진하고, 대화가 대면에 충실한 수업이었던가? ② 비대면-대화 수업은 '있을 수 없는 것 같지만, 실상 가능할 수 있는' 수업 형태이다. 단적인 예로 'Zoom'을 활용한 실시간 수업에서 교육적인 대화를 지혜롭고 유능하게 잘 이끌어 내는 교사들이 적지 않다. 물론 문화적이거나 기술적인 제약이 없지는 않지만 말이다. 그리고 ③ 대면-비대화 수업 또한 '있을 수 없는 것 같지만, 실상 흔히 볼 수 있는' 수업 형태이다. 일견 우리는 '대면하면서 어찌 대화가 없을 수 있는지' 의아해할 수 있다. 그러나 COVID-19 이전의 일상이었던 대면 수업에서 과연 교육적인 대화에 불충실한 수업이 정말 없었던가 돌아보면, 의외로 '대면-비대화' 수업이 결코 적지 않았음을 알 것이다. 끝으로 ④ 비대면-비대화 수업은 최악의 형태라 간주될 수 있다. 학습과 교수의 상호작용이 없음을 의미한다면, 이를 수업이라 칭하기 어려울 수도 있다. 그러나 학습자들이 제각기 혼자서 자학자습에 몰입하는 장면을 생각한다면, 이 또한 수업을 구성하는 한 가지 형태가 얼마든지 될 수 있다. 이상의 논의를 종합하자면, COVID-19 사태를 맞아서 우리가 우려하고 있는 비대면 수업의 문제는 의외로 대단히 복잡한 분석과 논의가 필요함을 알 수 있다.

좀 더 일상적인 대화 이야기로 돌아와 보자. 우리는 대화를 대부분 말로 한다고 여기지만, 실상 어떤 대화도 말로만 하지 않는다. 니체는 언어로 세계를 인식할 수 있다고 믿는, 언어로 세계를 바꿀 수 있다고 믿는 세태를 맹렬히 비난하였다Safranski, 2000. 자연이 인간에게 인식 능력을 부여한 것이지, 인간의 인식이 자연을 낳는 것이 아니기 때문이다. 대화는 온몸으로 하는 것이다. 대화에는 시각, 청각, 후각, 촉각, 미각이 서로 교차하면서 살아 움직인다. 실제로 교육 현장에서 말과 글로 소통하는 능력이 떨어지는 아이들 가운데 몸짓으로, 작업으로, 그림으로, 음악으로 소통하는 역량이 뛰어난 아이들을 얼마든지 볼 수 있다West, 2009. 특히 '다문화 아이'라 일컫는 학습자들에게 교수자는 말과 글에 앞서는 온몸의 소통을 주목하고 또 열어나가도록 배려해야 한다조용환, 2011.

정도의 차이는 있지만, 모든 말과 글은 표면과 경계를 가진다. 그러나 존재로서의 말예컨대, 하이데거의 *Rede*에는 표면과 경계가 없다. 미묘하고 오묘한 대화 과정에서 존재자적인 표면과 경계가 구성-해체-재구성을 반복할 따름이다. 우리는 대화를 인간 고유의 것이라고 착각한다. 그러나 실상 모든 대화에는 인간과 비인간사물 존재의 '몸과 살 교차'Merleau-Ponth, 1964가 내포되어 있다. 대화에서 인간과 사물은 서로 내속되어 있다. 인간에게도 사물성이 있다.[121] 그리고 "한 사물의 표면은 그 사물에 속하면서도 곧바로 다른 사물에 속하는 것이기도 하다."조광제, 2016: 16 표면을 가진 존재자로서 교사와 학생들도 대화를 통해 서로 내속된다. 그 내속을 통해 더 나은 '인간-되기'를 부단히 지향한다.

3. 대화와 평가

대화는 참여자 모두가 서로를 향하는 평가를 절제하거나 유보할 때 온전히 가능한 것이다. 그런데 우리의 교육, 특히 학교교육에는 평가가 지나치게 일상화되어 있고 보편화되어 있다. 일찍이 메

---

121) 인간도 사물이라고 하면서 조광제(2016)는 다만 인간은 인간 아닌 사물들과는 다른 "특이하기 이를 데 없는 사물"(21)이라고 하였다. 그 '특이하기 이를 데 없음'은 과연 무엇일까?

한_{Mehan, 1979}은 학교 수업의 관찰을 통해서 그 기본적인 커뮤니케이션 구조가 교사 '**주도**initiation'의 질문, 지시, 제안 등에서 출발한다는 사실을 밝혔다. 그에 이어서 학생들의 답변, 이행, 의견 등의 '**반응**response'이 있기 마련이다. 그러면 다시 교사가 나서서 그 반응들에 대한 '**평가**evaluation'를 한다. 그리고는 그 평가에 기초해서 다시 질문을 하거나 지시를 하거나 제안을 하게 되어 있다. 이 '주도-반응-평가'가 반복되는 수업의 양태를 메한은 그 영어 첫 글자들을 따서 'IRE 구조'라 하였다. 그렇다, 거의 모든 수업 커뮤니케이션은 이 'IRE' 순환고리로 이루어진다. 아래 세 가지 예문을 통해서 우리는 이러한 커뮤니케이션이 얼마나 '수업의 일상'인가를 알 수 있다.

교 사: 임진왜란은 몇 년도에 일어났나요?

학생1: 1492년이요.

교 사: 정말 그런가요, 여러분?

학생2: 1592년이요.

교 사: 네, 맞아요. 1592년이지요. 자 그러면, 그때 임금님은 누구였지요?

학생3: 선조 임금님이요.

교 사: 네, 맞아요. 참 잘했어요.

교 사: 자, 이제 준비해 온 실험재료를 다 꺼내세요.

학생1: 네.

교 사: 그런데 철수는 왜 안 꺼내고 있나요, 안 가지고 왔나요?

철 수: 가져왔는데…. 찾고 있어요.

교 사: 그럼, 얼른 찾아요. 자 꺼낸 사람은 양파의 겉껍질을 세 겹만 벗기
　　　세요.

교 사: 현장학습을 어디로 갔으면 좋을지에 대한 여러분의 의견이 엇갈
　　　리는데, 투표를 해서 정하면 어떨까요?
학생1: 네.
영 이: 그냥 선생님이 정하세요. 결국은 선생님이 정하실 거잖아요.
교 사: 영이는 어떻게 그런 말을 하나요, 선생님한테…. 무슨 불만이 있
　　　는 모양이지요?
학생2: 투표해요, 투표.
교 사: 좋아요. 투표를 하기로 해요.

　이와 같은 커뮤니케이션은 대화인가 아닌가? 대화이든 아니든 중
요하지 않은 일인가? 수업授業이 가르치는 일이니 어차피 이런 방식
으로 진행될 수밖에 없는 것인가? 아무튼 메한은 이러한 'IRE 수업'
이 워낙 반복되는 일상이어서 대부분의 교사들은 자신의 수업이 이
런 구조로 이루어진다는 사실조차 잘 자각하지 못한다고 한다. 그
런데 이런 구조의 커뮤니케이션에 오래 길들여지면 어떤 일이 벌
어지게 될까? 교사에게는 '주도와 평가의 직업병'이, 학생들에게는
'눈치와 순응의 습관'이 몸에 배지 않을까? 그리하여 '학교형 인간'
들을 양산하는 결과를 초래하지 않을까? 학생들의 학습을 교사가
도와주는 수업이 이 구조에서 쉽게 이루어질 수 있을까? 학생들이
주도하고 교사가 반응하는, 학생들의 질문에 교사가 응답하는 수업

은 이 구조에서는 불가능하지 않은가? 더욱이 교사의 'E평가'가 교육다운 교육 방식으로 이루어진다면 모르겠지만, 학교선발과 사회선발에 예속된 범주화와 차등화와 서열화에 치우친 것이라면 정말 염려스러운 일이 아닌가? 그리고 이러한 커뮤니케이션은 진정한 의미의 대화를 머뭇거리게 하고 움츠러들게 하지 않을까?

유대인의 토라와 탈무드 교육은 '하브루타havruta라고 불리는 문답식 대화형으로 이루어진다. 두 명씩 짝을 이루어 마주 대하며 토론을 통해서 변증법적이고 비판적인 방식으로 학습을 하는 것이다.[122] 하브루타는 '친구'라는 말 '하브루'에서 나온 것이고, '하브루'는 '하브'라는 히브리어가 그 기원인데 뜻은 '은혜'이다. 학습이 친구끼리 서로에게 은혜를 베푸는 일이라는 의미이다. 여기에 교육적이지 않거나 교육과 상관이 없는 평가는 일절 개입되지 않는다. 다시 말해 선발 경쟁의 상대적 평가가 없다는 말이다. 오로지 학습자 각자의 성장을 점검하는 절대평가가 있을 뿐이다. 평가에 대한 이러한 전통이 대화와 토론이 살아 있는 유대인 교육을 가능하게 한다.

니체Nietzsche, 1878는 "평가하지 않고, 혐오와 애착 없이 사람이 **살아갈** 수 있다면 얼마나 좋겠는가!"2001: 55, 강조는 니체의 것라고 하였다. 평가가 삶을 왜곡할 수 있고 사람들 사이에 애착과 혐오를 낳는다는 사실을 지적하는 말이다. 물론 의도적이든 무의도적이든, 의식적이든

---

122) '두 사람이 모이면 세 가지 의견이 나온다'고 하는 유대인의 격언이 변증법적이고 비판적인 하브루타 학습법을 웅변한다. 이 전통적인 학습 방법은 지금도 이스라엘 학교교육의 모든 과정에 적용되고 있다. 여기에는 학생들의 학년과 성별, 수준 차이가 작용하지 않는다. 그리고 교사는 학생에게서 질문을 이끌어 내어 그 스스로 답을 찾아가도록 돕는 역할에 치중한다.

무의식적이든 간에 평가評價, 가치 매김는 피할 수 없는 일종의 삶의 형식이다. 그러나 평가가 삶과 사람을 '있는 그대로' 직관하지 못하게 만드는 폐단은 반드시 경계해야 한다. 테레사 수녀는 "우리에게는 누구를 판단할 권리가 없어요. 오로지 주님만이 그런 권리를 가지고 계십니다."Chawla, 1992/2003: 14라고 하였다. 귀담아들어야 할 말이다.

교육의 과정성

교육은 부단히 완성을 지향하는 과정 즉 'on-going work'이다. 교육의 성과는 금방 나타나지 않을 뿐만 아니라 섣불리 평가할 수 없다. 교육의 본질적인 즐거움은 몰랐던 것을 알게 되고, 할 수 없던 것을 할 수 있게 되는 데 있다. 편협, 편파, 편견에서 벗어나 대의, 대덕, 대동의 삶을 체득해 가는 데 있다. 학생들은 자신의 그러한 변화 속에서 배움의 기쁨을 맛보고, 교사는 학생들의 변화 속에서 가르침의 보람을 얻는다. 이들 모두가 교학상장敎學相長, 즉 '가르침 속의 배움'과 '배움 속의 가르침'을 몸틀로 체험하게 된다.

1. 교육적 시간의식

앞에서도 누누이 강조했듯이 학습은 배움과 익힘의 '학이시습學而時習' 과정이다. 아무리 좋은 무엇을 배우고 깨달았다 하더라도 공들여 익히지 않으면 내 것이 될 수 없다. 그래서 우리 선조들은 '습여성성習與性成'을 강조하였다. 습관이 쌓여서 성질을 이룬다는 말이다. 우리가 가치롭게 여기는 인성, 예컨대 성실성, 근면성, 정직성, 창의성, 개방성, 책임성, 친절성, 용감성, 신중성, 협동성, 공정성 모두가 그렇게 만들어지는 것이다. 우리가 꺼리어 피하고자 하는 인성, 예컨대 공격성, 충동성, 조급성, 태만성, 기만성, 이중성, 비열성, 교활성, 심약성, 강박성, 중독성 등등도 하루하루의 습관을 통해 만들어진다. 그래서 우리는 습관을 '무섭다'고 말한다. 가장 어려운 일이 '습관을 바꾸는 일'이라고 한다.

교육은 변화와 전환, 생성과 형성, 거듭남과 탈바꿈의 과업이며, 그것들이 더 나은 방향의 것인지를 부단히 성찰하여 실천하는 과업이다. 이 과업 모두에 시간, 시간성, 시간의식이 전제되어 있다. 시간은 교육이 중시해야 할 실존 구성체 가운데 하나이다. 니체Nietzsche, 1878는 한가閒暇, 무위無爲, 명상冥想 등을 교육의 필수 요건이라 하였다. 존재 이해에 필요한 시간의 농익음과 영글어 감을 하이데거Heidegger, 1927는 '시숙時熟 Zeitigen'이라 표현했다. 베르그송H. Vergson에게 시간은 "무엇인가를 내부에 담고 있는 매체가 아니라, 무엇인가를 생산해 내는 힘"Safranski, 2000/2018: 297이다. 한병철Han, 2009은 이를 일컬어 '시간의 향기'라 하였다. 자, 그렇다면 우리 사회의 교육, 특히 학교교육에는 시간의 향기가 있는가? 한가, 무위, 명상의 여유가 있는가?[123]

1) 학교school = 여유scola

인류사의 95% 이상을 차지하는 길고 긴 수렵 · 채집 시대에 인간은 필요 이상으로 생산할 필요가 없었다. 생산물을 저장하거나 교역할 수단이 충분히 발달하지 않았고, 잉여와 상속에 대한 관념도

---

123) 아래 항의 글은 내가 쓴 논문 〈여가와 교육〉(조용환, 2004b)의 앞부분을 옮겨서 다시 정리한 것이다.

성숙하지 않았기 때문이다. 그래서 굳이 오래 노동할 필요가 없었고, 따라서 생활시간의 절반 이상이 여가 시간이었다. 이 긴 여가 시간에 우리 조상들은 무엇을 하였을까? 아마도 틀림없이 먹고, 마시고, 놀고, 싸우고, 생각하고, 이야기하고, 사랑하였을 것이다. 지금 우리와 달리 그들은 일하지 않고 노는 데 대해서 수치나 죄의식을 가지지 않았을 것이며, 놀지는 않고 죽어라 일만 하는 사람도 없었을 것이다. 그렇게 놀고 생각하고 이야기한 덕분에 인간의 지능과 문명이 서서히 발달하였을 것이다.

그러다가 언제부터 잉여, 저축, 교환, 상속에 대한 관념과 수단이 발달하였고, 필요 이상으로 생산하기 위해서 일하는 시간이 점점 더 길어지게 되었다. 그러는 가운데 일이 부를 낳고, 부가 권력을 낳고, 권력이 여가를 낳는 새로운 현실과 문화가 등장하게 되었다. 그러다 보니 일에 대한 집착, 놀이에 대한 부정, 여가에 대한 선망이 생겨날 수밖에 없었다. 특히 자본주의 산업사회에 접어들어서는 여가가 노동의 반대급부로 인식되기 시작했고, 후기 산업사회에 이르러서는 여가 자체가 상품이 되고 자본이 되는 현상까지 나타나게 되었다. 수렵·채집 시대에 우리 조상들이 생활시간의 절반 이상을 여가로 보냈던 것처럼, 21세기 문명사회 시민의 상당수가 다시 그 정도의 여가를 누릴 수 있게 되었다.

일벌레로 그 명성오명?을 누려온 우리 국민들조차도 이제는 주 5일-40시간 노동을 바람직한 것으로 받아들이기 시작했다. 그래서 가외로 생긴 토요일의 반나절 혹은 하루가 우리 사회에 어떤 파장을 미칠지 몇 해 동안 논란을 벌이다가 지금은 잠잠해졌다. 오히려 늘어난 여가 시간을 어떻게 보내는 것이 좋을지 각양각색의 '휴休테크' 담론이 인구에 회자하고 있다. 이러한 변화 속에서 우리는 여가와 교육을 진지하게 결부하여 생각해 볼 필요가 있다.

교육은 본래 여가의 산물이다. 아리스토텔레스가 말했듯이 교육은 여유scola에서 출발했고, 그 여유가 학교school를 낳았다. 교육은 기존의 지식, 기술, 가치를 전달하는 소극적인 측면과 새로운 지식, 기술, 가치를 창조하는 적극적인 측면이 있다. 그 양자 어느 것이든 여유가 있어야 가능한 일이다. 일정한 틀 안에서 살아가기에 급급하면 볼 수 없고 전달할 수 없고 창조할 수 없다. 그 때문에 세상살이에서 한 걸음 물러나 여유를 가지고 세상을 보고, 전달하고, 창조하는 일로 교육이 생겨났고, 그 일에 전념하는 곳으로 학교가 생겨났다.

그러므로 여가는 교육의 반대말이 아니다. 마찬가지로 놀이는 공부의 반대말이 아니다. 여유가 학교의 개념적 실제적 기초이듯이, 놀이 또한 공부의 개념적 실제적 기초이다. 공부는 세상을 놀듯이 대할 때 비로소 가능한 일이다. 바꾸어 말하면, 세상의 요모조모를 두루 살펴보고, 따져보고, 뒤집어 보고, 만들어 보면서 노는 일이 곧 공부다. 그런 탐색적이고 실험적이며 유희적인 공부를 통해서 우리는 세상을 더 잘 알게 되고 더 잘 사는 방법을 찾게 된다.

그럼에도 불구하고 지금까지 우리는 여가를 교육의 반대말로, 놀이를 공부의 반대말로 생각해 왔다. 공부를 놀듯이 해서는 안 되는 진지하고 엄숙한 일로만 간주해 왔다. 그리고 '열심히 공부했으니 이제 좀 놀아도 좋다'는 식으로 놀이를 공부에 대한 보상으로 평가절하하였다. 그로 인해 '공부 좀 그만하고 실컷 놀았으면 좋겠다'는 식의 적대 관계가 공부와 놀이 사이에 형성되었고, 급기야 놀이는 아무렇게나 해도 좋은 방종, 일이나 공부의 틈새를 메우는 자투리, 스트레스로부터의 도피처 같은 것으로 전락하고 말았다. 그러나 앞서 말했듯이, 놀이와 공부는 본래 그런 사이가 아니었다. 공부를 좋은 것으로, 놀이를 나쁜 것으로 차별하면서 우리가 그 둘 사이를 그렇게 갈라놓았을 뿐이다.

애당초 공부와 놀이는 구분이 없었다. 그렇다면 언제부터 왜 양자를 구분하기 시작했을까? 그 구분으로 인해서 얻은 것은 무엇이고 잃은 것은 무엇인가? 양자의 구분은 과연 불가피한 것인가? 지금에 와서 양자를 다시 통합할 수도 있을까? 다소 황당하게 들리는 이 질문들에 나는 깊은 관심을 가지고 있다. 사람들이 흔히 생각하듯이 놀이는 시간, 에너지, 재화의 소모나 낭비가 아니기 때문이다. 놀이에는 놀이 나름의 이치와 가치가 있고, 오히려 놀이를 통해서 시간, 에너지, 재화가 창출되기도 한다. 바꾸어 말하면, 놀이는 일 못지않게 중요한 일이요, 공부 못지않게 중요한 공부다.

2) 습득과 체득

교육의 성과는 쉽게 나타나지 않는다. 그러나 잘못된 교육의 폐해와 잘된 교육의 효과는 언젠가 반드시 나타나게 되어 있다. 교육은 '더 나은 인간 형성의 존재론적 지향'을 그 본질로 삼는다. 교육은 지금의 나보다 조금씩 더 나아지는 나를 추구한다. 그 추구는 습득習得과 체득體得을 통해 실현된다. 습득과 체득, 나는 이 말들을 무척 좋아한다. 온몸으로 배우고 익히지 않으면 내 것이 될 수 없다. 오롯이 전유專有 appropriation 하여 향유享有 enjoyment 할 수 없다. 벼락치기 요령의 시험용 공부로 일시 좋은 성적을 얻을 수는 있다. 그러나 쉽게 얻은 것은 쉽게 잃기 마련이다. 나는 학창시절 내내 시험공부로 인하여 진정한 학습을 즐기지 못했다. 이후 교수자의 삶을 살아오면서도 학습자들을 진정한 학습으로 안내하는 데 곤혹과 실패를 거듭했다. 비단 나만의 삶과 체험은 아닐 것이다. 그러니 이를 어찌하면 좋은가?

많은 사람들이 교육을 '백년대계'라 한다. 인생을 단거리 경주가 아닌 마라톤에 비유한다. 그러나 우리 사회의 교육 현실태는 그렇지 않다. 좋은 상급학교에 진학하고 좋은 직장에 취직하는 데 학생들과 그 부모, 아니 온 사회의 관심이 집중되어 있다. 교육을 적자생존의 경쟁 도구와 쟁취 수단으로 간주하는 세태가 악순환을 반복하고 있다. 진정한 의미의 평생교육은 구두선口頭禪에 불과하다. 우리는 니체Nietzsche, 1885의 차라투스트라에게서 '주사위 놀이'와 '영원회귀'를 배울 필요가 있다조용환, 2014. 그는 어떤 숫자가 나올지 모르더라도 놀이 자체의 재미로 주사위를 던지고 또 던져야 한다고 했다. 그는 "힘들의 세계는 정지하는 법이 없다. …중략… 결코 균형에 이르는 법이 없고, 한시도 휴식하는 법이 없다."Safranski, 2000/2018: 297고 하였다. 마찬가지로 "깨어 있는 의식은 결코 끝이나 종착점에 도달할 수 없다."같은 책: 274고 하였다. 그래서 "우리는 마치 매 순간이 영원한 것처럼 살아야 한다."같은 책: 301고 하였다. 그렇다, 교육은 지속적인 지향의 과정이다. 길 위에서 길을 찾는 일이다. 살아 움직이는 과정은 "요소나 단위로 잘라서 표현할 수 없는"류종열, 2013: 135 베르그송Bergson, 1975의 '지속'이다. 그럼에도 불구하고, 우리 사회의 교육은 내가 보기에 너무나 분절적이고 단견적이고 도구적이다.

교육은 '과도기過渡期'를 중시한다. 과도는 말 그대로 '지나감過'이며 '건너감渡'이다. 묵은 것에서 새것으로, 한 단계에서 다음 단계로 이행함이며 전환함이다. 그러다 보니 과도기에는 질서나 체제의 안정성이 허약하기 마련이다. 그리하여 학습자와 교수자 모두에게 혼란과 고통을 수반할 수 있다. 그로 인한 과오過誤, 과실過失, 과격過激, 과로過勞가 흔히 초래될 수 있다. 이 모두에 있는 '과過'가 '지나침'이나 '그릇됨'을 뜻하기도 하지만, 실상 시간적으로는 모두가 '지나감'이다. 그러므로 개인과 사회를 막론하고 과도기를 잘 이겨내고 견뎌내야만 보다 높은 단계나 수준으로 나아갈 수 있다. 그래서 그 과도기의 고통과 혼란, 과오와 과로는 충분히 값질 수가 있다.

2. 결과주의와 업적주의

교육은 실수와 실패를 나무라고 탓하기보다 그 원인을 찾아서 개선광정改善匡正의 계기로 삼는다. 바둑 수업에서 복기復碁가 갖는 의미이다. 이긴 바둑이든 진 바둑이든 간에 자신의 바둑을 다시 두어보면서 잘 둔 수와 잘못 둔 수를 반성하는 수련은 바둑의 향상에 필수적인 것이다. 공부 잘하는 학생들이 흔히 하듯이 '오답 노트'를 만들어서 자신의 실수와 부족을 보완해 가는 것도 마찬가지 방법이다. 교육적인 교수자는 의도적으로 실수와 실패를 유도하여 학습자가 교만하거나 방만하지 않도록 돌보기도 한다. 수 세기에 걸쳐서 인류를 곤궁에 빠뜨린 매독의 치료제 '살바르산 606'은 에를리히P. Ehrlich가 605회의 실패 끝에 마침내 완성하여 그렇게 명명된 것이다.

전구 하나를 만드는 데 천 번이 넘는 시행착오를 거듭한 에디슨의 이야기도 마찬가지다.[124]

이와 달리 셸러Scheler, 1928는 "어떤 적극적인 충동을 만족시키는 데 성공한 운동이 실패한 운동보다 나중에 더 자주 반복된다."2001: 42고 하였다. 실패보다 성공이 더 힘을 갖는다는 일종의 반론인 셈이다. 우리는 '칭찬은 고래도 춤추게 한다'Blanchard et al., 2002는 말을 알고 있다. 한국블랜차드컨설팅㈜ 같은 것이 생길 정도로 '칭찬 운동'이 한동안 우리 사회에 풍미하기도 했다. 저자들이 내세우는 '칭찬 10계명'은 아래와 같다. ① 칭찬할 일이 생겼을 때 즉시 칭찬하라, ② 잘한 점을 구체적으로 칭찬하라, ③ 가능한 한 공개적으로 칭찬하라, ④ 결과보다는 과정을 칭찬하라, ⑤ 사랑하는 사람을 대하듯 칭찬하라, ⑥ 거짓 없이 진실한 마음으로 칭찬하라, ⑦ 긍정적인 눈으로 보면 칭찬할 일이 보인다, ⑧ 일이 잘 풀리지 않을 때 더욱 격려하라, ⑨ 잘못된 일이 생기면 관심을 다른 방향으로 유도하라, ⑩ 가끔씩 자기 자신을 칭찬하라… 등이다. 이는 교육에서 학습자의 비록 작은 성공일지라도 그에 대한 긍정적인 평가와 피드백이 중요하다는 의미의 말이다. 교육심리학에서 성취동기는 학습 사태에서 '성취 가능한 과제'가 단계적으로 주어질 때 진작되는 동기를 일컫는다. 이를테면 멀리뛰기를 1m밖에 하지 못하는 학생에게 갑자스레 2m를 뛰라고 할 수는 없다. 하지만 그에게 1m 1cm를 뛰고 이어서 1m 2cm를 뛰게 지도한다면 언젠가 그가 2m를 뛸 가능성도 높

---

124) 여기서 나는 긴 고투 끝에 에디슨이 전구를 발명했다는 사실 못지않게, 그 과정의 실수와 실패를 통해서 전구와 관련된 숱한 다른 발견과 발명이 에디슨은 물론 그 이후 연구자들에 의해서 이루어질 수 있었다는 사실을 중시한다.

아진다.

요컨대 칭찬과 격려, 성취동기와 성공체험은 학습의 성장에 정말 중요하다. 반복되는 꾸중과 비난은 누구든지 견디기 힘들다. 크고 작은 실패를 거듭하면 누구든지 자신감과 자존감이 저하되고 용기가 꺾이기 마련이다.[125] 그와 반대로, 헛된 것만 아니라면 적절한 칭찬과 격려는 누구에게든 힘을 준다. 크고 작은 성공의 느낌은 누구에게든 자신감과 자존감을 높이고 용기를 준다. 큰 성공이 쉽지 않고 자주 있을 리 없음을 감안할 때, 실상 **작은 성공체험의 누적**이 더 교육적 의미가 있다. 이것이 바로 성취동기의 원리이기도 하다.

우리 부모와 교사는 자녀와 학생들에게 교육적으로 적절한 칭찬과 격려를 더 많이 할 필요가 있다. 교육적으로 적절한 성취동기와 성공체험을 더 많이 부여할 필요가 있다. 여기서 말하는 '교육적으로 적절함'은 이 책의 논지인 '교육의 본질에 충실함'을 뜻한다. 그런데 우리 학교교육의 현실은 어떠한가? 상급학교가 조금이라도 더 우수한 학생을 선발하기 좋게 시험과 평가의 '변별력'을 높이느라 고심하고 있지 않은가? 그래서 필요 이상으로 어려운 문제, 틀리기 쉬운 문제를 출제하여 알게 모르게 실패와 실패자를 양산하고 있지는 않은가? 입학용 시험과 경쟁의 공정성에 목을 매어 교육 본연의 공정성을 소홀히 하는 아이러니를 범하고 있지는 않은가?

나는 이 모든 논의가 교육다운 교육의 '과정성' 속에서 이루어져

---

125) 문제, 장애, 결핍 중심으로 인간의 심리를 분석하고 치료해 온 '부정심리학'의 전통을 비판하며 등장한 것이 '긍정심리학'이다. 최근 유행하는 '행복심리학'도 그 하나다. 부정적인 심리 현상들 가운데 긍정의 부족과 부적절에서 야기되는 것이 많다. 따라서 긍정의 회복과 증진을 통해서 치유될 수 있는 부정적인 심리 현상들도 정말 많다.

야 한다고 본다. 1장에서 역설하였듯이 근대 이후 공교육제도는 능력주의, 결과주의, 업적주의를 전제하거나 배태하였다. 그 폐단을 주목할 때 능력주의는 능력이 다른 인간다움을 경시하게 만들었다. 결과주의는 결과에 치중하여 과정을 소홀히 다루게 만들었다. 업적주의는 업적을 평가하느라 드러나지 않은 열정과 헌신을 무시하게 만들었다. 학교교육에서 학생들의 능력, 결과, 업적은 단적으로 시험 성적으로 축약된다. 시험 성적으로 승자winner와 패자loser가 치열하게 분류된다.[126] 그 분류에 따르는 사회경제적 지위의 배분이 공정하다고 믿기 때문이다. 하지만, 학생들의 역량은 시험 성적으로 오롯이 평가될 수 있는가? 승자와 패자의 분류가 교육의 본질적인 목적인가? 결과와 업적 위주의 분류가 사회경제적 지위 배분의 최적 근거인가? 아니, 실제로 사회경제적 지위가 능력과 역량을 기준으로 배분되고 있기는 한가?

3. 교육의 본질에 충실한 평가

인간의 능력과 품성은 워낙 다양하고 복잡하여 표준적인 잣대로 계량하거나 개량할 수가 없다. 학교가 체계적으로 평가하여 향상시키고자 하는 학력學力 또한 마찬가지다. 학력은 '배우는 힘'과 '배운 힘'을 포함한다. 하지만 힘이 배우는 것과 다 직결되지는 않으며, 배

---

126) 과정에 있다는 말은 최종적으로 결정되지 않았다, 결판나지 않았다, 그래서 얼마든지 달라질 수 있다는 말이다. 인생의 승부는 이처럼 늘 과정에 있으며, 열려 있는 것이다.

운 것이 다 힘이 되는 것도 아니다. 그럼에도 불구하고 진정한 의미의 학력에 대한 깊은 탐구와 관찰보다는 손쉬운 시험과 그 점수에 의존하여 학력이 계량되고 그 개량이 모색되어 왔다. 알다시피 시험은 평가의 한 가지 방편에 불과하다. 그러므로 우리는 부단히 시험을 시험하고 평가를 평가해야 한다. 그 시험과 평가의 잣대는 그것들이 교육다운지, 교육의 본질에 부합하는지 여부여야 할 것이다.

평가는 학습의 목표를 설정하고, 과정을 진단하고, 성과를 확인하기 위해서 꼭 필요한 활동이다. 평가를 통해 우리는 학습에서 무엇이 부족하고 부진한지를 파악하여, 더 나은 방법적 대안과 방향을 찾아갈 수 있다. 다음 학습을 위한 동기를 평가에서 얻을 수 있다. 뒤처지는 학습자를 어떻게 격려하고, 잘 나아가는 학습자를 어떻게 칭찬할지 알 수 있다. 그러나 평가의 이 모든 기능은 학습을 그 외부가 아닌 내부에서 긴 호흡으로 면밀히 관찰하고 통찰할 때, 분석하고 해석할 때 비로소 발현되는 것이다. 학습 외부의 보상과 성급하게 연결할 것이 아니라, 우선적으로 학습 내부를 향해 되먹임feedback되어야 하는 것이다. 그러나 이미 오래전부터 우리 학교문화에서는 '일회성 지필 시험one-shot paper test'들이 평가의 가장 핵심적인 기호체계와 소통체계로 작동해 왔다. 더욱이 그 시험들이 학습의 내부로 되먹임되기보다는 성급하게 외부에 더 연루되어, 학습을 돕거나 보살피지 못하고 오히려 변질되고 왜곡되게 만들어 왔다. 그래서 나는 본질에 충실한 교육을 구현하기 위해서 먼저 왜곡된 시험주의를 극복해야 한다고 믿는다. 그 이면의 변질된 능력주의, 학력주의, 자격주의 병폐를 바로잡아야 한다고 믿는다. 이 맥락에서 나는 교육의 본질에 충실한 평가를 다음과 같이 규정한다.

첫째, 평가評價 evaluation가 무엇인가에 대한 올바른 이해이다. 말 그대로 '평가'는 가치를 따져 매기는 일이다. 교육의 관점에서 평가는 학습자의 학습을, 그 과정과 성과의 가치로움을 따지고 매기는 작업이다. 학습자 내면의 가치들을 드러내고 의미화하는 작업이다. 모든 평가에는 가치판단이 전제된다. 무릇 가치판단은 쉬운 일이 아니며 함부로 할 일이 아니다. 인류의 긴 발자취 속에서 가치판단이 완벽하게 분란紛亂 없이 합치를 이룬 적이 있을까? 삶의 조건과 문화가 다양하고 교육에 대한 이해와 방식이 천차만별인데도 말이다. 앞에서 언급한 대로 다른 교육 활동에서처럼 평가에서도 문화의 횡적 상대성과 교육의 종적 상대성이 갈등할 소지가 항상 있다. 학습의 문화적 상대성을 중시할 때 획일적 잣대로 학습자를 비교하고 서열화하는 상대평가는 위험하다. 졸업이든 입학이든 취업이든 그 학업과 직무에 필요한 적정 수준을 학습자가 충족하도록 독려하는 절대평가가 분명히 더 교육적인 평가이다. 이미 오래전부터 취업 전선에서 자기 학교 졸업생이 불리하지 않도록 학점을 경쟁적으로 높이 주는 '학점 인플레이션' 현상이 나타나고, 그에 대처하느라 거의 모든 대학들이 상대평가를 확대하고 강제하고 있다. 교육부가 대학평가의 기준 가운데 하나로 상대평가 강화를 요구하는 까닭에 대부분 '울며 겨자 먹기'로 시행하는 조처이기도 하다. 교육 선진국으로 갈수록 '평가의 위력'을 줄이면서 상대평가보다는 절대평가를 더 중시하는 교육정책을 펴고 있다. 모름지기 모든 평가는 최대한 신중해야 하며, 지나침이나 치우침이 없어야 한다.

둘째, 교육다운 교육은 '평가를 위한 교육'이 아닌 '교육을 위한 평가'에 치중한다. 그러나 우리 사회의 교육 현실태는 평가가 교육을 끌고 다니는, 말 앞에 마차가 놓인 형국이다. 무엇보다도 대학교 입학시험이 고등학교 교육을 좌지우지하고 있다. 고등학교 입학시험이 중학교 교육을, 중학교 입학시험이 초등학교 교육을 좌지우지하는 식의 연쇄 즉 일종의 먹이사슬을 형성하고 있다. 중등학교 평준화와 무시험 배정이 원칙으로 제도화된 지 오래임에도 불구하고 각 학교급별로 대학입시를 정점으로 하는 상급학교 진학에 유리한 '좋은 학교'를 만들고 보내는 데 혈안이 되어 있다. 고등학교 단계의 국제고, 외고, 과학고, 자사고, 영재고 등등이 그러하다. 평가가 하급학교의 교육 방편이 아닌, 상급학교의 학생 선발 도구로 전락한 현실이다. 우리나라는 인류가 대학입학시험의 제도로서 개발한 '좋다고 하는' 가히 모든 제도를 도입하여 시행해 보았고 또 시행 중이다. 숱하게 추진된 '교육개혁'들의 핵심에서 대학입시제도 개편이 빠진 적이 없다. 그러나 그 시험제도들 가운데 교육다운 교육을 위한 평가제도로서 성공한 예는 단 하나도 없다. 왜 그럴까? 양자강 남쪽에서 잘 자라던 귤이 강을 건너면 탱자로 변질된다는 뜻의 '남귤북지南橘北枳'라는 말이 있다. 양자강 북쪽은 귤이 잘 자랄 수 있는 풍토가 아니다. 그처럼 외국에서 아무리 좋다고 평가되는 전통 있는 시험제도일지라도 우리나라에 도입되기만 하면 새로운 폐단을 야기하면서 실패하고 만다. 다 풍토 때문이다. 우리나라는 도대체 어떤 풍토를 가지고 있기에 교육의 본질에 충실한 평가가 뿌리를 내릴 수 없는가?

셋째, 교육의 본질에 충실한 평가는 결과가 아닌 과정 중심의 평가여야 한다. 평가하고자 하는 학습자의 능력, 즉 학력學力을 단정하기 위한 것이 아닌, 향상하기 위한 것이어야 한다. 능력은 가능성의 과정이지 종결적인 성과가 아니다. 능력은 상황, 조건, 맥락에 따라서 발현될 수도 있고 안 될 수도 있다. 사람마다 능력을 더 잘 발휘하는 상황, 조건, 맥락이 다를 수 있다. 그리고 인간의 행위는 욕망과 능력의 벡터적 결합이다. 욕망과 능력이 다 있을 때 행위가 최대화되고 최적화될 수 있다. 그러나 욕망은 있지만 능력이 없거나^{부족하}거나, 능력은 있지만 욕망이 없을^{부족할} 때에는 행위의 폭과 깊이가 저하될 수밖에 없다. 학습 의욕과 학습 능력 사이 상관성이 그것을 입증한다. 교육 사태에서 우리는 능력이 있는데도 의욕이 없거나 부족한 학습자를 만난다. 반대로 의욕이 왕성한데도 능력이 없거나 부족하여 애를 태우는 학습자를 만나기도 한다. 교수자는 이들 학습자 각각의 특성에 맞는 도움을 주어야 하고 그것을 위한 평가를 구안해야 한다.[127] 그런데 교육적이지 못한 평가에서는 '**평가 시점의 측정 가능한 능력**'을 성과 또는 결과의 형태로 평가하는 데 치중한다. 그러다 보니까 학습자의 욕망, 의욕, 동기는 물론이며, '지금의 시험'만으로 잘 드러나지 않는 학습자의 능력은 평가에서 배제된다. 일회적 지필 시험의 한계를 극복하는 대안으로 우리 학교교육에 수행평가performative evaluation가 등장한 지 오래다. 수행평가는 그 개방성, 다양성, 과정성, 실천성의 측면에서 교육적인 평가의 가능성이 큰 평가 방식이다. 그러나 우리 학교 현실태에서 실시되고 있는 수행평가는 그 본질이 흐려진 채 비본질적인 방식으로 운영되고

---

127) 교수자로서 나는 어떤 강좌에서든 '포트폴리오(portfolio) 평가'를 실시한다. 포트폴리오는 말 그대로 'port(carry)'와 'foglio(leaf)' 즉 '여러 장의 잎들로 묶어서 제출하기'를 뜻한다. 한 학기 내내 나와 함께 공부하면서 학생들이 수행한 학습의 과정과 성과는 한두 번의 시험으로는 결코 총체적으로 온전하게 파악할 수 없다. 따라서 학습에 관련된 '모든 것'을 묶어서 제출하는 방식의 포트폴리오 평가는 선택이 아닌 필수인지 모른다.

있다는 비판을 적잖이 받고 있다.

넷째, 학습자의 능력과 품성은 가르치고 배우는 현장의 '관계'와 '맥락' 속에서 평가되어야 한다. 무릇 평가는 평가받는 사람만이 아닌 평가하는 사람에 따라서 그 과정과 결과가 달라지기 마련이다. 평가의 방법, 시간, 장소, 맥락에 따라서 달라짐도 물론이다. 학습자의 능력과 품성을 특정한 시점에 특정한 방법으로 평가할 때의 한계를 극복하기 위해서 교육적인 평가는 학습자의 종합적이고 총체적인 '학습 생애사'를 중시한다. 그리고 학습자를 잘 아는 사람의 깊이 있는 평가를 중시한다. 그러나 평가가 교육이 아닌 선발의 도구로 쓰이는 사태에서는 그 효율성과 객관성이 지상의 기준이 되는 까닭에 그러한 고려가 용인되지 않는다. 오히려 현장 밖에서 교수-학습 당사자가 아닌 외부 전문가에 의해서 기획되고 실시되는 평가가 더 '공신력'이 있다고 간주된다. 이를테면 내신제도는 본래 학교교육 자체의 내실을 기하기 위한 평가 방식이었다. 그러나 선발시험의 위세에 떠밀려 그 본래의 취지를 상실하고 말았다.

지금까지 살펴본 교육적인 평가의 네 가지 철학과 방법은 우리 사회, 우리 학교에서 그다지 잘 수용되고 있지 않다. 오히려 좋은 철학과 방법을 몰라서가 아니라 '그렇게 할 수 없어서'라고 우기는 풍조가 더 만연해 있다. 교육의 이상형 혹은 이념형을 모르는 바 아니지만, '현실'이 그렇지 않고 나 혼자 '계란으로 바위 치듯' 해봐야 아무 소용이 없다는 것이다. 정말 그럴까? 취업을 정점으로 하는 사회선발, 대입을 정점으로 하는 학교선발이 교육다운 교육의 발목을 계속 붙잡도록 방임하고 포기할 수밖에 없는 것일까? 비교육적인 "교육"이 우리 모두에게 과연 불가피한 선택일까? 항간에 '내 자녀

대학 보낼 생각만 안 하면 행복한 교육을 할 수 있다'는 말이 돌고 있다. 이 말은 왜 나왔으며, 단순히 입시 루저loser의 패배의식을 합리화하는 데 불과한 말인가?

배움과 가르침 본연의 즐거움

잘 알다시피 공자는 〈논어〉에서 '學而時習 不亦說乎·배우고 익히면 즐겁지 아니한가'라 하였다. 이는 공부에 몸을 바친 학도學徒나 문사文士, 선비와 군자에게만 해당하는 말이 아니었다. 조금이라도 지혜로운 사람이라면 평생을 '학생'으로 살고자 했다王蒙, 2003. 배우는 삶의 기쁨과 겸손, 희망과 활기를 사랑했기 때문이다. 그리하여 벼슬을 하지 않은 평범한 사람들의 제사는 '학생부군신위學生府君神位'라는 칭송의 위패로 모셔졌다. 옛 현인들은 벼슬에 연연하지 않고 제자들 속에서 교학상장 하기를 즐겨 하였다. 심지어 생계가 곤란한 지경에 처했을 때나안소영, 2005 거동이 부자유스러운 유배지에서조차박석무, 2014 배움과 가르침의 즐거움만큼은 내려놓지 않고자 하였다.

1. 위인지학 vs 위기지학

그러나 오늘날 우리 교육의 현장들에서는 가르침과 배움에 대한 그러한 본질적인 향유를 찾아보기가 어렵다. 공부에 염증을 내고, 어떡하면 어서 공부에 끝을 낼까 요령을 부리는 '학인 아닌 학생'이 많다.[128] 도대체 왜 그럴까? 내가 보기에는 무엇보다도 교육이 그

---

128) 여기서 말하는 '학인(學人)'은 대안적 고등교육을 추구해 온 '수유너머'의 학습자를 지칭하는 용어이다. 제도교육의 '학생'과 달리 '학인'은 언제 어디서나 배움을 기꺼이 즐겁게 스스로 찾는다(고미숙, 2004).

본연의 목적이 아닌, 사회경제적 지위 쟁탈의 도구로 전락했기 때문이다. 특히 학교교육에서 배움과 가르침이 비교육적이거나 반교육적이거나 교육외적인 목표, 내용, 기준, 방법들에 의해 추동되고 관리되고 있기 때문이다. 그리하여 교사와 학생들의 '교육소외'조용환, 1996가 일상화되어 있기 때문이다. 소외는 내가 내 공부의 주인이 되지 못하고 내 교육의 주인이 되지 못하는 현상이다. 노예까지는 아닐지라도, 교육의 객체와 대상이 되고 학습의 이방인이 되어 있는 형국이 소외이다.

교육소외는 무엇보다도 학습과 교수의 부정합, 부조화, 불균형에서 초래된다. 지적 관심이나 호기심이 없는 상태에서 학교와 교사가 가르치는 것을 억지로 배워야 할 때 학생들은 교육에서 소외된다. 배우는 것의 총체적인 의미를 모른 채 그 단편만을 접해야 할 때, 자신의 구체적인 삶 속에서 배움의 힘을 느끼지 못하는데 무조건 암기하고 풀고 정답을 찾아야 할 때 학생들은 교육에서 소외된다. 마찬가지로 자신이 가르침의 목적과 내용과 방법을 선택하지 못하고 '위에서' 시키는 대로 따라야 하거나, 자율성을 침해하는 행정편의주의와 관료권위주의가 학교를 지배할 때 교사들도 교육에서 소외된다. 자신의 수업 자체보다 외부의 시험이 학생들의 마음을 사로잡고 있을 때 교사들도 교육에서 소외된다.

이러한 교육소외는 염려가 아닌 우리의 현실이다. 앞서 누누이 지적했듯이 우리 학생들의 학업은 성적지상주의, 도구주의, 시험주의, 업적주의, 결과주의에 지배되고 있다조용환, 2009. 학생들의 업적인 시험 성적은 학업의 성공과 실패를 결과 중심으로 구분한다. 그 결과는 중간고사, 기말고사, 모의고사에서도 중시되지만 종국에는 상급학교 대학입시에서의 성패로 압축된다. 이 최종 목표를 향한 도구적 '시험게임'에 맞추어 모든 공부는 '시험공부'가 되고 그 중간 목표는 '정답 찾기'가 된다. 이 맥락에서 정답이 아닌 사고는 허황된 사고에 불과하다. 그리고 결과로서 업적이 중시되다 보니까 무엇을 어떻게 왜 성취하였는지 그 배경과 과정은 무시되거나 도외시된다. 과정상 지켜야 할 규칙이나 도리는 진지하게 고려되지도 존중되지도 않는다. 심지어 좋은 성적을 얻어 좋은 학교에 진학할 수만 있다면 수단과 방법을 가리지 않아도 된다는 부도덕 비윤리까지 만연하고 있다. 이러한 현실 속에서는 교육의 본질이 결코 구현될 수 없다. 교육다운 교육이 이루어질 수 없다.

KBS 기획팀2013은 〈공부하는 인간〉에서 한국, 일본, 중국, 인도를 비롯한 '동양의 공부'가 **사회적 지향**을 가지고 있다 하였다. 단순화하여 말하자면, 가족의 성공과 조국의 발전을 위해서 경쟁적으로 공부를 한다는 것이다. 공자가 〈논어〉에서 말하는 '위인지학爲人之學'인 셈이다. 그와 달리 영국, 프랑스, 미국을 비롯한 '서양의 공부'는 **학습자 자신의 필요와 성취를 위해서** 선택적으로 공부를 한다고 하였다. 공자가 말하는 '위기지학爲己之學'인 셈이다. 이 비교분석이 다 옳지는 않겠지만, 우리 교육을 반성하는 데 중요한 포인트를 지적하고 있다고 본다. 공부는 해서 '남 줄 것'이 아니라 '내 것'이 되어야 재미가 있고, 의미가 있고, 보람이 있음에 틀림이 없다.

2. 세르티양주의 공부론

우치다다쓰루內田樹 2007는 〈하류지향〉에서 일본 청소년들이 공부를 그 자체보다 쓸모에 맞추어서 하거나 하지 않는 현실을 개탄하였다. 그와 관련하여 세르티양주Sertillanges, 1934는 〈공부하는 삶〉에서 "설령 우리가 배운 것을 모두 활용하지는 못하더라도 쌓아놓은 지식은 우리의 말에서 은연중에 배어나고, 이런 충만함은 다시 자신감을 키워준다."2013: 381고 하였다같은 책을 이하 'S'로 표기함. 나는 '낭중지추囊中之錐'라는 격언을 귀하게 여긴다. 호주머니에 있는 송곳은 삐져나오게 되어 있다는 말이다. 나에게 남다른 소질이나 재능이 있다면 굳이 남들 앞에 애써 내세우지 않아도 언젠가 저절로 드러나게 되어 있다는 말이다. 그러나 경쟁적인 사회선발과 학교선발에 지배당하고 있는 우리 교육에서 이 말은 공감을 얻기 어려운 것 같다. 세르티양주는 공부의 본질적 기초가 '사랑'임을 강조한다. 그리고 공부가 올바른 것이라면 '통일체'로서 삶 전체에 관여된 것이며, 주체와 타자 사이의 상호의존적인 앎과 실천이라는 사실을 강조한다. 공부는 '나의 삶'은 물론 '우리의 삶'과 결코 분리되거나 괴리되어서는 안 된다. 세르티양주가 말하듯이 "공부는 삶의 활동이어야 하고, 삶에 이바지해야 하며, 삶으로 충만해야 한다."S: 333

공부를 잘할 수 있는 사람이 따로 있는가? 그렇지 않다. 뛰어난 두뇌의 타고남과 그것을 발휘할 수 있는 좋은 환경을 갖춘 사람만이 공부를 잘할 수 있는가? 그렇지 않다. 물론 공부를 인식론적인 명석함과 탁월함으로 간주한다면 그럴 소지가 없지 않다. 그러나 내가 생각하는 공부의 본질은 존재론적인 거듭남, 즉 '더 나은 인간 형성의 존재론적 지향'에 있다. 그러므로 모든 사람, 모든 현존재는 두 뇌의 타고남이나 환경의 좋고 나쁨에 상관없이 각자의 '지금-여기'에서 실존적인 열정과 노력으로 무엇이든 어떻게든 공부를 잘할 수 있다. 세르티양주 역시 "어떤 공부를 해내는 데에 비범한 재능이 필요한 것은 아니다. 평균 정도의 자질만 있어도 충분하다. 나머지는 에너지와 그 에너지를 현명하게 사용하는 데에 달려 있다."s: 30고 하였다. 그는 "우리가 사랑하는 것은 진리가 아니라, 진리를 추구하면서 얻는 기쁨"s: 343이라 하였다.

공부는 정해진 길을 걷는 '닫힌 일'이 아니라, 길 없는 길에서 길을 찾는 '열린 놀이'이다. 우리 모두는 생애 내내 항상 이미 공부를 하고 있다. 다만 그 공부가 정말로 '공부다운 공부인가'가 그 의미와 질과 즐거움을 좌우할 것이다. 그렇다면 과연 어떤 공부가 '공부다운 공부'인가? 그 핵심 요건 가운데 하나가 '창작創作'에 있다. 달리 말해 '해석학적 순환'이 어떻게 얼마나 살아 있는가에 있다. 세르티양주가 말하듯이 "가장 평범한 사람도 거친 다이아몬드나 진주 같은 관념을 불현듯 떠올릴 수 있다. 어려운 것은 그 관념을 다듬는 일이고, 특히 진리의 보석을 세공하는 일이다. 그것이 진짜 창작이다."s: 381 지속적인 창작의 태도는 자신의 앞선 공부에 집착하거나 연연하지 않는 태도이다. 자신의 이해와 해석을 부단히 더 나은 것으로 바꾸어 가는 태도이다. 그래서 세르티양주는 자신의 앞선 "글 한 편을 변호하느라 시간과 힘을 쏟을 바에야 다른 글을 쓰는 편이 나을 것"s: 353이라 권유한다.

세르티양주가 자신이 터득하여 권유하는, 공부를 제대로 하는 데 유익한 지침 몇 가지를 살펴보자. 무엇보다 먼저, 숱한 공부들이 하나의 공부로 연관되고 통합되어야 한다는 점이다. "하나를 공부한다는 것은 실로 단계마다 다른 모든 것과 그것들 간의 결속의 의미를 떠올린다는 뜻"S: 199이기 때문이다. 그리고 "우리는 대상을 따로따로 탐구할 수 없으며" "우리가 전문화 혹은 분석이라 부르는 것은 실은 하나의 방법이자 수단"S: 199에 불과하기 때문이다. 나는 이대목에서 우리 어른들이 추구했던 '문리文理가 트임'을 생각한다. 어떤 사람, 사물, 사태에 대한 이해나 설명도 개별과 단면과 편견으로 접근해서는 온전할 수가 없다. 이 성찰과 통찰, 통합과 융합은 현미경적인 공부와 망원경적인 공부의 교차, 즉 세밀한 '집중zoom-in'과 광대한 '통찰zoom-out'의 교차에서 얻을 수 있다. 세르티양주는 "집중하는 것과 넓게 보는 것은 심장의 수축과 이완처럼 하나의 동일한 움직임"S: 200이라 하였다. 같은 맥락에서 "다른 영역들을 둘러보며 시야를 넓히고 근원적인 연관성을 의식한 뒤 전문 탐구로 돌아올 때, 당신은 좁은 학문 하나에만 갇혀 있던 과거와는 전혀 다른 사람이 되어 있을 것"S: 156이라 하였다. "나는 두 주 만에 새로운 언어 하나를 배우는 언어학자를 알고 있다. 어떻게 그럴 수 있을까? 그가 **다른 언어들을 많이 알기 때문이다.** 그는 척 보면 새로운 언어의 정신과 근본적 특징, 전체 구조를 파악한다."S: 158, 강조는 나의 것고 한 세르티양주의 말이 그러한 해석을 뒷받침한다.

좋은 공부를 위한 또 다른 지침은 독창적인 공부를 하라는 것이다. 그는 "모두 내가 바라보는 것을 바라보지만, 아무도 내가 보는 것을 보지 않는다."S: 118고 하였다. 여기서 우리는 '바라봄'과 '봄'의 대조를 주목하지 않을 수 없다. 한 세계의 '세인世人 das Mann'들은 '바라봄'을 대체로 공유한다. 그러나 그러한 일상적이고 상식적이며 세계-내적인 '바라봄'만의 태도는 새로운 '봄', 즉 '발견discover'을 가로막는 '장벽cover'이 되기 십상이다. 고독은 독창적인 공부에 몰입하기 위한 불가피한 선택이다. "고독 속에서 당신은 당신 자신을 만날 수 있고, 이것은 스스로를 이해하고 싶다면 꼭 필요한 일"S: 84이기 때문이다. 세르티양주 자신의 공부하는 삶에서도 "위대한 사유는 무의미한 소음과 잡념에서 멀리 벗어났을 때만 찾아왔다."S: 83고 했다. 바로 이 맥락에서 그는 "공부하는 삶을 위해서는 다른 어떤 낱말보다 한 낱말을 유념해야 한다. 반드시 삶을 '단순화'해야 한다."S: 73고 힘주어 말한다. 그러나 여기서 말하는 고독이 결코 고립을 의미하는 것은 아니다. "고독은 활력을 불어넣지만, 고립은 우리를 무기력하고 메마르게 만든다. …중략… 공부하는 지성인은 언제나 보편자 안에서, 역사 안에서 살아가야 한다."S: 36 그래서 세르티양주는 '현실 속에서 현실과 거리를 두는 공부'를 권유하고 있다. 그는 이를 "현실과 거리를 두기보다는 관조하는 정신을 지니고 현실로 들어가야 한다."S: 96고 표현하였다. 또는 "소설가가 사회로 들어가지 않으면 그의 책은 읽히지 않고, 사회로 들어가면 글을 쓸 시간이 없다."S: 96고 멋있게 표현하였다. 좋은 공부는 세계 속에서 하는 고독한 공부이며, 내 특유의 성과를 세계와 더불어 독창적으로 공유하는 공부이다.

조급해서는 좋은 공부를 할 수 없다. 대개의 시험공부가 그렇듯이 눈앞의 작은 목표에 휘둘리는 공부에는 여유가 없다. 좋은 공부는 큰 사랑, 긴 호흡, 평온한 마음, 무심한 목적, 열린 과정을 요구한다. 세르티양주는 "지적인 일은 모두 무아지경ecstasy의 순간에 시작된다."고 하였으며 "우리 자신을 벗어나 고양되는 것, 우리의 초라한 삶을 잊어버리는 것이 바로 무아지경"이라고 하였다.S: 372. 알다시피 그리스어 '*exstasis*'는 평범하거나 일상적인 자리를 벗어남을 뜻한다. 이는 좋은 공부가 반드시 한가해야 하고 실존적이어야 하고 기오적寄傲的이어야 함을 가르친다.[129] 그래서 도연명은 당대의 타락할 대로 타락한 관직을 버리고 자연과 농사를 택했으며, 용심用心에서 벗어나고자 한음閒吟을 즐기었다. 그것을 세르티양주는 "길 자체가 목표이고 결말이 수단인데 무슨 까닭으로 서두르는가"S: 317라고 표하였다. 아래와 같이도 표현하였다.

> 지적인 일을 하고 싶은가? 당신 안에 고요한 공간을 만들고, 회상하는 습
> 관을 들이고, 세상의 이해[利害]에 초연하고 절제하겠다는 의지를 다지
> 는 것으로 시작하라. 그러면 공부에 온전히 몰두할 수 있을 것이다.S: 370

> 위대한 발명가 에디슨은 한 아이에게 기억에 남을 만한 말을 해달라는
> 부탁을 받았을 때 미소를 머금고 이렇게 말했다. '얘야, 시계를 자주 보
> 지 말거라.' 에디슨 자신도 시계를 좀처럼 보지 않아서, 연애결혼을 했음
> 에도 결혼식 당일에 그를 찾으러 사람이 와야 했다. 탐구에 몰두하던 에
> 디슨이 결혼식을 까맣게 잊었던 것이다.S: 308

---

129) '기오(寄傲)'는 붓글 쓸 때의 내 필명이다. 〈陶淵明〉(김학주 편역, 2013)의 〈歸去來辭〉에서 얻은
말이다. 학인으로서 나는 제자들과 오래전부터 공동학습 모임인 '기오재(寄傲齋)'를 운영해 오고 있다.
〈귀거래사〉에서 도연명은 '倚南窓以寄傲(남창에 기대어 한가로운 도도함을 즐기니)'라 읊었다.

5장

"교육문제"의 교육문제화

지금까지 세 장에 걸쳐서 교육의 양상적, 지향적, 방법적 본질을 살펴보았다. 우리 교육을 교육답게 만들기 위해서 어떤 준거로 무엇을 고심하고 어떻게 실천해야 하는지 따져보았다. 그 과정에서 우리가 교육의 본질, 즉 교육의 교육다움에 대해서 너무 무지하거나 무심하거나 무력했음을 알 수 있었다. 깊은 성찰과 폭넓은 통찰 없이 제각기 나름대로 말하고 행해온 소신所信의 "교육"들을 부단히 검토하고 재검토해야 함을 깨달았다. 우리 교육을 교육답게 만들기 위해서 무엇보다도 '교육이 무엇인가'를 치열하게 문답하면서 말하고 행해야 함을 확인하게 되었다. 그리고 우리가 "교육문제"라 일컬으며 고심하고 고투해온 것들이 진정한 '교육문제'인지를, 교육의 본질에 비추어서 되짚어 보아야 함을 인식하게 되었다.

그래서 이 장에서는 교육문제를 교육다운 교육의 준거로 다시 문제 삼고자 한다. 세간의 "교육문제"들을 본질적인 교육의 눈으로 다시 문제화하고자 한다. 우리가 정녕 교육문제로 삼아야 할 것이 무엇인지에 대한 내 소견을 개진하고자 한다. 그 문제들을 어떻게 개선해야 할지에 대한 내 견해를 피력하고자 한다. '뉴노멀 시대의 교육'에 대한 비판적 검토도 덧붙일 것이다.

교육문제, 다시 보기

　이 시대 우리에게 가장 익숙한 '다시 보기'는 지나간 영화나 TV 드라마를 찾아 다시 보는 것이다. 우리는 왜 지나간 것들을 굳이 다시 찾아서 보는가? 지금의 일, 지금의 마음과 연관되는 기억 또는 추억을 되살리기 위해서다. 그래서 지금의 일, 지금의 마음을 좀 더 의미 있게 정리하고 단단하게 준비하기 위해서다. 그렇다면 나는 왜 교육문제를 다시 보고자 하는가? 교육에 관련된 지금까지의 일, 지금까지의 마음이 잘못된 것이라 여기기 때문이다. 그래서 교육에 관련된 지금의 일, 지금의 마음을 좀 더 의미 있게 정리하고 단단하게 준비하기 위해서다. 영화나 드라마를 다시 보는 데는 무료도 있고 유료도 있다. 어떤 것은 무료이고, 어떤 것은 유료일까? 지금 내가 하고자 하는 다시 보기는 무료이기는 하지만, 실상 엄청난 대가를 치러야 하는 작업이다. 교육 세상을 보는 눈을 바꾸어야 하고, 나아가 교육 세상을 사는 몸을 바꾸어야 하는 힘들고 위태로운 작업이기 때문이다.

1. 교육의 이름

　페미니즘 운동의 선구자로 꼽히는 여성학자 프리단Friedan, 1963은 자신의 저서 〈여성의 신비〉에서 당대 여성의 문제를 '이름 없는 문제'라 하였다. 여성의 문제가 아예 제기되지 않거나 올바르게 제기되지 않았고, 아예 다루어지지 않거나 올바르게 다루어지지 않았음을 비판한 것이다. 지금 이 책을 쓰면서 나는 우리 사회의 교육문제가 올바르게 제기되지 않아 왔고 올바르게 다루어지지 않아 왔음을 비판하는 입장에서 '이름 바뀐 문제'라는 표현을 쓰고 싶다. 교육문제가 엉뚱한 이름으로 다루어지는 반면에, 정작 교육문제가 아닌 문제들이 "교육문제"로 이름 붙여져 왔기 때문이다. 이름을 바로잡는 일은 중요한 일이다. 사람의 이름, 사물의 이름, 사태의 이름 모두가 그렇다.

노자는 〈道德經〉 머리글에서 '道可道非常道 名可名非常名'이라 하였다. 도가 도일 수 있지만 늘 같은 도는 아니며, 이름이 이름일 수 있지만 늘 같은 이름은 아니라는 뜻이다. 참 심오한 말이다. 위 문장에서 첫 글자 '도'는 이름 붙여지기 전의, 이름 붙일 수 없는 존재 그 자체의 [도]이다. 모든 판단을 중지bracketing한, 그러나 "도"라 일컬어지는 그냥의 무엇이다. 현상학자들이 말하는 선험적이고 선술어적이며, 미지와 미규정의 존재이다. 그리고 그 뒤의 두 '도'는 이름 붙여진 존재자 '도'들이다. 문화적 존재로서, 세계-내-존재로서 우리 인간은 존재지평이 아닌 문화지평 혹은 세계지평에서 산다. 문화와 세계의 지평은 이름의 지평이다. 인간은 존재 자체로, 존재 자체를, 존재 자체와 살지 않는다. 아니, 그렇게 살 수 없다. 우리는 항상 이미 개념화되고 범주화된, 분류되고 명명된 세계에 살고 있다. 이 개념, 범주, 분류, 명명들은 세계와 문화에 따라서 천차만별 다르다. 천차만별 서로 다름 속에서 무엇의 참된 무엇, 가장 무엇다운 무엇, 즉 그 본질을 찾는 것은 일종의 인지상정人之常情이다. 하지만 그 본질을 더 치열하고 치밀하게 찾는 일은 학자들의 소명이다. 그들은 연구_{research}를 통해서 모든 존재자 이름들을 하나하나 지우고 최대한 그냥 '있는 그대로'_{as it is, as you are} '自然'의 존재를 향하고자 노력한다.[130]

위 머리글 둘째 문장에서 첫 글자 '명'은 이름 붙여지기 전의, 이름 붙일 수 없는 존재 그 자체로서 [이름]이다. 모든 판단을 중지_{bracketing}한, 그러나 "이름"이라 일컬어지는 그냥의 무엇이다. 우리 인간 '대자_{對自}'는 존재하면서 대하는 모든 사람, 사물, 사태 '즉자_{卽自}'를 그냥 있는 그대로의 '자연' 상태로 두지 않는다. 별에도 꽃에도 이름을 붙인다. 왜 그러는 것일까? 그 모두를 의미화하기 위해서다. 나의 세계, 우리의 문화로 가져오기 위해서다. 그 '이름'들이 바로 둘째 셋째 글자인 존재자로서 '이름'들이다. 이름이 이름일 수 있지만, 늘 같은 이름은 아니다. 참 좋은 말이다. 삼라만상에 헤아릴 수 없이 많은 이름들이 붙여져 왔고, 붙여지고 있고, 앞으로도 붙여질 것이다. 한국어로, 영어로, 체로키 말로, 송나라 말로, 70대 용어로, 10대 용어로… 말이다. 그런데 서로 다르게 붙여지는 이 숱한 이름들 때문에 시시비비_{是是非非}가 생긴다. 이름을 바로잡아야 한다는 목소리, 이름을 바로잡으려는 노력이 생긴다. 우리 인간에게 이름은 참 중요한 무엇이다. 중요하기에 존재에 가장 부합하는 존재자 이름이 요구된다. 이름을 바로잡기 위해서는, 본질에 부합하는 이름을 붙이기 위해서는 사람, 사물, 사태를 다시 보고 또다시 보아야 한다.

나는_{조용환, 2015b} 아래 졸시 〈내 딸〉에서 이러한 다시 보기, 본질 찾

---

130) 이 노력이 내가 하는 질적 연구(조용환, 2012b)의 가장 기본적인 지향이다. 문화와 자연을 넘나들면서 존재의 본질을 직관하고자 하는 '文質彬彬'의 노력 말이다.

기 작업을 시적으로 표현한 바 있다. 여기서 나는 내 딸을 최대한 '있는 그대로' 존재 자체로 직관하고자 노력하고 있다. 물론 결코 쉬운 일이 아니지만, 아니 불가능한 일이지만 말이다.

내 딸

이름을 짓고
이름을 부르고
이름을 통해 기뻐하고 슬퍼하지만

정작 내 핏덩어리로
내 속에 살고 있는 너는
이름이 아닌
기쁨도 슬픔도 아닌
그냥 내 딸이다

내가 영원히 있기 위해서
네가 있는 것처럼
네가 잠시라도 기억되기 위해서
내가 있다

아프리카 어느 동쪽 올두바이 계곡에서
바람처럼 시작된 너와 나의 관계는

숱한 이름들 속에서

대대로 기억하고 또 망각하는 가운데

내가 어느 딸의 아들이듯이

너는 그 아들의 딸로서

이렇게 함께 살고 있다

- 전문

    이 책 서장에서 나는 교육의 이름 네 가지를 구분하였다. 먼저 아무런 부호가 붙지 않은 교육이다. 이는 문화적으로 상용되고 통용되는 개념이자 이름으로서 교육을 말한다. 그와 달리 따옴표가 붙은 "교육"은 우리 사회 여러 구성원들이 각자의 인식, 입장, 상황에 따라서 서로 다르게 부르고 불리는 이름이다. 그러나 이런 용법과 용례의 차이들을 넘어서서 학술적으로 어느 정도 보편타당하고 전문적인 고찰이 필요한 개념이나 이름으로서 '교육'이 있을 수 있다. 글 앞에서 이미 언급한 것을 다시 표기하거나, 강조하여 주목할 필요가 있을 때에도 이 홑따옴표의 '교육'을 쓸 수 있다. 그런데 일상에서는 쓰지 않는 [교육]이 있다. 이는 이름 붙여지기 전의, 이름 붙일 수 없는 존재 자체 또는 현상 자체를 일컫기 위해서 현상학자들이 사용하는 표기법이다. 교육에 붙은 부호 '[ ]'를 영어로 'bracket'이라 한다. 교육에 이 부호를 씌우는 까닭은 '알 수 없음'을 표현하기 위해서다. 또는 우리가 알고 있는 것, 알고 있다 여기는 것 모두를 유보하기 위해서다. 교육에 붙여지는 모든 이름을 내려놓고 '있는 그대로'의 교육, 즉자_soi itself_ '그것 자체'의 교육에 다가가기 위해서다. 이 문질빈빈 작업을 현상학에서는 '판단중지_bracketing_'라 일컫는다.

이 책에서 나는 교육과 "교육"을 '교육'의 눈으로 다시 보고자 했다. 교육과 "교육"들을 내려놓고 [교육]에 다가가고자 했다. 존재자와 존재 사이의 이 작업은 구성_construction_되어 있는 것을 해체_deconstruction_하여 더 나은 것으로 재구성_reconstruction_하는 작업이다. 여기서 '교육'은 교육학자로서 내가 가지는 교육에 대한 나의 이념형이다. 교육다운 교육, 교육의 본질을 지향하는 내 상심과 호기심이 담긴 교육의 이름이다. 이 이름으로 나는 "교육문제"를 '교육문제'답게 재구성하고자 한다. 그러기 위해서 먼저 '학교문제=교육문제'의 등식부터 재검토하기로 한다.

2. 학교의 위력

이 책 머리에서 나는 '학교가 갖는 위력'을 언급하였다. 가기 싫은 학교조차 아이들이 억지로 가야 하는 까닭 두 가지를 언급하였다. 학교를 나와야, 더 높고 더 좋은 학교를 나와야 잘살 수 있기 때문이다. 반면에 학교를 나오지 않으면, 낮고 좋지 않은 학교를 나오면 잘살 수 없기 때문이다.[131] 신화처럼 신앙처럼 우리에게 굳어져

---

131) 브라운과 그 동료들(Brown et al., 2011)은 "대부분의 사람들은 일종의 방어 수단으로 교육에 돈을 쓴다. 이들에게 교육은 적당한 생활 수준을 누릴 수 있는 최소한의 기회를 그러잡기 위해 필요한 투자다."(2013: 28)라고 하였다. 학력이 높다고 해서 반드시 윤택하게 살 수 없을지는 몰라도, 학력이 낮으면 윤택하게 살 기회가 현저히 줄어든다고 믿기에, 어쨌든 남 못지않게 학교를 더 다녀야 하고 더 좋은 학교를 나와야 한다는 것이다.

있는 이 '학교의 위력'은 정말 절대불변 보편타당한 것인가? 그렇지 않다는 반증 사례들을 미담처럼 간혹 접하지만, 우리 사회의 오랜 학력 간, 학벌 간 임금 격차는 줄곧 통계로 입증되어 왔다. 그렇다면 앞으로도 그럴 것인가? 앞으로도 계속 그러해야 하는가? 아니, 그에 앞서 과연 임금 즉 수입이 잘 살고 못 삶의 가장 중요한 근본적 잣대인가? 내가 부러워하는 '선진 사회'로 갈수록 이 학력 간, 학벌 간 임금 격차는 현저히 줄어든다. 그 '교육 선진국'으로 갈수록 임금 격차 때문에 학교를 다니는 사람이 줄어들고, 진정한 배움을 위해서 행복하기 위해서 학교를 다니는 사람이 늘어난다.

미국의 경제학자 브라운과 그 동료들Brown, et al., 2011은 〈The Global Auction〉이라는 책에서 학력과 직업-수입 사이의 상관관계를 재조명하고 있다. 다양한 연구들을 분석하고 종합하여 학력-직업-수입의 연결고리가 더 이상 탄탄하지 않으며 앞으로는 더더욱 그럴 것이라는 결론을 내린다. 그래서 그들 책의 부제를 'The Broken Promise of Education, Jobs and Incomes'라 붙이고 있다. 교육과 직업과 수입 사이의 깨진 약속이다. 그런데 저자들은 내가 지적해온 '교육을 학교와 동일시하는 오류'를 여실히 범하고 있다. 그들이 책에서 언급하고 있는 "교육"은 실상 거의 모두가 "학교"이기 때문이다. 이와 같은 '학교=교육' 등식의 오류는 국내외를 막론하고 너무나 보편화되어 있다. 이 오류는 이혜진과 정유진의 번역본2013에서도 고스란히 나타난다. 역자들은 번역본 제목을 〈더 많이 공부하면 더 많이 벌게 될까〉로 달고 있다. 학교와 교육과 공부를 동일시하는 셈이다. 원본의 취지에 맞게 이 질문을 바꾸자면 '더 높은 학교를 나오면 더 많이 벌게 될까'가 되어야 한다고 나는 본다.

번역본 제목의 질문 '더 많이 공부하면 더 많이 벌게 될까'에 대한 내 대답은 '그럴 수 있겠다'이다. 그리고 질문을 바꾸어 '더 많이 공부하면 더 잘살게 될까'에 대해서 답하라면 '마땅히 그렇다'고 답하겠다. 공부를 많이 하면 돈 버는 데에 유리할 수 있고, 잘사는 데에도 도움이 될 수 있기 때문이다. 물론 꼭 그렇게 된다는 말은 아니다. 얼마든지 그렇게 되지 않을 수도 있다. 문제는 **여기서 말하는 공부가 어떤 공부인가**이다. **잘 산다는 것이 어떻게 산다는 것인가**이다. 원본의 저자들은 '더 높은 학교를 나오면 더 많이 벌게 될까'라는 질문에 대답하고 있다. 그 문답에서 그들은 '더 높은 학교를 나와도 더 많이 벌 수 없게 될 것'이라고 주장한다. 왜 그런가?

브라운과 그 동료들Brown, et al., 2011은 "고학력 노동자가 고임금을 받을 것이란 약속은 신자유주의 개념의 핵심이었다. 좋은 교육을 받은 사람에게 일자리는 자연히 따라온다. 따라서 일자리를 얻느냐 못 얻느냐는 각 개인이 열심히 공부를 했는가 여부에 달린, 오로지 그 개인의 탓으로 돌려졌다."2013: 46고 운을 뗀다이하 같은 책을 'B'로 표기함. 하지만 이 신념체계는 '신자유주의 바람'이 불기 전에도 이미 우리 사회에 만연해 있던 것이다. 적어도 어느 정도는 실상으로 입증되어 왔던 것이기도 하다. 그런데 저자들은 미국의 경우에, 앞으로는 이 신념대로 학력-임금 고리가 유지되지 않을 것이라고 판단한다. 무엇보다도 인력시장의 세계화 때문이다. 저자들은 이를 "기업들은 한 푼이라도 이득이 더 남는다면 저임금 국가로의 아웃소싱을 결코 멈추지 않을 것"B: 176이라는 예측으로 뒷받침한다. "OECD의 국제연구보고서도 고숙련 일자리가 더 이상 아웃소싱으로부터 안전하지 않다고 밝힌 바 있다. 아웃소싱은 소프트웨어나 컴퓨터 서비스,

정보기술 분야 같은 기술집약적 산업으로 널리 확산되고 있다."B: 184-185고 부연한다.

인력시장의 세계화가 '학교 위력의 약화'에 도대체 어떤 영향을 어떻게 미치길래 그런 주장을 하는가? 저자들은 세 가지 단적인 예를 들고 있다. 그 첫째가 책의 제목이기도 한 '글로벌 경매global auction'이다. 둘째는 '디지털 테일러리즘Taylorism'이며, 셋째는 '승자독식winner-takes-all'이다.

알다시피 경매競賣는 사겠다는 사람이 많을 때 값을 가장 높게 부르는 사람에게 무엇을 파는 것을 말한다. 그런데 세계화가 확산 심화되면서 인력이 한 국가의 경계를 넘어서 다국가, 초국가, 무국가 인력시장에서 매매되는 현상이 현저히 나타나게 되었다. 그와 병행하여 몸값을 높이기 위한 경쟁으로서 고학력화, 즉 인력의 고급화가 세계적인 추세로 나타나게 되었다. 또한 학교의 입학과 졸업, 졸업장과 자격증의 세계적인 비교·등가화가 급속히 진행되게 되었다.[132] 이제 예비노동자로서 학생들의 '몸값 높이기', 이른바 '스펙 쌓기'가 세계 인력시장을 겨냥하여 이루어지고 있다. 그 '스펙'의 기준들이 세계시장에서 형성되고 적용되고 있다. 그 결과 '역경매逆競賣'라고 하는 서글픈 현상이 나타나게 되었다. 역경매는 같은 물건을 팔고자 하는 사람이 많을 때 값을 가장 낮게 부르는 사람의 물건

---

132) 1장에서 언급한 'PISA 테스트'를 유럽연합(EU) 국가들이 실시한 까닭도 노동력 혹은 인력의 등가 교류를 위해서였다. 프랑스와 독일은 자국의 대학입학자격시험인 '바칼로레아(*Baccalaureate*)'와 '아비투어(*Abitur*)'를 통합한 '아비로레아' 혹은 '바칼투어'를 이미 공동으로 개발하여 그 실시를 추진하고 있다.

을 구매자가 사는 일을 말한다.[133] 브라운과 그 동료들은 이 '글로벌 역경매' 현상을 아래와 같이 설명한다.

우리에게 잘 알려진 소더비나 이베이에서 열리는 예술품 경매에서는 가장 높은 가격을 부르는 사람이 낙찰을 받는 일반적인 경매 방식이 적용된다. …중략… 그러나 글로벌 일자리 시장에서 경매는 정반대로 작동한다. 네덜란드식 경매 방식으로도 불리는 역경매 방식에서는 참여자들이 갈수록 낮은 가격을 불러 가장 싼 가격을 부른 이가 낙찰된다. …중략… 이런 일자리 역경매는 월급봉투를 얇게 할 뿐만 아니라 노동 시간 연장, 퇴직금 축소, 건강보험 혜택 축소, 직업 불안정성의 증가로 이어진다. 노동자들이 덜 받고 더 일하게 되는 것이다.B: 18-19

스펙 경쟁이 세계적 규모로 진행되면서 이제 선진국, 후진국 가릴 것 없이 세계 각국에서 대학 졸업자가 넘쳐나고, 석사 박사 학위 소지자도 넘쳐나고 있다. 심지어 '포닥Post-Doctor'이라 불리는 '초박사'까지 양산되고 있다. 실상 '과도한 학력 경쟁overschooling'으로 인한 '고용의 저질화underemployment' 현상이 세계적 추세가 된 지는 이미 오래다. 이 학력 경쟁의 끝은 과연 어디일까? 이 학력 경쟁의 문제가 곧 "교육문제"로 당연시되고 있는 이 세태는 어떻게 바로잡을 수

---

133) 우리말 '경매'는 한자어로 '競賣'와 '競買' 두 가지 뜻을 담고 있다. 앞의 일반적인 경매가 '競賣'인 반면에, 여기서 말하는 '역경매'는 '競買'에 해당하는 것이다.

있을까?

　브라운과 그 동료들이 주목한 둘째 현상은 '디지털 테일러리즘'이다. 알다시피 테일러리즘은 산업혁명 시기에 작업 과정에 대한 세밀한 연구를 통하여 작업 행동의 효율적인 조작화와 조직화를 기했던 배경 사상이다. 이는 자동화 기계의 발달과 '기계에 의한 인력의 무력화'에 기여한 산업혁명의 역설irony 가운데 하나이다. 이 "테일러주의의 요체는 미세한 동작 하나하나를 관리자의 의지대로 길들이고 작동시키려는 것이다. 그것은 노동자의 신체를 길들이려는 '의지'요, 자본가의 의지대로 그들의 신체를 통제하는 권력이다."이 진경, 2008: 150 그렇다면 '디지털 테일러리즘'은 무엇인가? 그 요체는 모든 '물질 아날로그'가 '정보 디지털' 시스템으로 변환되는 이른바 정보혁명 시대의 테일러리즘이다.[134] 디지털 테일러리즘은 가히 정보혁명의 역설 가운데 하나이다. 기계에 의한 신체 인력의 대체가 산업혁명의 핵심이라면, 인공지능에 의한 인간지능의 대체가 정보혁명의 핵심이다. 브라운과 그 동료들은 이를 "회사들은 지식노동을 규격화하고 세분화하는 프로세스를 통해서 지식노동의 비용을 줄여왔다. 우리는 이를 '디지털 테일러리즘'이라고 이름 붙였다. … 중략… 새로운 테크놀로지들은 지식노동을 실용적 지식으로 점차 치환시켜 왔으며 기술직, 경영직, 전문직 업무의 일정 부분내가 보기에는 전면을 규격화하는 데 이르렀다."B: 20-21고 해설한다. 산업혁명 시대에

---

134) 근자에 많은 사람들이 정보혁명을 '4차 산업혁명'이라 부르고 있다. 동일 계열의 상이한 진보로서 1차, 2차, 3차, 4차의 산업혁명을 구분하는 것이 의미가 있을지 모르겠다. 하지만 산업혁명과 정보혁명은 그 성격과 전환 자체가 너무나 다르기 때문에 나는 그런 구분법에 동의하지 않는다. 나는 어떤 인류사회도 거스르지 못하고 거칠 수밖에 없었던 세 가지 혁명을 농업혁명, 산업혁명, 정보혁명이라고 믿는다.

인간의 '지능'만큼은 인간에게, 보통사람들에게까지 맡겨지고 장려되었다. 그러나 정보혁명 시대에는 인간의 '지능' 자체가 소외와 냉소의 대상으로 전락하였다. 더욱이 보통사람들의 '보통지능'은 무시와 경시, 저평가와 무력화에서 벗어날 수 없게 되었다. 이런 '코페르니쿠스적 전회轉回'의 시대임에도 불구하고 우리 사회는 여전히 아날로그적인 지식과 기술 위주의 "교육"과 입학시험에 목을 매고 있지 않은가? 학교의 위력이 약화되고 있는 형국에서도 더 높고 더 좋은 상급학교 진학 경쟁에 몰두하느라 정말 '교육다운 교육'을 염려하고 정립하는 데에는 무관심, 무정견, 무기력을 일관하고 있지 않은가?

셋째로, '승자독식'의 문제를 살펴보자. 첨단을 넘어선 초첨단 과학기술의 발전으로 인하여, 산업 전선의 인공지능화로 인하여 이제 우리 자녀와 학생들은 '양극화bipolarization'의 낮은 쪽 극단으로, 더 낮은 쪽 극단으로 점점 더 내몰리고 있다. 자, 벌써부터 나 자신이, 그리고 얼마나 많은 우리 자녀와 학생들이 초첨단 과학기술에 무지한가? 초첨단 인공지능의 이치와 개발에 무력한가? 웬만한 '두뇌' 백명을 평균 연봉으로 고용하기보다 '초두뇌' 한 사람을 거액 연봉으로 고용하기를 선호하는 기업의 추세가 이미 심화되고 있다. 어디 기업만 그러랴. 연구와 학문, 예술과 스포츠 부문은 그렇지 않은가? 그 결과, 사회와 부문에 따라서 다소 차이는 있지만 이제 상위 20%가 나머지 80%를 '먹여 살리는' 형국이 보편화되어 가고 있다. 심지어 초상위 1%가 나머지 99%를 '먹여 살린다'는 사회도 있다. 말이 좋아 '먹여 살리는' 것이지 실상은 '잡아먹는' 것이다. 고학력 세계 인력시장으로 갈수록 '핵심인재'의 지배가 날로 심화되고 있다. 이에 대해 브라운과 그 동료들은 "기업들은 노동비용 절감을 위해서 대다수 노동자의 업무 환경을 악화시키는 동시에, 핵심인재를 끌어오기 위해서는 엄청난 보수를 제시하며 투자를 아끼지 않는다."B: 144고 하였다. 그래서 앞으로는 '더 높은 학교를 나와도 더 많이 벌 수 없게 될 것'이라고 단호히 주장하는 것이다. 이제는 "회계사, 교수, 엔지니어, 변호사, 컴퓨터 전문가와 같은 직업 타이틀도 더 이상 수입, 직업, 안정성, 커리어 전망을 보장해 주지 않는다. 이런 직업군에서도 '승자독식' 구조의 경쟁이 갈수록 치열해지고 있기"B: 24 때문이다.

그렇다면 승자독식에서 '승자'는 과연 무엇이며 어떤 사람인가? 착한 사람인가, 똑똑한 사람인가, 아름다운 사람인가, 교육적인 사람인가? 아니면 힘센 사람인가, '금수저'인가, 기회를 잘 잡는 요령 있는 사람인가? 이 질문들은 우리 사회 전체가 심각하게 고민하고 답해야 할 질문들이다. 아래 인용문에서 보듯이 양극화의 불평등이 나날이 더 심각해지는 데다 나아질 가능성이 보이지 않기 때문이다.

버클리대학의 에마뉘엘 사에즈Emmanuel Saez 교수는 1917년 이후 미국 고소득층의 소득 변화를 연구했다. 그의 연구에 따르면 2006년 기준으로 소득 상위 10%가 전체 국민소득의 거의 절반인 49.7%를 가져갔으며 이는 증시버블이 최고조에 달했던 1928년의 격차를 훨씬 뛰어넘는 수준이었다. 특히 상위 1%는 1993년부터 2006년까지 미국 경제성장으로 인한 이익의 절반을 자기 몫으로 챙겼다. 이들 중에는 주요 기업들의 CEO를 포함한 월급쟁이 부자들이 포함돼 있다. 1965년 미국의 CEO들은 일반 노동자들보다 24배 많은 연봉을 받았지만, 1990년대에는 격차가 100배 이상으로 늘어났으며, 2007년에 이르러서는 275배나 더 많이 가져갔다.B: 195

이는 비단 미국 사회의 문제만이 결코 아니다. 우리 사회의 양극화 또한 악화 일로를 걷고 있다. 단적인 예로 유한계급 부동산 왕국의 병폐를 치유하는 데 어떤 제도와 정책도 통하지 않는 현실을 목도하고 있지 않은가?

3. 그렇다면 교육은…

이런 양극화의 불평등을 어찌 감당해야 하는가? 수수방관하거나 자포자기할 수는 없지 않은가? 학교에 연루된 사람으로서, 교육을 걱정하는 사람으로서 이 문제를 나는 어떻게 파악하고 어떻게 대처해야 하는가? 먼저 이 문제를 제기한 브라운과 그 동료들의 이야기를 들어보자. 이들은 자본주의가 근본적으로 휴머니즘의 장벽일 수밖에 없음부터 아래와 같이 지적한다.

모름지기 정부에는 국민에게 최우선적으로 복무해야 하는 의무가 있지만, 자본주의에는 그런 우선순위가 없다. 자본주의는 돈을 벌 수 있는 작은 틈만 있으면 이를 파고들어 쉬지 않고 자본을 축적한다. 기존 질서에 대한 존중이란 없다. …중략… 마르크스와 엥겔스는 이렇게 말했다. "자본주의에서는 모든 견고한 것들이 공중분해 되고, 모든 신성한 것들이 세속적이게 된다. 그리고 인간은 마침내 이성, 삶의 조건, 그리고 인류애에 대한 도전에 직면하게 된다."B: 190-191

그렇다면 이 비인간적인 자본주의를 어찌해야 하는가? 이진경2004은 자본주의의 그악스러움에서 벗어난 삶을 최대한 지켜내는, '자본주의의 외부'를 최대한 확장하는 방법밖에는 없다고 하였다. 자본주의 안에서는 자본주의의 모순을 해결할 묘법이 없다는 것이다. 나의 신념 또한 자본주의에 휘둘리지 않는 교육 본연의 삶을 최대한 지켜내야 한다는 것이다. 교육이 아닌 다른 삶의 형식들로부터 교육의 자율성을 최대한 확보해야 한다는 게 내 지론이다. 비교육적이거나 반교육적이거나 교육외적인 삶과 교육적인 삶을 분별하고, 남 탓을 하기 전에 나부터 먼저 교육적인 삶에 최대한 충실하고자 노력해야 한다. 물론 정치, 경제, 사회, 문화, 예술, 종교 등의 숱한 삶의 형식들은 그 나름의 가치가 있고 정당성이 있다. 우리 인간의 삶을 온전히 이해하고 더 풍요롭게 만들기 위해서 꼭 필요한 삶의 형식들이다. 그러므로 교육은 그 삶의 형식들과 부단히 교차하면서 최적의 통합과 융합을 모색해야 한다. 하지만 사회문제나 경제문제가 무분별하게 "교육문제"로 둔갑해서는 곤란하다. "학교문제" 모두가 교육문제일 리도 없다. "교육문제"가 온전히 '교육문제'로 다루어질 때 비로소 교육문제가 해결될 수 있다. 교육의 본질적 준거에 입각해서 문제들이 파악되고 개선될 때 비로소 교육다운 교육이 이루어질 수 있다. 그렇다면, '교육'과 '교육문제'의 준거라 할 수 있는 교육의 본질은 무엇인가? 나는 교육의 양상적 본질을 2장에서 '학습과 교수의 해석적 상호작용'으로 논하였다. 교육의 지향적 본질을 3장에서 '더 나은 인간 형성의 존재론적 지향'으로 다루었다. 그리고 교육의 방법적 본질 준거는 4장에서 살펴본 '변증법적 대화의 과정'이다.

브라운과 그 동료들은 "신자유주의에 대한 믿음이 흔들리고 있는 지금이 국가가 다시 나서서 적극적으로 시장에 개입하고, 국가의 부를 소수가 아닌 다수에게 재분배하며, 민주적 자유를 확대하기 좋은 기회"B: 259라고 하였다. 국가는 양날의 칼이다. 왜곡된 국가주의가 사회와 교육을 망칠 수도 있고, 공동체적이고 공명정대한 국가가 '나라다운 나라'와 '교육다운 교육'을 증진시킬 수도 있다. 교육의 개혁에 사회경제적 인프라의 구축이 얼마나 중요하고 필요한지에 대해서 브라운과 그 동료들은 아래와 같은 혁명적인 입장을 표명한다.[135]

그렇다면 글로벌 옥션에 대응할 수 있는 새로운 기회의 장을 마련하고, 더 공정하며 지속 가능한 세계를 만들려면 어떻게 해야 할까. 이를 위해

---

135) 나는 오랫동안 대안교육운동, 대안학교운동에 관심을 가져왔다. 공동육아에서 비롯된 취학전 대안교육, 그에 이은 초등 대안교육과 중등 대안교육이 마침내 대안적인 고등교육을 요청하고 있다. 그러나 궁극적으로 우리 사회가 '대안적인 사회'로 거듭나지 않는다면 그 운동들이 온전히 결실을 거두기가 어려울 것이다. 이는 대안적인 사회 기반이 먼저냐, 대안적인 교육 운동이 먼저냐를 따질 일이 아니다. 그 양자가, 나아가서 모든 삶의 형식들이 교육다운 교육의 정립을 촉진하는 방향으로 연동해야 할 것이다.

서는 경제활동이 더 나은 삶에 연결되도록 무엇을 우선해야 할 것인가에 대한 민주적인 토론이 필요하다. 더 나은 삶은 단순히 1인당 국민소득이나 월급의 액수만으로 측정할 수 없는 것이다. …중략… 새로운 방식은 단순히 더 많이 기회를 제공하는 데 머물러서는 안 된다. 그것은 교육과 일자리에 보다 공정하게 접근할 수 있게끔 해야 할 뿐만 아니라 경제적 번영의 몫을 나누는 방식도 바꾸는 일종의 사회혁명이 되어야 할 것이다.B: 253-254

경제학자인 저자들이 내리고 있는 결론이 교육에 초점을 두고 있다는 사실이 놀랍다. 이들은 "글로벌 옥션에 효과적으로 대응할 수 있는 방법은 '더 열심히' 하는 것이 아니라, '과거와 다르게' 하는 것이다. 지금까지와는 다른 새로운 혁신이 필요하다. 그리고 그 중심에는 여전히 교육이 있다."B: 254고 하였다. 그리고 그 교육은 '소유를 다투는' 것이 아니라 '지적 호기심과 흥미 그 자체'의 것이어야 한다고 하였다. 그럼에도 불구하고 지금의 세태에서 "지적 호기심이나 흥미 그 자체가 원동력이 되어 **탐구하는 배움**은 **소유를 위한 배움**에 밀려나고 있다. …중략… 이런 공부만 하다 보니 많은 학생들은 남들보다 앞서 나가기 위한 지식은 배웠지만 왜 무엇을 해야 하는지에 대해서는 알지 못한다."B: 240, 강조는 저자의 것 이런 관점에서 교육 중심의, 본질적인 교육 중심의 사회혁명을 그들은 보다 구체적으로 아래와 같이 천명한다.

교육을 경제적 투자용으로만 바라보는 현재의 시각을 폐기하고, 교육에 대한 새로운 고민과 접근을 시도해 볼 수 있는 토대가 형성될 수도 있다. 투자 목적에 초점을 맞춘 교육 시스템을 개혁해서 존 듀이가 말한 교육의 초심으로 돌아가는 것이다. 듀이는 교육을 단순히 인적 자본에 대한 투자로 보고 접근하는 것에 반대했다. …중략… 그에게 교육이란 '모든 사람이 다른 사람의 삶을 보다 가치 있게 만들어 주는 일을 하고, 서로를 막아선 벽을 허물어 주변 사람들과 더불어 살아갈 수 있는 사회를 만들어 주는 것'을 의미했다.B: 255-256

경제학자들에게서 교육의 본질 회복에 대한 강의를 듣고 있다. 우리 교육자와 교육학자들이 교육의 본질에 대한 집중력을 놓치고 있을 때 말이다. 우리 부모와 교사들이 교육다운 교육에 대해서 무관심, 무정견, 무기력할 때 말이다. 자, 그렇다면 우리가 구태를 벗어나서 가져야 할 '새로운 고민과 접근'은 무엇인가? 돌아가야 할 '교육의 초심'은 무엇인가?

교육의 삼층구조

    교육문제는 도대체 어떤 문제인가? 1장 허두에서 언급한 '문제'의 네 가지 뜻과 용법을 적용해 보자. 교육문제는 교육에 관련된 해답을 구하는 물음이며, 교육과 관련하여 논의하거나 해결할 사안이다. 그리고 교육에 관련된 논쟁을 부르는 사태이거나, 교육에 관련된 귀찮거나 성가신 사건이다. 먼저, 우리는 교육에 관련된 어떤 물음들을 가지고 있는가? 그 물음들이 교육 본연의 물음들인가? 여하튼 진정한 의미로서 교육의 물음을 교육적으로 제기할 때 그것이 비로소 교육문제일 수 있다는 게 내 관점이며 입장이다. 둘째로, 교육과 관련하여 우리가 주로 논의하거나 해결을 모색해 온 사안들이 무엇인가? 교육다운 교육에 관련된 사안들인가? 아니면, 교육이라 오해한 "교육"의 사안들이었나? 이 역시 교육의 사안을 교육적인 방식으로 다룰 때 그것이 비로소 교육문제일 수 있다는 게 내 관점이며 입장이다. 셋째로, 교육에 관련하여 우리는 어떤 논쟁들을 주로 해왔는가? 혹시 교육과 직접 관련이 없는 교육외적인 논쟁들을 교육에 엮어서 무리하게 하는 데 힘을 소모해 오지는 않았는가? 아무튼 교육의 본질을 둘러싼 논쟁을 교육의 본질에 맞게 논쟁할 때 비로소 그것이 교육문제일 수 있다고 나는 본다. 넷째로, 우리는 지금까지 어떤 사건을 '교육사건'이라 여겨왔던가? 정말 교육의 눈으로, 교육의 방법으로, 교육을 지향하는 사건들이었는가? 내 관점에서는 비록 귀찮고 성가시더라도 정녕 교육다운 교육에 관련된 문제라면, 반드시 교육문제로 삼아서 다루어야 할 것이다. 이상 네 가지 문답을 지금부터 좀 더 치밀하게 해보기로 하겠다.

1. 교육의 삼층구조

나는 아래 〈그림 12〉와 같은 '교육의 삼층구조'를 교육문제를 파악하고 그 해법을 모색하는 일종의 '해석/실천' 틀로 삼아오고 있다.[136] 이 준거틀은 집의 모양으로 비유된 것이다. 아래 그림은 땅 위에 선 이층집이다. 이층이지만 그 토대로서 한 층이 더 있어 '삼층구조'라 하였다. 화살표 모양에서 볼 수 있듯이, 이 그림은 종교교육-교양교육-전문교육의 상향적인 운동성을 표현하고 있다.[137] 그러나 이 세 가지 교육을 분절적인 단계들로 보지는 않는다. 우리가 집의 아래위층들을 오르내리며 살 듯이, 종교교육과 교양교육과 전문교육은 부단히 넘나들면서 서로 기대고 보살피는 '교차chiasma Merleau-Ponty, 1964' 관계의 것이다. 각 층 사이를 점선으로 표시한 까닭이다.

---

136) 어떤 사람, 사물, 사태에 대한 '텍스트(text)'로서 나의 이해는 나의 생애사적 실천 맥락 (context) 속에서 이루어지기 마련이다. 그리고 그 이해에 기대어서 나의 새로운 실천이 이루어지기 마련이다. 말하자면 모든 해석과 실천은 동전의 양면과 같은 것이다. 그래서 나는 '/'로 해석과 실천을 연결하여 쓰고 있다.

137) 그림에서 전문교육에는 '기술'이, 교양교육에는 '생활'이 덧붙여져 있다. 아래에서 상술하겠지만, 내가 언급하는 전문교육은 특정한 일 또는 직업의 선택과 수행을 염두에 둔 것이다. 그리고 그 수행에는 특정한 기술(재간, 재능, 재주)들이 요구된다는 점을 염두에 두었기에 '기술'을 덧붙인 것이다. 마찬가지로 교양교육은 생활과 생활세계를 전제하면서 논의해야 하는 것이기 때문에 '생활'을 덧붙였다.

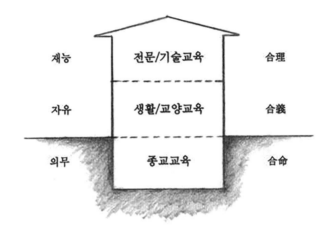

〈그림 12〉 교육의 삼층구조

종교교육-교양교육-전문교육의 세 층위는 존재지평-세계지평-개별지평의 세 층위와 상응한다. 지평地平 horizon은 현상학의 용어로서Husserl, 1936, 1950, 지극히 단순화하여 말하자면 우리 의식노에시스이 대상노에마과 상관작용을 하는 '잠재적 배경'을 의미한다. 인간의 의식은 감각적으로 직접 주어지는 것자료들만으로 사람, 사물, 사태를 의미화하지 않는다. 감각적으로 주어지는 것들을 자동적으로, 기계적으로, 한정적으로 의미화하지 않는다. 의식은 현실태가 아닌 잠재태의 배경까지 지향하여 초월적으로 체험을 구성하고 그 의미를 선택적으로 구성한다. 지평은 메를로-퐁티Merleau-Ponty, 1945에게 와서 지각의 '장場 champ'이 된다. 우리가 무엇을 주목하여 관심의 전경에 가져올 때 다른 것들은 배경으로 후퇴하여 장을 구성한다. 이를테면 이 글을 쓰면서 지금 나는 노트북의 화면을 주시하고 있다. 그러나 나의 의식 배경에는 책상과 그 위의 책들, 탁상시계, 필기구, 물잔 등이 함께 존재하고 있다. 글을 쓰다가 목이 말라 물잔에 손길이 갈 때 노트북은 배경으로 후퇴하고 떨어져 있던 물잔이 내 관심의 전경에 현출顯出한다. 이처럼 지평은 내 의식의 전경-배경 구조를 형성한다. 인간의 의식은 사람마다 다르며, 환경과 상황에 따라 기분과 분위기에 따라 부단히 변전한다. 그리고 그 변전에 따라서 의미화가 달라진다.

우리 인간은 제각기 삶의 개별지평을 가진다. 수평선이나 지평선처럼 삶이 이루어지는 경계를 가진다. 물론 그 경계는 물리적인 것만이 아니며, 심리적인 것만도 아니다. 울타리처럼 경직된 것이 아니라 흐름과 흔들림을 가진다. 이 개별지평은 삶의 폭과 깊이에 따라서 사람마다 다르다. 세계-내-존재이자 문화적인 존재로서 사람마다의 개별지평은 그가 속한 크고 작은 문화에 따라서 다원적인 세계지평에 포섭되어 있다. 그리고 이 두 지평은 다시 존재지평이라는 더 심연深淵의 잠재적 배경을 가진다. 존재지평은 가장 원초적인 것이지만, 가장 비현실적으로 가장 비반성적으로 잠재해 있다. 존재자로 살아가는 우리 인간이 존재지평을 접하는 것은 존재물음을 통해서이다. 망각되어 있거나 은폐되어 있는 존재를 '열어 밝힐' 때 비로소 존재지평이 지향적 의식과 체험의 구조로 파악되기 시작한다Heidegger, 1927. 개별지평과 세계지평이 일정한 규정성, 규약성, 규범성을 가진 존재자의 것인 반면에, 존재지평은 무변광대한 존재의 것이다. 교육의 삼층구조에서 전문교육을 개별지평에 비견할 때, 교양교육은 세계지평에 비견할 수 있다. 그리고 종교교육은 존재지평의 심연으로 나아가는 것이라 할 수 있다. 종교교육-교양교육-전문교육은 존재지평-세계지평-개별지평이 그렇듯이 하나의 통일체 속에서 전경과 배경을 구성하는 상호교차적인 것이다. 이를 두고 셸러Scheler, 1928는 "신神의식, 세계의식, 자기의식은 하나의 구조적 통일성을 형성하고 있다."2001: 146 하였다.

'사상누각砂上樓閣'이라는 말이 있다. 모래 위에 지은 집, 기초가 약하여 무너질 염려가 있거나 오래 유지하기 어려운 집이다. 그런 성격의 일을 뜻하기도 한다. 그와 달리 '반석에 세운 집'은 튼튼하여 오래갈 수 있는 집이다. 나는 교육이 〈그림 12〉와 같이 종교교육의 반석 위에 교양교육이 서고, 그 위에 전문교육이 서야만 탄탄한 구조를 이룰 수 있다고 믿는다. 그러나 우리 사회의 교육은 이런 탄탄한 삼층구조를 이루지 못하고, 사상누각과 같이 불안하고 불안정한 구조를 이루고 있다. 좋은 일자리를 갖는 데 필요한 전문기술교육에 치중하여, 가족은 물론 이웃과 더불어 행복하게 사는 데 필요한 생활교양교육이 부실한 양상이다. 더더욱 실존에 필수적인 존재물음을 심려하는 철학적인 종교교육은 아예 교육 밖의 일로 도외시되고 있는 형국이다.[138]

교육학자로서 나의 모든 염려와 상심은 이 '사상누각'에서 비롯되는 것이다. 교육의 본질을 구현하는 교육다운 교육을 이루기 위해서 나는 '반석에 세운' 이 삼층구조의 교육을 절실히 갈망한다. 학교교육은 물론 가정교육과 사회교육 모두가 이 삼층구조의 교육을 준거로 삼아야 한다고 나는 믿는다. 개개인의 소신으로서 "교육" 담

---

138) 아래에서 더 상술하겠지만, 여기서 말하는 종교교육은 '특정 종교에서의 교육'이 결코 아니다. 그보다는 종교와 종파를 초월한 '범종교'의 '종교적인 교육'에 가까운 것이다. 그래도 혹시나 오해의 소지가 있을까 하여 '철학적인'이라는 한정을 덧붙였다. 철학은 크게 인식론, 존재론, 윤리학의 세 가지 과제를 다룬다. 여기서는 특히 윤리적이고 존재론적인 교육에 방점을 둘 것이다.

론들을, 그리고 이른바 "교육문제"들을 이 준거틀에 비추어서 내내 성찰하고 개선해 나가야 한다고 본다. COVID-19 이후의 '뉴노멀 시대 교육'을 정립하거나 비판하는 데에도 이 기본적인 구조를 적용해야 함은 물론이다. 지금부터 이 삼층의 교육 하나하나를 좀 더 자세히 살펴보기로 하겠다. 혹시 통념으로 또는 통례로 쓰이는 "종교교육" "교양교육" "전문교육"들과 나의 개념 및 용법을 구분하기 위해서 각 항의 소제목 앞에 '교육다운'이라는 한정을 덧붙였다.

2. 교육다운 종교교육

먼저, 내가 여기서 말하는 종교교육이 무엇인지를 좀 더 분명히 해둘 필요가 있겠다. 오해의 소지가 있을 수 있기 때문이다. 내가 말하는 종교교육은 현존하는 특정 종교기독교, 불교, 이슬람교 등에서 생각하거나 말하거나 행해지고 있는 "종교교육"이 아니다. 물론 그 "종교교육"들 가운데 나의 생각, 말, 행위와 일치하거나 상통하는 것도 있을 수 있다. 하지만 나는 그 용례와 용법에 대해서 두루 깊이 알지 못한다. 다만 특정 종교에 입문하는 과정에서 일종의 통과의례rites of passage로 행해지는 각종 "교육"가톨릭의 "교리교육" 같은 것은 내가 말하는 종교교육에서 제외한다. 그리고 종교인의 소명과 실천을 점검하고 되새기어 다지는 과정에서 일종의 강화의례rites of intensification로 행해지는 각종 "교육"혹은 "수련" "부흥" "연수" 같은 것 또한 제외한다.[139] 교육이 종

---

139) 여기에 쓴 '통과의례'와 '강화의례'는 터너(Turner, 1969)의 개념을 차용한 것이다. 터너는 우리 인간의 삶이 '분리-전환-재통합' 혹은 '구조화-탈구조화-재구조화'의 과정을 통과하거나 강화하는 숱한 의례들로 점철된다고 보았다.

교와는 분명히 다른 삶의 형식이기 때문이다. 종교적인 교화, 양성, 사회화, 훈련, 훈육 등이 교육과 결코 같을 수 없기 때문이다.

알다시피 우리나라에는 국교가 없다. 그뿐만 아니라 교육의 종교적 중립을 법률로 규정하고 있다. 특정 종교나 종파가 교육을 지배해서는 안 된다는 입장을 분명히 하는 것이다. 심지어 종교적 배경을 가진 사립학교들조차 공교육제도 속에 '강하게' 편입되어 있어서 다른 국가들의 종교적 사립학교들과 달리 "종교교육"에 많은 제약을 가지고 있다. 그러다 보니 이 책에서 내가 '종교교육'을 논의하는 일이 다분히 부담스러운 일일 수 있으며, 독자에 따라서는 부적절하거나 부당하다고 여길 수도 있다. 그럼에도 불구하고 내가 종교교육을 논하는 절실한 까닭들이 있기에 차근차근 짚어나가고자 한다.

한자어 '宗敎'가 말하듯이 종교는 '마루'의 '가르침'이다. 우리말 '마루'는 '가장 높음'을 뜻한다. 산마루는 산의 가장 높은 곳이며, 용마루는 지붕의 가장 높은 부분이다. 한자어 '宗'의 훈訓이 '마루종'이다. 그래서 종가宗家는 가문의 가장 으뜸 집이며, 종손宗孫은 가문의 가장 핵심 대물림 자손이다. 가르치고 배워야 할 것이 많겠지만, 모든 사람이 반드시 배우고 가르쳐야 한다는 것이 종교다. 물론 현실의 종교가 워낙 다양하고 많으며, 제각기 가장 '으뜸'이라 우기다 보니 어떤 "종교"가 정말 '종교'인지는 판단하기가 어렵다. 더욱이 교세의 확장과 보전을 두고서 종교들이 서로 대립하고 갈등하다 못해 숱한 종교전쟁을 치른 인류의 역사이다 보니 "종교"들에 대한 불신마저 팽배한 사회나 시대도 결코 적지 않다. 그 점을 잘 알고 깊이 인식하고 있기에, 이 책에서 내가 말하는 '종교'와 '종교교육'

은 오롯이 내 나름의 **보편타당성을 전제하는 '종교의 원리'에 입각한 것**이다.

영어 'religion'은 기독교에 뿌리를 둔 말로서 'reː다시'와 'ligareː잇다'의 합성어이다. 영어 접두사 're'에는 '다시again'라 뜻 말고도 '뒤로back'와 '새롭게anew'라는 뜻이 있다. 그래서 연구 'research'는 찾고 또 찾고, 발생적 연원까지 기초를 더듬어 찾고, 독창적으로 새롭게 발견하며 찾는 일이다. 종교 'religion' 또한 신과의 끊어진 고리를 다시 잇고, 근원적으로 잇고, 새롭게 잇는 일이다. 무엇이 끊어졌길래 왜 다시 어떻게 잇자는 말인가? 〈창세기〉는 금단의 열매를 따먹은 원죄로 인하여 인간이 에덴에서 추방되는 '실낙원失樂園'을 이야기하고 있다. 인간이 따 먹은 금단의 열매는 '분별하고 심판하는 권능'을 담은 '선악과善惡果'이다. 그런데 신이 아닌 인간이 세상만사의 옳고 그름을 분별하고 심판하겠다고 나선 것이 인간의 원죄이자 숙명이다.[140] 그러하니 전지전능하지 않은 부족한 인간들 사이의 혼란과 분란, 대립과 갈등이 끊어질 날이 없기 마련이다. 참 평화와 영원한 안식이 있을 수 없기 마련이다. 그래서 'religion' 즉 종교를 통해서 신과의 끊어진 고리를 다시 잇기를, 쫓겨난 낙원천국으로 되돌아가기를 간절히 염원하며 기도하게 된 것이다. 이미 세속화된

---

140) 적지 않은 사람들이, 특히 무신론자들이 신을 '인간이 만든 것'이라 주장한다. 그러나 셸러(Scheler, 1928)는 신을 '자기-스스로에-의한-존재'라 하여 그러한 주장을 반박한다. 사람은 무릇 부모와 조상의 뿌리에서 태어난다. 모든 사물과 사태도 어떤 원인에 의해서 생성된다. 그러나 뿌리의 뿌리, 원인의 원인을 추적해 들어가면 아리스토텔레스를 위시한 철학자들이 '원동인(原動因)'이라 칭한 것에 이르게 된다. 어떤 뿌리와 원인에도 기대지 않는 태초(太初)의 '뿌리 없는 뿌리' '원인 없는 원인'에 이르게 된다. 기독교에서 말하는 '창세(創世 Genesis)'가 그것이고, 불가에서 말하는 '자재(自在)'가 그것이다.

삶을 온전히 떠날 수 없기에 안식일을 정하여 그날만이라도 종교에 충실한 삶을 지키고자 하게 된 것이다. 인간의 뜻이 아닌 신의 뜻을 묻고 그에 따라서 세속의 삶을 회개하여 다짐을 새롭게 하는 신앙 생활을 하게 된 것이다.[141]

종교교육은 인간 현존재가 생生과 멸滅, 존재와 존재자, 무한과 유한 사이에서 부단히 존재물음을 던지며 실존하는 삶을 지향한다. 동어반복 같지만, 종교교육은 '종교적인 것the sacred'에 대한 '거경居敬의 태도'를 배우고 가르치는 교육이다. 삼라만상의 이치 속에서 나보다 인간보다 더 숭고한 무엇, 무질서한 개체들 너머의 근원적 통일체 코스모스를 유념하는 교육이다. 종교교육은 결코 쉽지 않은 '세속적인 것the secular'들 내려놓기, 즉 모든 '구성된 것'들의 해체와 해탈을 통해서 '무화無化의 지혜'를 배우고 가르친다. 허무주의에 빠지지 않는 '허무虛無의 극복'을 배우고 가르친다. 종교교육은 내 안과 밖의 사람-사물-사태 '타자'들을 자기중심적으로 대상화하거나 도구화하지 않고 '있는 그대로' 염려하고 배려하고 심려하는 교육이다. 내가 어찌할 수 없는, 함부로 어찌해서도 안 되는 '타인'을 영접하는Levinas, 1979 교육이다.

물질적 현상계를 초월한다는 점에서 종교는 '영적인 것the spiritual'이다. 그래서 애매모호하기도 하고 막연하기도 하다. 그래서인지 종교교육을 쉽게 수긍하거나 용인하지 않는 사람들이 적지 않다.

---

141) 내가 이해하는 이 기독교 본연의 원리를 정말 온전히 이해하고 실천하는 우리나라 현실 기독교인이 얼마나 있는지 모르겠다. 워낙 기복(祈福)과 축원(祝願), 심지어 척사(斥邪)와 해원(解冤)으로 오염된 신앙이 만연해 있기 때문이다. 사랑의 종교를 '불신지옥'의 종교로 변질시켜 신앙을 강요하거나 겁박하기까지 하기 때문이다.

성聖과 속俗의 대비에서Eliade, 1957 성의 영역에 처하는 종교교육은 생계에 도움이 되거나 생존 경쟁에 직접적인 유익을 주지 않는다. 그래서 종교교육은 그 필요성을 느끼는 사람들조차 등한시하기 쉬운 교육이다. 현실 종교들 간의 대립과 갈등을 염려하여 종교와 교육의 분리를 제도화하는 많은 사회에서 "종교교육"은 회피와 기피의 표적이 되기도 한다. 그러나 나는 종교교육이 모든 교양교육과 전문교육의 기초이자 기반이라고 굳게 믿는다. 그렇기에 교육의 삼층 구조 가장 기층에 그것을 둔다.

모든 종교에는 지켜야 할 계명 혹은 계율이 있다. 그것들이 있어야만 신앙생활을 올바르게 할 수 있기 때문이다. 그래서 나는 종교교육의 핵심 지향이 계명과 계율에 합당한 '의무의 삶' 즉 '합명合命의 삶'에 있다고 본다. 이를테면 '서로 사랑하라'는 계명이나 '살생하지 말라'는 계율은 지켜도 좋고 지키지 않아도 되는 것이 아니다. 물론 '사랑'과 '살생'의 본질적인 의미가 무엇인지에 대해서는 여러 가지 논란이 있을 수 있다. 그러나 생명을 존중하지 않는 삶, 살아 있음을 귀하게 여기지 않는 삶, 자연을 아끼지 않는 삶, 생태계를 함부로 파괴하는 삶이 좋은 삶일 수 없다. 나 자신을 사랑하지 않고, 내 가족과 이웃을 사랑하지 않는 삶이 좋은 삶일 수 없다. 그럼에도 불구하고 우리 사회 현실의 삶들에는 그러한 가르침을 따르지 않는 삶이 얼마나 많은가. 무자비한 살인사건이나 안타까운 자살사건을 접할 때 우리는 "교육"을 거론한다. 생명존중교육, 자살예방교육을 거론한다. 불의한 사기사건이나 파렴치한 패륜사건을 접할 때도 우리는 "교육"을 거론한다. 도덕교육과 인성교육을 거론한다. '교육이 잘못되어서 그런 일이 일어난다'고 한탄한다. 정말 어떤

"교육"이 어떻게 잘못되어서 그런가?

　인간이 아닌 신의 관점에서 세상 모든 존재는 나름대로 다 존귀하다. 인간의 잣대로 존재를 함부로 분별하거나 심판해서는 안 된다. 사람은 더더욱 그렇다. 인간은 누구나 '있는 그대로' 그냥 다 '천상천하유아독존天上天下唯我獨尊'이다. 그럼에도 불구하고 우리는 인간의 잣대로 섣불리 해충害蟲과 익충益蟲을 분별한다. 그래서 해충을 죽이느라 살충제를 대거 생산하여 살포한다. 전쟁을 이기자고 밀림을 제거하는 '고엽제枯葉製'를 뿌리기도 했다. 그 결과 우리는 예기치 않은 숱한 '멸종의 연쇄'를 겪게 되었다. 인간의 생태계 파괴가 누적되어 급기야 지구의 운명을 스스로 바꾸고 있다는 '인간세Anthropocene'라 일컫는 지질학적 시대 분류까지 등장하게 되었다조용환, 2019; Hamilton, 2017; Hamilton & Grinevald, 2015. 인간 사이에서도 온갖 잣대로 사람들을 함부로 범주화하고 차별하며, 서열화하고 냉대하는 습성과 문화가 만연하고 있다.

　이런 병폐 자체가 교육의 문제는 다 아니다. 그러나 이런 병폐의 발생에 교육 탓이 없는 것 또한 분명히 아닐 것이다. 잘못된 교육의 결과로 이런 병폐가 초래되는 것에도 틀림이 없다. 그렇다면 어떤 교육이 어떻게 잘못되었는가? 무엇보다도 우리 교육이 그 본질인 '더 나은 인간 형성의 존재론적 지향'을 등한시해 온 데서 나는 그 답을 찾는다. 왜곡된 인간중심주의에 빠져서 인간 아닌 다른 생명체들을 돌보는 교육을 우리는 제대로 하지 않고 있다. 인간과 사물 사이의 일체성을 주목하지 못하여 방만하게 사물을 만들고 버리는 폐단을 교육이 방기하고 있다. 플라스틱, 비닐, 합성세제, 살충제, 제초제, 산업 쓰레기 등으로 되돌리기 어려울 지경이 된 환경의 오염을 근원적으로 예방하자는 교육이 있으나 지극히 미미한 데 그치고 있다. 자신의 문화에 갇혀서 다른 문화들을 존중하지 않는 태도를 교육이 바로잡지 못하고 있다. 너와 나 우리 모두에게 절실하게 필요한 다문화교육은 이주민에게 정주민이 베푸는 '은혜'처럼 잘못 다루어지고 있다조용환, 2007, 2011. 인간 문화의 근원적 한계를 깨달아 공존상생을 지향하는 대안적 자연의 길들을 모색하는 과업은 진작에 포기한 듯하다. 인력과 인간자본, 더더욱 두뇌와 인재 기르기에 골몰하여 '만인을 위한 더 나은 평생교육Better Life-long Education for All'은 구두선에 그치고 있다. 신자유주의적 욕망과 경쟁 틈바구니에서 진정한 의미의 학습공동체, 교육공동체가 활성화되지 못하고 있다. 다수자의 위세에 짓눌려 소수자의 고통스러운 처지는 교육에서 온전히 주목받지 못하고 있다. 다행히 내가 소수자가 아니면 그만이기 때문이다. 나 또한 언제든지 불운하게 장애와 장벽을 가진 소수자가 될 수 있음에도 말이다. 변질된 인식론적 지식기술중심주의에 편향되어 존재론적 실존의 교육은 경시되고 있다. 생존의 전제인 안전, 건강, 복지의 교육이 사회경제적 지위 쟁탈의 "교육"에서는 뒷전으로 밀려나기 마련이다. 그 결과 많은 학생-청소년들이 몸과 마음으로 병들어 신체치료와 심리치료를 기다리고 있다.

반복하건대, 이 모든 문제들이 교육만의 문제는 분명히 아니다. 정치, 경제, 사회, 과학, 기술 등등 숱한 다른 삶의 형식들이 관여되는 문제들이다. 그러나 이 문제들의 해결과 개선에 교육의 몫이 있음에는 틀림이 없다. 그럼에도 불구하고 우리 사회의 교육은 다른 삶의 형식들과 왜곡되게 엮인 "교육문제"들에 관심이 쏠려서, 진정한 의미의 교육이 맡아야 할 소명을 게을리하고 있다. 나는 그 소명이 '더 나은 인간 형성의 존재론적 지향'에 있다고 믿는다. 그리고 그 교육의 토대가 바로 종교교육이라 믿는다. 올바른 종교라면 어떤 종교든 위에서 짚은 문제들이 그 교리의 핵심에 놓여 있다고 본다. 그래서 나는 내 삼층구조의 교육 가장 기초에 '종교'라는 형용을 덧붙인 교육을 놓는다. 올바른 종교교육 없이 세워지는 어떤 교양교육 어떤 전문교육의 집도 사상누각이 될 것에 틀림이 없기 때문이다. 이제 우리는 비교육적이거나 반교육적이거나 교육외적인 "교육문제"들을 교육 본연의 문제로, 즉 본질적인 '교육문제'로 하나하나 다시 삼아야 한다.

3. 교육다운 교양교육

슈츠Schutz, 1967는 우리의 삶이 일상이라는 '지고의 현실paramount reality' 기반 위에서 숱하게 달리 주름잡힌 '다원적 현실들multiple realities'로 구성된다고 하였다.[142] 이를테면 먹고 자고 입는 일상 속에서 학교를 다니고, 시험을 치고, 수학여행을 가는 등의 크고 작은 현실 활동들이 이루어진다. 그런데 우리는 다원적 현실들에 비해서

---

142) 어원상 'pli'는 '주름'을 뜻한다. 그래서 'mutiple'은 여러 개의 주름이 만드는 복잡함을 의미한다. 그와 달리 'simple'은 하나의 주름, 즉 단순함을 의미한다. 이 'pli'가 파생하는 많은 영어 낱말들이 있다. 'implication'은 안으로 접히는 주름이며, 'explication'은 밖으로 펼쳐지는 주름이다. 그리고 'complication'은 주름들이 복잡하게 엉키는 현상을 말한다. 'apply(application)'는 한 주름을 다른 주름에 갖다 대는 것이며, 'supply(supplication)'는 어떤 주름을 누구에게 제시하거나 제공하는 것이다. 이와 관련된 좀 더 깊은 논의는 들뢰즈(Deleuze, 1988)의 〈주름, 라이프니츠와 바로크〉를 참고하기 바란다.

더 원초적이고 근본적이고 지속적인 일상을 그 반복과 단조로움 때문에 경시하는 경향이 있다. 당연시하는 경향이 있다. 그러다가 덜컥 병이 나서 일상생활에 지장이 생기면 그제서야 그 귀중함을 새삼 깨닫게 된다. 그러다가 건강을 회복하면 다시 일상을 경시하고 당연시하는 삶으로 되돌아간다. 이 묘하게 이중적인 일상은 도대체 무엇인가?

나는 그것을 마치 내 컴퓨터의 '환경설정' 즉 '디폴트'와 같은 것이라 여긴다. 영어 낱말 'default'는 알다시피 아님을 뜻하는 접두사 'de'와 과오를 뜻하는 'fault'의 합성어다. 영어로 'in default of'라 하면 '무엇이 없을 때에는'이라 읽는다. 내 컴퓨터는 여러 가지 환경설정이 항상 이미 되어 있다. 바탕화면에 풍경을 띄울지 딸 사진을 올릴지 매번 다시 설정할 필요가 없도록 말이다. 자주 사용하는 프로그램이나 프린터, 자주 방문하는 웹사이트의 경로를 매번 다시 찾아서 작업하지 않도록 하기 위해서 말이다. 평소와 달리 어떤 문제가 생겼거나 컴퓨터 사용에 관련된 내 생각이 바뀌지 않는다면 내 컴퓨터는 이미 주어져 있는 환경설정을 따라서 움직인다. 일상은 이와 같은 것이다.

코로나 바이러스의 창궐로 인해 '일상이 무너졌다'고 한다. 그 무너진 일상은 어떤 일상이며, 그래도 남아 있는 일상이 있다면 어떤 일상인가? 어떤 일상은 왜 쉽게 무너지고, 다른 어떤 일상은 왜 잘 견디는가? 지금 우리는 학교교육의 무너진 일상을 염려한다. 그러나 그 무너짐이 곧 교육의 무너짐이 아니라면, 학교가 아닌 교육의 관점에서 새롭게 '교육다운 교육'을 성찰하고 새롭게 기획할 필요가 있지 않겠는가? 그래서 '위기'를 '기회'라 말하고 있지 않은가?

자, 일상이 무너졌으니 우리 모두의 컴퓨터 디폴트를 바꾸어야 하는가? 환경설정을 다시 해야 하는가? 그렇다면 무엇을 어떻게 바꾸어야 하는가? 이 질문들이 중요한 줄 알지만, 다 제대로 답하기에는 차근차근 연구가 필요하고, 지금 내게는 여력이 없어 일단 미루기로 한다.

우리는 일상을 '생활'해야 한다. 아무리 단조롭고 때로 지루할지라도 일상에 '생기生氣'를 가지도록 '힘'써야 한다. 일상이 다른 어떤 현실들보다 더 원초적이고 근본적이고 지속적인 것이기 때문이다. 언제 닥칠지 모르는 죽음, 인생이 그리 길지 않기 때문이다. 생활은 '生活' 즉 '살아 움직이는' 것이다. 그런데 살아 있다고 해서 다 활발하게 움직이는 것은 아니다. 그러지 않을 때가 있고, 그러지 못할 때도 있다. 살아 있되 자유롭게 생기 넘치게 활동하지 못한다면 그 살아 있음이 무슨 의미가 있겠는가? 그런데 내가 만난 숱한 우리 고등학생들이 무의미하게 무기력하게 '활기 없는 일상'을 반복하고 있었다조용환, 2009. 내가 보기에도 그렇지만, 그들 스스로 그렇다고 말했다. 행복하지 않다고 하였다.

현상학자들은 일상생활이 이루어지는 근원적인 세계를 '생활세계Lebenswelt'라 일컫는다. 생활세계는 학계나 정계나 재계나 교육계가 아닌 하루하루 그냥의 세계이다. 어떤 주목이나 선택이나 집중이 가해지기 이전의 '있는 그대로' '사는 그대로' 세계이다. 그런데 교육세계, 학교세계, 수업세계는 모두가 이 생활세계에 뿌리를 두고 있다. 그럼에도 불구하고 우리 부모와 교사들은 내 자녀와 학생들의 생활세계에 무심하거나 그것을 존중하지 않는 경향이 있다. 수업시간의 홍길동, 학교공간의 홍길동을 주목하느라 홍길동의 삶

전체를, 생활 전체를 주목하지 않는다. 시험 성적에 관심이 집중되어 홍길동의 다른 많은 삶과 생활의 소중함은 관심 밖으로 밀려나기 일쑤다. 자유롭고 의미 있게 살아 움직이는 '생활'에는 무수한 지식, 기술, 가치가 따르고 배어 있기 마련이다. 그래서 생활에 필요한, 더 나은 생활에 필요한 지식, 기술, 가치를 배우고 가르치는 일은 교육의 기본적인 과제이다.

생활교육은 교양교육이다. 교양教養은 내 삶을 자유롭고 의미 있게 만드는 힘이다. 나아가 더불어 사는 삶을 가능하게 해주는 바탕이다. 나는 교양을 통해서 사람을 만나고, 자연을 만나고, 사회를 만난다. 우리는 교양이 없는 사람을 만나면 불편하다. 그런 사람과는 더불어 살기가 어렵다. 우리가 쓰는 '교양교육'이라는 말은 실상 서구 전통의 'liberal education'을 번역한 것이다. 교양교육은 자유교육이다. 자유가 없으면 인간답게 생활할 수 없다. 예컨대 여행을 갔을 때 현지의 언어를 모르면 불편하고 부자유롭다. 그보다 먼저 국내에서도 한글을 모르면 공문서를 읽을 수 없고 편지를 쓸 수 없다. 그리고 셈을 하지 못하면 자유롭게 물건을 사고팔 수 없다. 읽고 쓰고 셈하지 못하는 사람은 다른 사람에게 기대어 살아야 한다. 홀로 당당히 살 수 없기 때문이다. 그 때문에 속임을 당하거나 지배를 당하는 삶을 살기 십상이다. 어디 읽고 쓰고 셈하기 뿐이랴. 오늘날과 같은 복잡다단한 세상을 자유롭고 의미 있게 살아가기 위해서 우리는 더 많은 지식, 기술, 가치를 배우고 익혀야 한다. 나의 삶을 위해서만이 아니라, 더불어 사는 우리의 삶을 위해서 생활교육, 교양교육, 자유교육은 기본적이고 필수적인 교육이다. 프레이리Freire, 1970, 1973는 민중의 해방을 위해서 문제를 스스로 파악하고 문제를 스스로 해결하는 힘의 교육이 필요하다고 했다. 공자는 '克己復禮' 즉 이기심을 절제하고 예의로 돌아감을 중시했으며, '仁義'를 공부의 으뜸으로 삼아야 한다고 했다. 안중근 의사는 '見利思義' 즉 이익이 걸린 일에서 의를 먼저 생각하자고 하였다. 교양교육은 '합의合義의 교육'이다. 우리는 의로운 사람, 의로운 삶을 상찬한다. 하지만, 내 자녀와 학생들에게도 정녕 의로운 교육을 우선시하고 있는가?

생활의 중요성을 염두에 두고 문답해 보자. 과연 내 자녀는 가정 교육에서, 내 학생들은 학교교육에서 잘 '생활'하고 있는가? 자유롭고 의미 있게 살아 움직이고 있는가? 교사로서 나는 혹시 숱한 시험들이 요구하는 추상적이고 단편적인 지식, 기술, 가치를 학생들에게 가르치면서 그 외워 익힘을 윽박지르고 있지는 않은가? 구체적이고 총체적인 삶과 연결을 잘 짓지도 못하는 필요 이상의 지식과 기술을 시험을 위해서 잠시 익혔다 잊게 만들고 있지는 않은가? 변별력을 높인다며 어려운 문제를 애써 배치하고 오답을 유인하는 '배배 꼬인' 시험으로 본질적인 교육을 오히려 가로막고 있지는 않은가? 내가 그토록 싫어하고 의미 없어 했던 '시험 치기' 공부를, 내가 그토록 싫어했던 교사들의 '다그치기' 공부를 내 자녀와 학생들에게 또다시 답습하게 만들고 있지는 않은가? 우리 사회가 우리 아이들을 '살리는 교육'이 아니라 '죽이는 교육'에 매달리고 있다고 하는 혹평은 과장되기만 한 것인가?

교양교육은 전문교육 이전의 보통교육이다조용환, 2005. 국가가 의무화하기도 하는 '국민공통교육'이다. 보통교육이 만인이 다 배우고 익혀야 할 기초적인 학습의 교육이라면,[143] 전문교육은 특정 학습자를 대상으로 하는 직업기술의 교육 또는 학문적인 교육이다. 공부는 대학에 가기 위해서, 좋은 대학에 가기 위해서 하는 것이 아니다. 좋은 일자리를 남보다 앞서 차지하기 위해서 하는 것이 아니다. 그보다 먼저 사람이 되기 위해서, 더 나은 사람이 되기 위해서 하는 것이다. 자유롭고 의미 있게 생활하기 위해서, 인간답게 생존하고 실존하기 위해서 하는 것이다. 많은 사람들이 그런 줄 모르지 않는다고 말한다. 그러면서도 '목구멍이 포도청' '발등의 불' '세상이 워낙 각박하여' '남들이 다 그러니' 등등으로 금세 교육답지 않은 교육의 편에 서고 만다.

4. 교육다운 전문교육

우리 인간은 누구나 일을 하며 산다. 일은 가히 인간의 본질 가운데 하나라 할 수 있다.[144] 여기서 말하는 일은 노동이나 직업이 아니다. 가장 근원적이고 포괄적인 의미로서 일은 힌두교와 불교 전

---

143) 슈바니츠(Schwanitz, 1999)는 독일어 '*Bildung*'이 보통교육으로서 교양교육을 가장 적절하게 표현한다고 하면서, 그것을 '모든 사람이 알아야 할 모든 것의 교육'으로 개념화한다. 그러나 독일 사람이나 한국 사람이나 사모아 사람이 다 같이 알아야 할 것들이 무엇인지는 논란의 여지가 있다. 실제로 그의 책 내용을 살펴보면 서구 중심적 편향성을 쉽게 확인할 수 있다. 따라서 나는 교양교육을 그와 같이 '내용'을 기준으로 정의할 것이 아니라, 자유롭고 의미 있는 생활의 '방편'으로 정의하는 것이 더 옳다고 본다. '무엇을'보다 '왜'와 '어떻게'의 문제가 교육다운 교양교육의 관건이라 생각한다.

144) 인간 아닌 다른 동물들도 일을 하며 산다고 말할 수 있을지 모르겠다. 일종의 의인화(擬人化)이겠지만, 일에 전념하는 모습의 동물을 일소, 일벌, 일개미 등으로 칭하니 말이다. 그러나 다른 동물들의 본능적인 일과 인간의 지향적인 일은 분명히 다른 것이라고 나는 본다.

통의 '카르마Karma 業'가 아닐까 싶다. 힌두교와 불교에서는 업으로 인한 결과를 '업보業報'라 한다. 업보는 모든 일 즉 업에 마땅히 따르는 것이다. 그런데 요즘의 우리는 '보'를 앞세우고 '업'을 행하는, 즉 일의 성과를 먼저 유념하면서 일을 하는 경향이 있다. 예견되는 성과 때문에 일을 억지로 하기도 하고, 따라서 일이 힘들거나 지루해지기도 하는 것 같다. 일종의 일로서 공부도 그런 것 같다. 우리가 노력으로 일을 하는 것은 다 '작업作業'이다. 좋은 일을 하는 것은 '선업善業'이며, 나쁜 일을 하는 것은 '악업惡業'이다. 인간의 다른 이름은 '일꾼'이다. 세상의 일꾼이고 나라의 일꾼이며 집안의 일꾼이다. 인간이 일로써 행함과 그 얻음을 우리 옛말로는 '일우다', 지금말로는 '이루다'라고 한다. 우리는 무수한 일을 통해 무수한 것을 이루며 산다. 일이 발생하거나 일을 만드는 것을 우리는 '일으키다'라고 한다.[145] 국어사전을 찾아보면 스무 가지 가까운 '일'의 의미와 용법이 실려 있다. 일은 노동이나 직업 말고도 업무, 용무, 형편, 사정, 경험, 행사, 책임 등을 표현하는 데 두루 쓰인다. 잘못되었을 때의 문제, 사고, 난리 등에도 '일'이 쓰인다. 심지어 '외부 힘에 의해 물체가 움직일 때 그 움직인 방향의 힘과 그 이동 거리 사이 관계'를 뜻하는 물리학의 전문용어로도 쓰인다.

이토록 내포가 깊고 외연이 큰 '일'이지만, 우리 사회가 가장 관심을 가지고 중요시하는 '일'은 노동이며 직업이다. 일거리이며 일자리이다. 무릇 일을 하는 곳은 다 '일터'이다. 그런데 언제부턴가 고

---

145) 우리말 '일어나다'와 '일어서다'에도 '일'의 뉘앙스가 포함되어 있다는 것이 내 생각이다. 이 말들의 어원이나 그 변천에 대해서 전문적인 식견이 없어서 확신은 할 수 없지만 말이다.

용이나 직장의 의미로 쓰이는 '일자리'가 일터를 대체하고 있다. 이 책 1장에서 언급하였듯이 고용이나 직장으로서 일자리는 배타적이고 배제적이다. 다른 사람이 고용되면 나는 고용되지 못한다. 직장 또한 한정된 것이어서 나의 취직이 타인의 실직 또는 무직과 연계된다. 위 〈그림 12〉에서 나는 교육의 삼층구조 상단에 전문/기술교육을 놓았다. 이 대목에서 나는 일을 노동과 직업에 편향되게 전제하지 않았다. 일자리를 고용과 직장에 편향되게 전제하지 않았다. 오히려 인간의 본질인 일業을 하기 위해서, 잘하기 위해서 어떤 교육이 필요한가를 포괄적으로 유념하였다. 나는 이미 우리 학교들의 진로교육이 직업안내교육 형태로 축소되고 편향되게 이루어지고 있는 현실을 비판한 바 있다. 진로교육의 기초는 내가 무엇을 나의 주된 일로, 좋아하는 일로 삼고 살아갈 것인가에 있다. 구체적인 직업이나 직장의 선택은 그 일들의 기초 위에서 다양하게 이루어질 수 있다. 농업, 어업, 임업, 축산업, 공업, 상업, 사업, 의업, 학업 모두를 하기 위해서, 잘하기 위해서 교육이 필요하다.

일을 잘하자면 일재간이 있어야 한다. 재간은 재능이나 재주와 다르지 않다. 〈그림 12〉에서 나는 전문/기술교육의 핵심이 재능을 기르고 발휘하는 데 있다고 하였다. 재간과 재주와 재능에는 일에 관련된 지식과 기술만이 아니라, 일을 대하는 안목과 수단이 포함된다. 지식과 기술은 학교 같은 곳에서 교과학습을 통해 익힐 수 있지만, 안목과 수단은 일터 현장에서 문화학습을 통해 직접 해보고 또 해보면서 익히는 것이다. 지식과 기술은 일터 밖의 학교 같은 곳에서 평가할 수 있을지 모르나, 안목과 수단은 일터 밖에서 평가하기 어려운 것이다. 요즈음 중시되고 있는 학교교육의 '수행평가'에서도 안목과 수단을 제대로 평가하고 있는 것 같지 않다. 어떤 일에 관련된 재간, 재능, 재주는 그 일의 이치理致를 꿰뚫어 알고 행할 때 가능한 것이다. 그래서 나는 전문/기술교육의 지향을 '합리合理'라 하였다.

우리말 '일'에 가장 가까운 영어 낱말은 'work'이다. 우리말 '일'에 못지않게 'work'도 무척 다양한 의미와 용법을 가지고 있다. 명사로도 그렇고 동사로도 그렇다. 무엇보다 먼저 'work'는 원초적인 '업'으로서 일, 짓, 행위, 활동, 작용을 뜻한다. 그것 말고도 일터와 일자리, 노동과 직업을 뜻하기도 한다. 공장, 공사, 공정 등의 의미로 쓰이기도 한다. 그런데 교육의 삼층구조와 관련하여 내 관심을 끄는 'work'의 세 가지 의미가 있다. 노력과 공부와 작품이다.

다른 모든 일에서도 그렇겠지만, 교육에서 노력은 정말 중요한 것이다. 학습에 쏟는 노력, 교수에 기울이는 노력, 그 해석적 상호작용에 최선을 다하는 노력 모두가 참 아름답다. '더 나은 인간 형성의 존재론적 지향'과 '변증법적 대화의 과정'에도 노력은 필수적이다. 비록 때로는 그 노력만큼 결실이 주어지지 않더라도 말이다. 나는 결과나 성과에 치우쳐서 노력을 주목하지 않는다면 그것이 교육적이라고 보지 않는다. 성적이나 업적에 치우쳐서 노력을 함께 평가하지 않는다면 그 또한 교육적이라고 보지 않는다. 전문/기술교육이 재능을 다룰 때 반드시 노력을 함께 다루어야 한다고 믿는다. 물론 '일벌레'나 '일중독'으로 번역하는 'workaholic'에 대해서는 부정적이다. 일은 결코 벌레처럼 의식과 의지 없이 본능처럼 해서는 안 되기 때문이다. 목적과 판단 없이 맹목적으로 해서는 곤란하기 때문이다.

공부도 일이라면 일이다. 학업은 중요한 업의 하나다. 그래서 공부를 영어로 'work'라 하는 것이다. 열심히 공부함을 'work hard'라 하고, 집에서 하는 공부를 'home work'라 하지 않는가. 공부를 위한 모임을 'work-shop'이라 하지 않는가. 그런데 공부는 그 자체가 일이기도 하지만, 다른 무엇을 위한 일이기도 하다. 우리 사회의 학생들에게 가장 심각하고 절박한 공부는 시험을 위한 '시험공부'이다. 그와 맞물린 공부가 일자리를 위한 '취직공부'이다. 이 두 가지 공부가 워낙 기세등등하여 '교육다운 교육'의 공부는 뒷전으로 밀려나 있다. 앞서 언급한 노동과 직업, 고용과 직장을 유념하는 공부에도 '일을 잘하기 위한 공부learning to do work'와 '일자리를 얻기 위한 공부learning to get work'가 있을 수 있다. 후자는 일자리를 얻고 나면 큰 의미가 없어지는 공부다. 반면에 전자는 오히려 일자리를 얻고 나서 더 도움이 되는 공부다. 마치 대학에 입학하고 나면 큰 의미가 없어지는 공부가 '대학에 가기 위한 공부'라면, 대학에 가서 더 전문적이고 기술적인 공부를 하는 데 필요하고 유익한 공부는 '대학공부를 잘하기 위한 준비공부'인 것과 같다. 물론 이 두 가지 공부가 합치와 통합을 이룬다면 더없이 좋겠다. 하지만 실상은 과히 그렇지가 않다. 그렇다면, 우리 사회에 만연하며 득세하고 있는 공부는 이 가운데 어떤 것인가?

영어 'work'는 '작품'이라는 뜻으로도 쓰인다. 작품은 일 본연의 성과로서 일에 밀착된 내부적인 의미와 기능을 가진다. 그와 달리 '상품'은 일을 떠나서, 때로는 일과 상관없이 외부에서 부여하는 의미와 기능을 가진다. 작품은 팔고 사기를 전제하거나 목적하지 않는다. 그와 달리 상품은 시장에서의 거래를 전제하고 겨냥한다. 만듯 그 자체의 기쁨이 작품의 목적인 반면에, 많이 잘 팔리는 것이 상품의 목적이다. 작품은 하나하나 특유의 것으로 만들어진다. 반면에 상품은 표준과 규격에 맞추어서 대량으로 생산된다. 그래서 작품은 다른 작품으로 대체할 수 없는 것이 원칙이다. 그와 달리 상품은 다른 상품으로 얼마든지 대체할 수 있고 또 그래야 한다. 작품이 시장의 물건으로 거래되는 경우가 없지는 않지만, 그 본래의 가치는 시장에 속하는 것이 아니다. 그러나 상품은 수요와 공급, 가격과 유행 등이 그 가치와 판매를 좌우하기 마련이다. 우리의 일이 작품으로 여겨지고 다루어질 때와 달리, 상품으로 여겨지고 다루어질 때 우리의 일은 소외의 길로 접어든다.

자, 그렇다면 나는 교육이라는 일, 학습과 교수라는 일을 작품의 길에서 하는가 상품의 길에서 하는가? 나는 작품인가 상품인가? 우리 사회의 부모들은 자신의 자녀가 작품이기를 바라는가 상품이기를 바라는가? 어버이날에 내 자녀가 고사리손으로 만든 카네이션을 받고 싶어 하는가, 용돈을 털어서 산 생화 카네이션을 받고 싶어 하는가? 상품에는 작품에 없는 '스펙spec: specification'이 있다. 스펙은 제품의 기능이나 성능에 대한 상세한 설명 또는 표시를 의미한다. 입시와 취업을 앞둔 우리 사회의 많은 학생들이 '스펙 쌓기'에 여념이 없다. 자기 자신을 제품이나 상품으로 간주하고서 더 잘 팔릴 수 있는 '자신의 기능과 성능'을 보다 상세하게 축적하고 표시하겠다는 것이다.[146] 물론 여기서의 '잘 팔림'은 상급학교에 합격을 하고 직

---

146) 이와 관련하여 풍크(Rainer Funk)는 자신이 편집한 프롬의 책(Fromm, 2000) 〈나는 왜 무기력을 되풀이하는가〉 서문에서 후기 현대사회의 사람들이 '만들어진 현실' 혹은 '연출된 현실'에 지나치게 매몰되어 있다고 비판하였다. "연출된 현실에 대한 매력의 원인을 나는 마케팅을 통해 결정된 현대인의 욕망에서 찾는다. 이는 자신을 시장에 내놓으려는 욕망, '좋은 기분'이 되고자 하는 욕망, 타인에게 잘 보이고 싶은 욕망이며, 동시에 힘들고 갈등이 만연하며 파괴적이고 실망스러운, 불쾌한 현실 및 자아 인식에서 도피하고자 하는 욕망이다."(2016: 7-8)고 지적하였다.

장에 취업을 하는 것을 말한다. 지금 전문/기술교육에 임하는 우리 교사들은 자신의 학생 한 사람 한 사람을 작품으로 여기고 있는가, 입학시장과 취업시장에서 성공적으로 거래될 상품으로 여기고 있는가?

나는 위 〈그림 12〉에서 종교교육과 교양교육의 기초 위에 전문교육을 놓았다. 이 종교교육과 교양교육은 어떤 일을 하며 살고자 하든 간에, 실제로 어떤 직업을 가졌던 간에 모든 사람에게 꼭 필요한 교육, 보통교육이다. 그와 달리 전문교육은 특정한 일과 직업을 수행하는 데 필요한 특정한 교육이다. 어떤 직업이든 오래 몸담아 종사할 사람, 종사하는 사람은 다른 보통사람들과 달리 그 직업 특유의 기술 즉 재간, 재능, 재주를 가져야 한다. 서로 다른 직업인은 서로 다른 전문성을 가지기 마련이다. 위 그림을 보면, 전문교육의 면적이 다른 두 교육의 면적보다 가장 넓게 그려져 있다. 종교교육과 교양교육의 공통성에 비해, 전문교육은 다원성과 다양성을 더 가진다는 점을 표시하기 위해서 그렇게 한 것이다.

나오며

교육이 교육다워야 한다. 교육이 교육답지 못하면 교육의 이름들이 난무할 뿐 정작 참된 교육, 알찬 교육이 이루어질 수 없다. 교육이 교육답기 위해서는 배움과 가르침, 학습과 교수의 해석적 상호작용이 충실해야 한다. 교육이 교육답기 위해서는 더 나은 인간 형성을 실존적으로 지향해야 한다. 교육이 교육답기 위해서는 변증법적 대화의 과정이 일관되어야 한다. 교육의 이 세 가지 본질에 비추어서 모든 현실태 "교육"들이 평가되어야 하고, 이념형으로서 최적의 '교육'이 정립되어야 한다. 뉴노멀 시대의 교육도 예외가 아니다. 새로운 '정상성' 뉴노멀new normal은 있을지언정, 새로운 '본질' 뉴에센스new essence는 없다. 없다고 단정하기보다는, 가볍게 바뀌거나 흔들리지 않는 것이라 말해야 할지 모르겠다. '교육다운 교육'도 시대적 변화에 따라서 부분적인 수정과 보완이 필요할 것이다. 하지만, 그 핵심 혹은 중심이 가볍게 바뀌거나 흔들리지는 말아야 한다.

이 책에서 나는 무엇이 '교육인가'를 문답하고, 어떻게 해야 '교육다운가'를 대화하고자 했다. 이 문답과 대화가 종결될 수 있는 것이 아니므로, 나는 다시 문답을 하고 다시 대화를 청하고자 한다. 교육의 본질 세 가지를 다른 각도에서 다른 질문으로 되새겨 보고자 한다. 아래 다섯 가지 질문은 '교육다운 교육'을 심려하며 추구해 온 내가 늘 몸과 마음에 두고 물어왔던 것들이다. 이 질문들에 대해서 우리 더불어 이야기를 해보자. 내 생각을 나누고 우리의 생각을 만들면서, 이 책 쓰기를 마무리하고 이 책 읽기를 마무리하기로 하자.

1. 교육인가?

집에서 학교에서 "교육"을 한다고 한다. 어떤 교육인가? 내 아이 우리 사회의 "교육"을 걱정한다고 한다. 어떤 걱정인가? "교육"이 성공했다거나 실패했다고 한다. 어떤 성공과 어떤 실패인가? "가정 교육"이 안 된 아이라거나 잘 된 아이라고 한다. 무엇이 어떻게 안 되었고 또 잘 되었다는 말인가? 한국은 "교육열"이 높은 사회라고 한다. 그 열기와 열정이 정말 교육적인 것인가? "교육비" 지출이 심 각하다고 한다. 그 비용이 정말 교육을 위한 것인가?

이 물음들은 공히 '교육이 무엇인가'에 답하지 않으면 답할 수 없 는 것들이다. 그런데 교육이 무엇인지는 잘 답하기가 쉽지 않다. 이 책에서 내내 답해보겠다고 했지만 말이다. 그래서 나는 **'아닌 것'들 을 살펴봄으로써 '인 것'을 에둘러** 다시 답해보고자 한다.

무엇보다 교육은 가르침이 아니다. 가르침이 교육의 중요한 부 분, 측면, 방식 등을 이루지만 가르침이 곧 교육일 수는 없다. 오히 려 그 짝인 배움이 교육의 핵심에 더 가깝다. 가르침은 배움을 살피 고 보살피느라, 더 잘 돌보느라 생긴 것이다. 그래서 굳이 가르쳐야 한다면 '가르치지 않고 가르치기'가 좋다. 바로 가르치지 말고 넌지 시 가리키면 어떨까. 가르침에 가까운 많은 말과 일이 있다. 교화, 계몽, 계도 같은 것들이 그렇다. 이 모두는 가르침이 배움에 앞서고, 배움이 가르침을 좇아야 하는 것들이다. 더욱이 주입과 세뇌는 정말 좋지 않은, 반드시 피해야 할 가르침의 방식이다.

교육은 훈련이 아니다. 교육은 열려 있고 열어가는 과정過程이다. 길에서 길을 묻고, 길을 가며 길을 찾는 과정이다. 그와 달리 훈련은 일정한 목표와 성과를 겨냥하는 닫힌 과정課程이다. 훈련은 스포츠, 무예, 기술, 사무 등을 익히는 데 흔히 쓰이는 말이다. 동물을 길들이는 훈련을 우리는 '조련'이라고 한다. 그런데 내게는 안타깝게도 '똥개 훈련시키냐'는 말을 친구들과 주고받았던 학창시절의 기억이 적지 않다. 강인한 단련이 필요한 경우에 때로는 훈련이 교육 장면에 섞여들 수 있을지 모르겠다. 그러나 훈련을 받는 쪽보다 훈련을 시키는 쪽에 중심이 있고 주도가 있음은 반드시 경계해야 한다. 만약 학교가 '훈련소'라 일컬을 곳이라면 어떻겠는가.

교육은 훈육이 아니다. 훈육에는 하는 사람과 받는 사람 사이의 해석적인 상호작용이 없다. 변증법적 대화의 과정이 없다. 어떤 훈육을 언제 어디서 어떻게 왜 받고 싶다는 선택을 할 자율성이 받는 사람에게 없다. 일방적인 가르침, 훈시, 상벌, 설득, 길들임이 훈육의 주된 방식이다. 물론 내 자녀와 내 학생들로 하여금 좋은 습관을 가진 좋은 사람이 되도록 돌보는 일을 훈육이라 할 수 있다. 그러나 더 나은 사람을 만들겠다는 의도와 의지만으로 교육이 성립하지는 않는다. 이런 점들로 인해 훈육은 훈련을 닮았다.

교육은 양성이 아니다. 양성은 크고 작은 사회가 필요로 하는 인물, 인력, 인재를 길러내는 일이다. 특히 교사, 간호사, 목수, 복지사, 선수, 미용사 등등 특정 직업인을 길러내는 활동의 이름으로 '양성'이 널리 쓰인다. 양성은 훈련, 수련, 연수, 강좌, 워크숍 등의 프로그램 방식으로 주로 이루어진다. 이 프로그램들은 대부분 목표와 계획이 뚜렷하고, 진행 과정에 참가자의 주체적 선택 폭이 좁으며, 제한된 이수자에게 자격증을 부여한다. '육성'과 '배양'은 양성의 다른 이름이다. 교육의 본질에 비추어 볼 때 양성이 교육다운 교육이 아님에도 불구하고, 우리 사회 곳곳에서 '양성'이 교육의 이름으로 일컬어지고 있다. 혹시 우리는 학교 또한 인력 양성소, 인재 양성소라 여기고 있지는 않은가.

교육은 사회화socialization가 아니다조용환, 1997. 단적으로 사회화가 사회체제의 재생산에 중점을 두는 데 비해, 교육은 더 나은 인간의 형성과 사회의 창조에 관심을 가진다. 사회화는 그 과정의 정당성을 따지기보다는 결과를 주목하는 경향이 있는 반면에, 교육은 '학습과 교수의 해석적 상호작용' 양상은 물론 '변증법적 대화의 과정'이라고 하는 방법적 정당성을 중시한다. 달리 말해 사회화가 목표지향적인 '닫힌 체제'라고 한다면, 교육은 과정지향적인 '열린 체제'라고 할 수 있다. 사회화가 특정 사회의 구성원 배출에 관심을 가질 때, 교육은 더 보편적이고 초월적인 인간의 형성에 관심을 가진다. 사회화의 다른 이름인 '문화화enculturation'와 '문화전달cultural transmission'도 교육이 아니기는 마찬가지다. 어린이의 양육과 보육, 청소년의 성년식, 다른 여러 사회 초심자의 입문식에서 우리는 교육이 아닌 "교육"으로서 사회화와 문화전달을 여실히 볼 수 있다. 이들은 교육인류학의 오랜 관심 주제였다. 세대와 세대 사이의 대물림으로써 크고 작은 사회가 존속할 수 있기 때문이다.

교육의 핵심은 사람이다. 사람이 배우고 사람이 가르친다. 그래서 사람이 되고 사람을 만든다. 그렇다면 교육이 주목해야 할 사람은 어떤 사람인가? 어떤 사람이 교육적인 사람인가?

2. 사람인가?

　사람이 사람다워야 한다. 사람이 사람답지 못하면 사람의 이름들이 난무할 뿐 정작 참된 사람이 될 수 없고, 참된 사람을 만들 수 없다. 그렇다면 어떤 사람이 사람다운 사람인가? 우리는 교육을 통해 "사람"을 만든다고 한다. "좋은 사람"을 만들어야 한다고 한다. 교육의 눈으로 볼 때 어떤 사람이 좋은 사람이며 올바른 사람인가? 배움과 가르침은 사람이 달라지기를 기대한다. 어떤 사람이 어떻게 달라지기를 기대하는가? 세간에 '인간교육'이라는 구호가 있다. 모든 교육이 인간에 관련되어 있고 인간을 다루는데 어찌하여 그렇게 '인간'을 강조하는 교육을 따로 외치는가? 인간교육이 아닌 다른 교육들 때문에 어떤 문제가 생겼는가? 세간에 '인성교육'이라는 말도 있다. 인성은 사람의 성질 또는 성품을 일컫는다. 이 역시 모든 교육이 인성에 관련되어 있고 인성을 다루건만 어찌하여 '인성'을 유달리 강조하여 문제를 삼는 교육인가? 2003년부터 시행 적용된 우리 초·중등 학교교육의 7차 교육과정 핵심 슬로건이 '창의·인성교육'이었다.[147] 여기서 인성교육은 어떤 인성을 문제 삼아 어떻게 교육하자는 것이었는가?

　이 물음들은 공히 '사람이 무엇인가'에 답하지 않으면 답할 수 없는 것들이다. 사람이 무엇인지는 정말 답하기 어려운 문제다. 이 책 4장에서 이 문제를 집중적으로 답하고자 했지만, 결코 만족할 수가

---

147) 7차 교육과정을 끝으로 차수 변경 없이 필요할 때 수시로 교육과정을 개정하기로 하였다. 전면 개정이 아닌 부분적이면서 발 빠른 수정·보완의 방식을 취하기로 한 것이다.

없다. 앞으로 두고두고 계속 숙고하며 문답해야 할 중요한 질문이다. 그래서 이 역시 나는 '아닌 것'들에 기대어서 '인 것'을 답하는 방식으로 정리를 해보고자 한다.

사람은 인력이 아니다. 인력은 사람의 힘일 뿐 사람 그 자체가 아니다. 사람에게는 힘 말고도, 힘으로 말하거나 잴 수 없는 무수히 많은 성질과 성품과 성정이 있다. 힘만 하더라도 숱한 의미가 있다. 스스로 움직이거나 다른 것을 움직일 수 있는 작능作能, 알거나 할 수 있는 재간才幹, 견디거나 해낼 수 있는 한도限度 등이 그렇다. 그리고 도움이 되는 것, 세력이나 권력 또는 폭력을 뜻하기도 한다.[148] 이 가운데서 우리 사회의 교육이 주로 표명하고 중시하는 사람의 힘, 즉 인력은 무엇인가? 내가 보기에 기능주의와 능력주의에 입각한 일을 해내는 기능과 능력, 특히 노동력과 생산력에 치우친 인력이다. 쓸모 있고 돈이 되는 인력이다. 그런 인력을 육성하고 양성하는 일로 교육이 치부되고 있다. 만약에 인력이 사람을 있게 하고, 살게 하고, 뜻있게 하는 힘으로 폭넓게 여겨진다면 더 기르고 더 높여야 마땅할 것이다. 그러나 그것이 아니기에 인력 담론으로 인해서 우리 교육이 편향되고 왜곡되고 피폐해지고 있다조용환, 2001a. 노동력이나 생산력으로서 힘이 없는 사람, 힘이 약한 사람, 힘을 잃은 사람은 사람답지 않은 사람인가? 힘이란 게 있다가 없기도 하고, 없다가 생기기도 하는 게 아닌가? 작다가 커지기도 하고, 크다가 작아지기도 하는 게 아닌가? 인력에는 시간성이 있다. 그러므로 쓸모

---

148) 사람과 직접 관련이 없는 약과 같은 것의 효능이나 효력을 말할 때 '힘'이 쓰이기도 한다. 물리학에서 말하는 운동, 속도, 정지 등과 관련된 힘도 있다.

있고 돈이 될 때 취하다가 그렇지 않으면 버리는 인력의 문화는 병폐이다. 우리가 아는 '인력거人力車'가 있다. 사람의 힘으로 움직이는 수레이다. 여기에는 수레와 인력거꾼의 관계가 있다. 한 사람의 힘은 다른 사람, 사물, 사태와의 관계에서 작용하고 표출되는 것이다. 인력에는 관계성이 있다. 사람의 힘을 그 사람 혼자만의 고유한 것으로 보아서는 안 된다는 말이다. 여기에 개인주의적, 신자유주의적 능력주의의 허구성과 문제점이 있다Mc Namee & Miller, 2015; Sandel, 1999, 2010.

  사람은 물건이 아니다. 일상생활에서 그리고 학교 안팎에서 흔히 주고받는 말이다. 이 말을 하게 되는 상황은 여럿 있다. 먼저 사람을 물건 다루듯이 함부로 다룰 때이다. 물론 물건도 함부로 다루어서는 안 된다. 그럴진대 천상천하유아독존인 한 사람 한 사람을 쓰다 버리는 물건처럼 다루어서는 결코 안 될 일이다. 사람을 물건 헤아리듯이 수량으로 헤아릴 때도 우리는 이 말을 한다. 학생을 이름이 아닌 번호로 매겨 부르는 사태가 그렇다. 학생 한 명 한 명의 고유함과 특유함을 고려하지 않고 무더기로 분류하거나 배분하는 사태가 그렇다. 특히 사람을 자원이나 상품으로 취급할 때 우리는 이 말을 해야 한다. 우리 인간은 객체로서의 자원이 아닌, 자원을 구성하고 선택하며 의미화하는 주체이다. 우리 인간은 누구나 고귀한 작품이다. 대량으로 생산하고 소비하는, 유통하고 폐기하는 상품이 아니다. 시장적 가치로 분별없이 값을 매기어 가격으로 높이거나 낮추어서 안 되는 작품이다. 그런데도 경제학의 인간자본론을 덥석 받아들여 "교육문제"로 다루는 교육학이 난무하고 있다. 참 통탄할 노릇이다.

사람은 기계가 아니다. 이 또한 일상생활에서는 물론 학교 안팎에서도 흔히 주고받는 말이다. 학생들이 '우리는 공부하는 기계가 아니에요'라고 말할 때다. 학생들은 어떤 때에 왜 이런 말을 하는가? 기계는 어떻게 공부하는가? 시키는 대로 하고, 요구하는 대로 한다. 그래서 뜻한 대로 요구한 대로 공부하지 않고 그 성과가 나타나지 않거나 생산성이 없으면 기계는 '처분'된다. 마치 학생들이 상벌로 처분되듯이 말이다. 그런데 여기서의 뜻과 요구는 누구의 뜻이며 누구의 요구인가? 학생들 자신의 뜻과 요구는 명백히 아닐 것이다. 그리고 기계처럼 정확하게 치밀하게 일을 하지 못한다고 핍박당할 때 우리는 '기계가 아니다'라는 말을 한다. 그렇다, 사람은 기계처럼 정확할 수 없고 치밀할 수 없다. 그래서 사람이다. 우리는 지금 인공지능의 급속한 발전으로 기계학습machine learning이 인간학습human learning을 능가하는 길목에 놓여 있다. 머지않아 인간의 뜻과 요구에 따라 시키는 대로 움직이지 않는, 더 이상 도구가 아닌 주인이 된 인공지능이 등장할 것이다. 교육에 인공지능을 활용하는 단계를 지나쳐서, 인공지능이 교육을 좌지우지할 때가 닥칠 것이다. 그리 멀리 내다볼 것도 없이, 우리는 지금 코로나 바이러스의 창궐로 인해 사람과 사람이 직접 만나서 몸을 마주하고 배움과 가르침을 나눌 수 없게 된 상황에 처해 있다. 그래서 좀 더 발전한 기계의 도움으로 '뉴노멀 시대의 교육'을 열어가자 외치고 있다. 하지만 이 외침 속에서 사람과 기계의 진정한 차이가 무엇이며, 가장 바람직한 관계가 무엇인지에 대한 숙고는 충실하지 않아 보인다. 그저 소박한 기능주의, 실용주의, 능률주의가 팽배할 뿐이다. 심지어 위기를 모면하려는 성급한 임기응변과 미봉책까지 난무하고 있다. 정보혁명 시대, 또는 흔히 말하는 4차 산업혁명 시대의 기계는 자신의 몸을 인간에게 보이지 않는다. 아니, 몸이 없는지도 모른다. 그래서 사람들은 기계의 권능을 자신의 권능으로 착각한다. 자신이 기계의 노예가 되어가고 있는 줄 모르고, 자신이 기계의 훌륭한 주인인 양 착각한다. 과연 그럴까? '사람은 기계가 아니다'가 아니라, '기계는 사람이 아니다'라고 더 크게 외쳐야 할 때가 이미 와 있는데도 말이다.

교육의 사람은 '나'가 아닌 '우리'이다. 교육 자체가 항상 이미 한 사람의 개별적이거나 고립적인 일이 아니기 때문이다. 교육에는 학습과 교수의 짝, 학습자와 교수자의 만남이 전제되어 있기 때문이다. 그런데도 우리 사회의 교육은 학업 성취를 개별주의적으로 평가하고 능력주의적으로 보상하는 시스템에 너무나 익숙해져 있고 길들여져 있다. 그리하여 진정한 의미의 학습공동체, 교수공동체, 교육공동체를 찾아보기가 너무나 어렵다. 그렇다면 '나가 아닌 우리'에서 어떤 우리가 참된 우리인가?

3. 우리인가?

우리가 우리다워야 한다. 우리가 우리답지 못하면 우리의 이름들이 난무할 뿐 정작 참된 우리가 될 수 없고, 다른 우리들과 더불어 잘 살 수 없다. 그렇다면 어떤 우리가 우리다운 우리인가? 우리말에는 정말 많은 '우리'가 있다. 우리 집, 우리 동네, 우리 학교, 우리 엄마, 우리 아빠, 우리 식구, 우리 밥, 우리 강아지 등등 이루 다 헤아릴 수가 없다.[149] 심지어 '우리나라'라는 말은 아예 한 낱말로서 '우리'와 '나라'를 띄지 않고 붙여 써야 한다. 집과 동네, 학교와 나라에 너와 내가 공속하고 또 그것들을 너와 내가 공유하는 데에는 문제가 없을 수 있다. 그러나 나의 엄마와 아빠를 너와 공유하지 않으면서 어찌 우리 엄마와 아빠라 할 수 있는가? 이 물음에 대해서는 언어학자, 사회학자, 인류학자, 민속학자 등의 좋은 설명들이 틀림없이 많이 있을 것이다. 아무튼 우리 민족이 예로부터 유달리 강한 '우리 의식'을 가지고 있었던 것으로 일단 치자. 하지만 지금도 그런가? 지금 우리 사회의 교육에서도 그런가? 내가 보기에는 '그렇다'와 '아니다'가 이중적이고 양면적이다. 이를테면 '우리 학교'를 말할 때 학생들은 힘을 합쳐서 단합하고, 응원하고, 동행한다. 그러나 상급학교 진학과 노동시장 취업 경쟁에 들어서면 '우리 학교'는 의미가 퇴색하거나 사라진다. '우리' 학교가 아닌 '나'의 성패가 급선무이기 때문이다. 학교 동무들이 더 이상 '벗'이 아닌, 서로 싸워 이겨야 하는 '적'이 되기 때문이다. 물론 이런 분리와 결합의 이중성은 우리 사회에만 있는 것이 아니다. 그러나 우리 사회의 교육다운 교육을 염려하는 나에게 우리 사회의 이중성은 대단히 독특한 양상과 문제점을 가지고 있는 것으로 보인다. 이 문제를 우리 '아닌 것'들을 살펴보면서 우리다운 우리를 찾는 방식으로 살펴보고자 한다.

먼저, 우리는 내가 아니다. 지극히 당연한 말이다. 그러나 '우리'를 말하거나 '우리'로 행할 때 내가 중심이어야 하고 내가 우선이어

---

149) 아무도 우리 사회를 '내 사회'라 일컫지 않는다. 그것을 보면 우리는 무의식적으로 '사람과 사람 사이' 즉 '인간(人間)'을 전제하고 있다. 그럼에도 불구하고 우리는 말과 행동에서 너무나 자주 인간을 망각하고 헛된 '개인(個人)'의 망상에 빠진다.

야 하는 습성이 우리에게 있다는 사실을 깨달으면, 이 말이 그다지 당연한 말이 아님을 알 수 있다. 우리는 '우리'라고 말하지만 실상 '나'를 중심으로 타인을 포섭할 때만, 나를 위해 타인이 우호적일 때만 '우리'를 내세우는 부조리한 습성을 가지고 있다. 타인이 중심을 위협하거나 경쟁과 적대의 면을 보이는 순간 가차 없이 '우리'는 '나'로 회귀한다. 가족이기주의의 작은 '우리'로 무장한다. 그 경쟁과 적대를 변증법적 대화의 과정으로 풀어가는 공동체적이고 교육적인 노력은 찾아보기 힘들어진다. 그래서 '내 새끼'들 중심의 이상한 '우리주의'가 대두한다. 더 큰 세계의 '우리 자녀들 모두'는 설 자리가 없어진다. 물론 일부 대안학교나 혁신학교에서 우리는 참으로 '우리다운 우리'를 만날 때가 있다. 일반학교의 소수 부모들에게서도 예외적으로 '교육적인 우리'가 교육다운 교육에 힘쓰는 모습을 볼 때도 있다. 그러나 그것은 예외이지 상례가 아니다. 세상 어떤 일도 '나'만으로, 또는 '우리 가족'만으로 이루어지지 않는다. 세상은 본래 서로 다른, 때로 경쟁하기도 하고 적대적이기도 한 무수한 타인들과 더불어 살게 되어 있다. 세상은 크게 보면 같고, 작게 보면 다른 '대동소이大同小異'이다.

우리는 배타가 아니다. 배타는 한병철Han, 2016이 말하는 '타자의 추방'이다. 우리가 아닌 '저들'과 '그들'을 불온시하는이진경, 2011 우리는 '헐벗은 우리'이다. 타인을 동반하지 않고 공동하지 않는 우리는 '메마른 우리'이다. 공동체는 동일성을 전제하거나 지향하는 데서 생성될 수 없다. 오히려 차이성과 다양성을 전제하고 포용할 때 비로소 생성될 수 있는 것이다. 말 그대로 '화이부동和而不同'이다. 서로 다른 우리들이 섞이어 참으로 '우리다운 우리'가 되기 위해서는 색이 섞이는 방식이 아닌, 빛이 섞이는 방식으로 섞여야 한다. 조명작업을 해본 사람이라면 빛을 섞는다는 말이 무슨 말인지 알 것이다. 색색의 물감을 덧칠해 본 사람이라면 색을 섞는다는 말이 무슨 말인지 알 것이다. 색은 섞을수록 탁해지다 마침내 검게 되어 아무 색도 볼 수 없게 된다. 그와 달리 빛은 섞을수록 맑아지다 마침내 투명하여 모든 세상을 다 볼 수 있게 된다. 교육다운 교육은 '색의 교육'이 아닌 '빛의 교육'이다.[150)]

우리는 '우리 것'이 아니다. 진정한 우리는 소유를 추구하는 우리가 아닌, 존재를 지향하는 우리이다Fromm, 1976. 소유의 추구로 당장 눈앞의 이해관계에서 유리한 자리를 일시 차지할 수 있을지 모르나, 그런 '차지하는 우리'들이 모일 때 그 사회는 결국 평화를 잃고 정의를 잃어서 불행이 모두에게로 돌아가게 되어 있다. 나는 사유재산제도의 맥락에서 교육사유제도를 떠올린다. 유한한 삶을 살 수밖에 없는 인간에게 땅과 집은 자연에서 사회에서 잠시 얻어 쓰다 돌려주는 것이다. 내 자식도 그렇다. 내 몸으로 낳아 우리 가족의 대를 잇는 귀한 후세이지만, 인간에게 자식들은 자연에서 사회에서 잠시 얻어 사랑과 교육으로 함께 지내다 다시 자연과 사회에 돌려주는 것이다. 자연과 토지와 주택의 공공개념을 부정하고 수용하지 못하는 사람들에게는 자식의 공공개념이 이해되지 않을 것이다. 그러나 인간은 항상 이미 공공적인 존재이며, 그래서 교육 또한 항상 이미 공공적인 것이다. 1장에서 살펴본 왜곡된 형태의 '사교

---

150) 이 대목에서 나는 불가의 '色卽是空 空卽是色'을 떠올리게 된다. 우리 인간은 항상 이미 '색의 사바계'에 살 수밖에 없지만 부단히 '空手來空手去'를 유념해야 한다.

육'을 다시 떠올려 보자. 빗나간 사유재산과 마찬가지로 빗나간 교육사유도 '더불어 살이' 즉 공동체 삶에 문제를 야기한다. 공교육이든 사교육이든 그것이 교육다운 교육이기 위해서는 반드시 공공성이 전제되어야 한다. 그럼에도 불구하고, 내 자식의 입신양명에 도움이 되기만 한다면 제각기 혈안이 된 "교육"들이 진정한 의미의 교육다운 교육인지에는 무심한 세태가 지금의 세태가 아닌가. 내 자식의 사회경제적 성공에 유리하기만 하다면 어떤 "학교"가 본질적인 교육에 충실한 학교인지에는 무심한 세태가 지금의 세태가 아닌가. 우리다운 우리는 일종의 '무장해제disarmament'를 요청한다. 우리가 '배타와 배척의 무기'를 내려놓을 때, 저들과 그들도 그 무기를 내려놓기 시작할 것이다. 우리다운 우리는 '소유'에서 '존재'로의 해방을 지향한다. 궁극적인 해방은 소유권의 이전이나 소유의 탈바꿈이 아닌, 소유의 경쟁에서 벗어나는 진정한 나눔이며 진정한 복지이다.[151] 일리치Illich, 1981가 역설했듯이, 자본주의 시장경제가 중시하는 '화폐노동'은 돈 안 되는 '그림자 노동' 덕분에 비로소 가능한 것이다. 흔히 말하는 '가사노동'이 그 전형이다. 그러므로 우리는 '화폐의 그림자'들을 주목하고 존중해야 한다. 돈이 안 되면서도 귀한 것들에 감사해야 한다.

교육다운 교육은 나의 교육이 아닌 우리의 교육이다. '나'에게도 그렇지만, 특히 더 큰 '우리'에게는 사랑이 필요하다. 교육다운 교육의 핵심에 사랑이 있다. 사랑이 없는 배움과 가르침은 결코 교육적일

---

151) 영어로 '해방'은 'emancipation'이다. 이는 큰 집 갖기와 같은 '소유(mancipare)'의 경쟁에서 '벗어남(e-)'을 의미하는 말이다.

수 없다. 그렇다면 어떤 사랑이 참된 사랑이며 교육적인 사랑인가?

4. 사랑인가?

사랑이 사랑다워야 한다. 사랑이 사랑답지 못하면 사랑의 이름들이 난무할 뿐 정작 참된 사랑을 할 수 없고, 참된 사랑을 받을 수 없다. 사랑의 교육이 이루어질 수 없다. 우리 부모들은 자녀를 "사랑"한다고 한다. 하여 어떤 고생을 해서라도 모든 지원을 다 할 테니 너는 공부만 열심히 하라고 한다. 사랑의 이름으로 학교를 보내고, 학원을 보내고, 인강을 끊어주고, 과외를 시킨다. 그렇게 '희생'했음에도 성적이 부진하고 진학을 그르치며 취업에 실패하면 "사랑"에 배반을 당했다고 속상해한다. 이 사랑의 논리는 과연 타당한 것인가? 우리 교사들은 학생을 "사랑"한다고 한다. 그래서 사랑의 이름으로 체벌을 하고, 성적 관리를 해주며, 심지어 입학 추천서를 거짓으로 써주기도 한다. 그렇게 '헌신'했음에도 제 잘나서 성공한 줄만 아는 제자들에게 "사랑"의 배신을 당했다고 서운해한다. 이 사랑의 논리는 과연 온당한 것인가? 물론 대다수의 부모와 교사는 이 과장된 예시들처럼 자녀와 학생을 사랑하지는 않을 것이다. 이 예시들은 나의 과도한 우려와 염려에서 나온 것에 불과하다. 그럼에도 불구하고, 부정적인 '교육사건'들이 언론에 보도될 때마다 나는 바른 사랑과 바르지 못한 사랑의 문제를 곱씹어 볼 수밖에 없다.[152] 나를 포함하는 우리 부모와 자녀 사이의, 우리 교사와 학생 사이의 교육적인 사랑이 정말 어떠해야 하는지를 고심할 수밖에 없다. 이 또한 사랑다운 사랑 '아닌 것'들을 통해서 '인 것'을 추론해 보기로 한다.

무엇보다 먼저, 사랑은 익애溺愛가 아니다. 익애는 빗나간 사랑의 과도함이다. 자녀 스스로 해야 할 일까지 대신 다 해주는 부모는 그 자녀를 망친다. 자립, 자발, 자율, 자조, 자성의 기회를 박탈하기 때문이다. 학생 스스로 배우고 익혀야 할 것까지 일일이 다 가르치려 드는 교사 또한 그 학생을 망친다. 마찬가지로 자립, 자발, 자율, 자조, 자성의 기회를 박탈하기 때문이다. 부모의 익애는 자녀의 실수와 실패, 고난과 고통을 아파한다. 교사의 익애 또한 학생의 실수와 실패, 고난과 고통을 참고 기다려 주지 못한다. 교육적인 사랑의 핵심에 '믿고 기다림'이 있다고 나는 믿는다. 자녀의 사랑은 부모의 믿음과 기다림을 먹고 자란다. 학생의 사랑 또한 교사의 믿음과 기다림을 먹고 자란다. 좋은 사랑을 받은 사람이 좋은 사랑을 할 줄 안다.

사랑은 주어지는 것이 아니다. 사랑은 만들어 나가는 것이다. 사랑이 주어지기를 기대하면 실망이 많아지게 된다. 사랑은 어려운 것이다. 오죽했으면 프롬Fromm, 1956이 〈사랑의 기술〉이라는 책까지

---

152) 여기서 나는 교육에 관련된 사건들을 '교육사건'이라 칭하였다. 흔히 '사건사고'라 붙여 말하듯이, 언론에 보도되는 사건은 피해나 재해를 수반하는 사고인 경우가 많다. 1장에서도 잠시 언급했지만, 교육의 이름으로 활동하다 발생하는 비교육적인 사고를 나는 '교육사고'라 일컫는다. 의사들은 간혹 본의 아닌 실수와 부주의로 '의료사고'를 범한다. 마찬가지로 교사들은 본의 아닌 실수와 부주의로 '교육사고'를 범한다. 그런데 의료사고의 피해는 곧 드러나게 되지만, 교육사고의 피해는 금방 드러나지 않을 수 있다는 점에서 더 심각할 수 있고 따라서 더 깊은 관심을 가져야 한다고 나는 믿는다.

썼을까. 어디 그 책뿐이랴. 사랑이 어려운 것이라 전제하면 잘 시작하고 다시 잘 시작할 수 있다. 무릇 타인은 내가 어찌할 수 없는 사람이다. 내가 어찌해서도 아니 되는 사람이다. 내 자녀가 그렇고, 내 학생도 그렇다. 대부분의 실패하는 사랑은 나름대로 주체인 상대방 타인을, 자기 삶의 주인인 상대방 타인을 내 기준과 내 방식으로 어찌하려 하는 데서 초래된다. 사람의 변화는 변화 당사자에게서만 온전히 비롯될 수 있다. 그러므로 타인의 변화를 구하는 내가 할 수 있는 유일한 일은 그 사람이 자기 자신을 반성하고 성찰하여 스스로 변화할 기회를 주고 여지를 주는 것이다. 쇼리스Shorris, 2000는 〈희망의 인문학〉에서 '클레멘트 코스Clemente Course' 즉 '시카고 노숙자를 위한 인문학 프로그램'의 기적과 그 배경을 설명한다. 숱한 제도와 정책의 실패를 분석한 끝에 이 프로그램은 문학, 역사, 철학을 통해서 노숙자들이 무엇보다 먼저 자신을 돌아보고 자신의 삶을 돌아보게 한다. 세상을 되돌아보게 한다. 생계와 재활을 돕는 '주는 사랑'이 아니라, 실존과 성찰을 돕는 '하는 사랑'의 프로그램을 만든 것이다. 결과는 의외로 대성공이었다.[153] 이 프로그램은 생존 연후에 실존이 있는 것이 아니라, 실존이 생존을 회복시킬 수 있음을 입증하였다. 이처럼 사랑은 스스로 힘을 갖게 돕는 일, 즉 'empowerment' 과업이다.

사랑은 집착이 아니다. 집착은 사람을 닫히게 만든다. 우리 삶은 '바뀜'과 '바꿈'의 연속이다. 내가 원하든 원하지 않든 간에 세상의

---

153) 아무런 실제적인 직업교육을 하지 않았음에도 불구하고, 프로그램 첫해 이수자 17명 전원이 직업의 귀천을 가리지 않고 자발적으로 취업하여 삶을 되찾기 시작한 것이다. 국내에서도 성공회대학을 중심으로 여러 형태의 '노숙자를 위한 인문학' 프로그램이 운영되어 크고 작은 성공을 거두고 있다.

많은 것들이 시시각각 바뀐다. 이는 내가 어찌할 수 없는 변화이다. 그와 더불어 세상에는 내가 나서서 바꿀 수 있는 것들도 적지 않다. 이는 내가 어찌할 수 있는 변화이다. 우리는 닫힘 속에서 최선과 최적의 열림을 지혜롭게 추구해야 한다. 그런데 집착은 열림보다 닫힘으로 치닫기가 쉽다. 자녀에 대한 부모의 사랑이 자녀를 닫히게 만들어서는 안 된다. 학생에 대한 교사의 사랑이 학생을 닫히게 만들어서도 안 된다. 사랑은 함께 열어가는 것이다. 함께 더 나은 길을 찾아가는 것이다. 그래서 사랑에는 대화가 필수적이다. 우리는 흔히 사랑의 이름으로 내 자녀를 가르치고 내 학생을 이끌어 주려고 한다. 어리고 철이 없다 여겨서, 약하고 미숙하다 여겨서 그러는 것이다. 하지만, 사는 세상이 다르고 겪어내야 할 일이 다른데 어떻게 그런 판단을 섣불리 할 수 있겠는가. 내 판단이 다 옳다고 어떻게 장담할 수 있겠는가. 흔히 말하듯이, 부모와 교사가 어떻게 자기 자녀와 학생의 삶에 '책임'을 다 질 수 있겠는가.

사랑은 치우침이 아니다. 사랑은 감정이라고 한다. 그리고 감정은 치우치는 성질을 갖는다고 한다. 일리가 있다, 연애를 하게 되면 한 사람에게 치우치기 마련이고, 어떤 감정에 치우치기 마련이다. 그런데 연애가 무르익어 결혼에 이르게 되면, 즉 익숙하고 오랜 사랑이 되면 감정의 치우침이 사랑을 해칠 수 있다. 부부 사이 사랑을 넘어서 자녀, 양가의 가족, 친구와 지인, 배우자의 일 등등에 걸쳐서 감정의 균형을 잘 조절해야 하는 과제들이 생기기 때문이다. 입에 맞는 음식만 골라 먹는 편식이 건강에 해롭듯이, 감정의 치우침 혹은 편애는 큰 사랑에 해로운 것이다. 특히 교육의 사랑은 치우침을 경계해야 한다. 가정교육에서 부모는 치우침이 없는 큰 사랑을 해야 한다. 학교교육에서도 교사는 치우침이 없는 큰 사랑을 해야 한다. 절제와 균형이 있는 사랑을 해야 한다.

다른 모든 삶의 형식들이 그렇듯이 교육도 행복하게 잘 살기 위해서 하는 것이다. 정치가 우리에게 행복을 주지 않는다면, 경제가 우리에게 행복을 주지 않는다면 무슨 의미가 있겠는가? 그런데 정치와 경제가 행복에 닿는 방식은 교육이 행복에 닿는 방식과 같지 않을 것이라 짐작된다. 만약 그렇다면, 교육과 행복은 어떤 독특한 연관을 가지는가?

5. 행복인가?

행복이 행복다워야 한다. 행복이 행복답지 못하면 행복의 이름들이 난무할 뿐 정작 참된 행복이 있을 수 없고, 참된 행복을 지향할 수 없다. 그렇다면 어떤 행복이 행복다운 행복인가? 누군가 무슨 일을 하고 있을 때 우리는 묻는다. 왜 그 일을 하느냐고. 돌아오는 답은 '재미가 있어서' '돈이 되어서' '보람이 있어서' '건강에 좋아서' '세상에 유익해서' 등등 무수할 것이다. 그들이 말하는 재미, 돈, 보람, 건강, 유익 등에 다시 그 의미를 캐물을 때 궁극적으로 돌아오는 답은 대개 '행복하기 위해서'이다. '행복하게 잘 살기 위해서'이다. 이처럼 행복은 삶에, 사람에게 정말 중요한 것이다. 하지만 '행복이 무엇이길래'라고 정작 따지려고 들면 선뜻 대답하기가 어려워진다. 그래서 이 문답 역시 '아닌 것'들을 통해서 '인 것'을 살펴보는 방식을 취하고자 한다.

먼저, 행복은 불행이 아니다. 지극히 엉뚱한 답변 같지만, 최선의 답변일 수도 있다. 불행하지 않아야 행복할 수 있기 때문이다. 바로 위에서 나는 누군가 무슨 일을 하고 있을 때 왜 그 일을 하느냐고 묻는 장면을 언급하였다. 그때 돌아오는 답 가운데 '윗사람이 시켜서' '목구멍이 포도청이라' '달리 어쩔 수가 없어서' 등등이 있을 수 있다. 심지어 '죽지 못해서'라는 극단적인 답변도 있을 수 있다. 참 불행한 답변, 불행한 삶이 아닌가. 만약 우리 학생들에게 지금 삶이 행복하냐고 물으면 어떤 답변을 할까? 그 부모들에게, 그 교사들에게 같은 질문을 한다면 어떨까? 나는조용환, 1995a 일찍이 '교사와 학생, 그들은 행복한가'를 묻는 조사연구를 한 적이 있다. 여러 측면을 두루 살펴보았지만 그 결과는 부정 일색이었다. 그렇다면 과연 지금은 달라졌을까?[154] 언제부턴가 우리 사회에 '행복' 담론이 넘쳐나고 있다. 온갖 말 앞에 말 끝에 '행복'을 덧붙이고 있다. 행복도시, 행복마을, 행복도서관, 행복과학, 행복경영, 행복회사, 행복금융, 행복쇼핑, 행복페이, 행복택시, 행복주택, 행복난민 등등이 그렇다. 행복교육도 물론이다. 우리 교육부는 교육에 관련된 소식, 정보, 정책을 전하는 〈행복한 교육〉이라는 이름의 잡지를 발행하고 있다. 각종 지방자치단체가 '행복교육지원센터'를 만들고, '행복교육지구'

---

154) 내 연구만이 아니라 교육과 행복의 관계에 대한 연구, 조사, 통계는 차고 넘친다. 여기에 그 결과들을 정리할 여력과 지면은 없다. 다만 최근 미국 성인초기집단을 대상으로 한 우에노와 크라우즈(Ueno & Krause, 2018)의 종단적 통계조사에 의하면, 학력이 높아진다고 해서 자신의 직장과 직무에 대한 만족도가 결코 높아지지 않는다는 사실이 밝혀졌다. 좋은 직장을 얻기 위해서 그토록 온갖 불행을 감내했음에도 불구하고 말이다. 왜 그럴까? 앞에서 살펴본 브라운과 그 동료들(Brown et al., 2011)의 연구가 그 까닭의 일단을 제시한다. 더 높고 더 좋은 학교를 졸업해도 사회경제적으로 얻는 것이 점점 더 투자치와 기대치만큼 높아지지 않기 때문이다.

를 설치하여 운영하기도 한다. 교육방송은 〈행복한 교육세상〉이라는 프로그램을 4년에 걸쳐서 라디오와 TV로 진행하기도 했다. 여러 대학들이 '학생행복센터'를 열어서 상담을 비롯한 '행복 증진을 위한 프로그램'들을 실시하고 있다. 덴마크와 같이 '학생들이 행복한 나라'로 알려진 여러 나라의 교육을 소개하는 책자들도 쏟아지고 있다. 왜 이런 현상이 나타나는가? 혹시 우리 교육이, 우리 부모와 교사와 학생들이 너무나 불행해서가 아닐까? 내가 위에서 '인간교육'과 '인성교육'의 외침이 '인간'과 '인성'에 대한 우리 사회의 문제점을 고스란히 웅변하고 있다고 지적했듯이 말이다.

행복은 나중이 아니다. 우리 어른들이 아이들에게, 우리 부모가 자녀들에게, 우리 교사가 학생들에게 너무나 자주 하는 말이 있다. 나중 행복을 위해서 지금 불행을 참고 견디자고. 아주 틀린 말은 아니다. 그렇다고 해서 맞는 말도 아니다. 죽음에 닥친 많은 사람들이 공히 행복을 위해서 불행하게 살았던 지난 삶을 후회한다고 한다. 우리 사회의 많은 청소년들이 앞날의 행복을 위해서 오늘의 불행을 견디다 못해 극단적인 선택을 한다. 청소년 자살률 '세계 1위'라는 오명을 가진 지는 이미 오래다. 자살에까지 이르지 않더라도 수많은 청소년들이 몸과 마음의 병을 앓고 있다. 이를 어찌할 것인가? 내 자녀의 일이 아니라며 계속 방관할 것인가? 내 연구조용환, 1995a에 따르면 우리 청소년의 가장 큰 불행 요인이 학교, 시험, 진학과 관련된 것이었다. 나는 교육의 본질에 충실한 교육, 즉 '교육다운 교육'이 이 병고와 환란에서 벗어날 수 있는 유일한 길이라고 믿는다.

행복은 내 것이 아니다. 내 행복의 주체가 나임에는 틀림이 없다. 그러나 내 행복은 크고 작은 우리 속에서만 가능한 것이다. 남이 불행해야 내가 행복하다면, 그것은 온전한 행복일 수 없다. 남의 행복을 짓밟아야 내가 행복할 수 있다면 그것 또한 온전한 행복일 리 없다. 그런데 상급학교 진학과 노동시장 취업을 둘러싼 무한경쟁은 이런 '남-불행 내-행복'의 구조를 알게 모르게 전제하고 있다. 신자유주의 자본주의 체제 자체가 이 구조를 다분히 전제하고 있다. 그래서 이 '불행의 시스템'을 개선하지 않는다면, 거기서 주체들의 공동체가 벗어나지 못한다면 결코 '우리의 행복'은 있을 수 없다. 나는 두 가지 '자만' 즉 '自慢'과 '自滿'이 우리 행복의 '적'이라고 생각한다. 앞의 자만은 타인과 세계를 사랑하지 않음이요, 뒤의 자만은 자기 내부로 사랑이 치우침이다. 이 둘은 결국 '자기기만自己欺滿'의 착각에 이를 것이며, 우리 행복의 파탄을 초래할 것이다. 나만의 행복은 결코 있을 수 없다.

행복은 잡을 수 있는 것이 아니다. 우리는 '행복의 파랑새' 이야기를 잘 알고 있다. 잡으려고 하면 훨훨 멀어지는 파랑새 같은 행복의 본질 말이다. 행복은 내 밖에 있는 것이 아니라 내 안에 있다고 하는 이야기 말이다. 그런데 행복이 내 안에 있다는 말은 무슨 말인가? 혹시 불가에서 말하는 '일체유심조一切唯心造' 같은 것인가? 마음먹기에 따라서 행복과 불행이 엇갈리는 것인가? 나는 그렇다고 생각하지만, 다 그렇다고 생각하지는 않는다. 우선 헛된 걱정, 욕심, 불안, 조바심, 평가, 죄책감, 미움 등을 하나하나 내려놓으면 조금씩 더 행복해질 수 있기 때문에 그렇다고 생각한다. 하지만, 그러기 위해서 내 몸과 내 삶의 주변, 환경, 조건, 상황, 관계 등을 행복한 방향으로 시시각각 선택하고 집중해야 하는데 그것이 쉽지 않을 수 있으므로 다 그렇다고 생각하지는 않는다. 어떻게 보면 행복을 염려하거나 애써 좇지 않을 때가, 뜻과 몸이 단순하고 명쾌할 때가 가장 행복한 때인지 모른다. 나는 행복의 핵심에 여유와 힘과 책임 세 가지가 있다고 믿는다. 여유를 가져야 행복할 수 있다. 그리고 외부에 휩쓸리거나 흔들리지 않는 나를 지키는 힘이 있어야 행복할 수 있다. 또한 자유로운 존재로서 내가 선택하고 참여한 일에 대해 내가 책임을 진다는 태도가 나를 행복하게 만든다. 사랑이 주어지는 것이 아니듯이 행복도 주어지는 것이 아니다. 사랑과 행복 모두 내가 만들어가는 것이다. 그러나 나 혼자서 행복을 만들어나가기는 쉽지 않을 수 있다. 그래서 함께 행복을 만들어 가는 한 사람이라도 더 내 가까이 있어야 한다. 단연코 가족이 그렇다. 행복한 가정이 우리 사회 모든 아이를 행복하게 만드는 지름길이다. 아니, 유일한 길인지 모른다. 교육다운 교육도 그렇다, 가정에서부터 시작해야 한다.

참고 문헌

강대석(2005),《니체 평전: 죽음 앞에서 노래한 삶의 찬가, 니체의 삶과 사상》, 서울: 한얼미디어.

강선보(2018),《마르틴 부버: 만남의 교육철학》, 서울: 박영스토리.

강영안(1996),《주체는 죽었는가: 현대 철학의 포스트모던 경향》, 서울: 문예출판사.

강영안(2005),《타인의 얼굴: 레비나스의 철학》, 서울: 문학과지성사.

고미숙(2004),《아무도 기획하지 않은 자유》, 서울: 휴머니스트.

고병권(2001),《니체, 천개의 눈, 천개의 길》, 서울: 소명출판.

고병권(2003),《니체의 위험한 책, 차라투스트라는 이렇게 말했다》, 서울: 그린비.

김대식(2016),《김대식의 인간 vs 기계: 인공지능이란 무엇인가》, 서울: 동아시아.

김동인(2001),〈爲己之學 爲人之學〉,《교육사학연구》11: 53-70.

김범수(2013),〈들뢰즈, 베이컨의 외침을 감각하다: 베이컨의「자화상」과 기관 없는 신체〉. 김범수 외(2013),《철학자가 사랑한 그림》, pp.92-129, 서울: 알렙.

김성우(2013),〈예술, 미적인 자율성과 사회적 사실 사이: 달리와 아도르노〉. 김범수 외(2013),《철학자가 사랑한 그림》, pp.320-355, 서울: 알렙.

김수환(2009),《바보가 바보들에게》, 서울: 산호와 진주.

김신일(2009),《교육사회학》(개정판), 서울: 교육과학사.

김영찬(1980),《생활 문화 교육》, 서울: 교육과학사.

김영화(2020),《피에르 부르디외와 교육》, 파주: 교육과학사.

김은주(2014),〈들뢰즈와 가타리의 되기 개념과 여성주의적 의미: 새로운 신체 생산과 여성주의 정치〉,《한국여성철학》21: 95-119.

김준수(2012),〈헤겔 철학에서 모순과 변증법〉,《코기토》71: 305-342.

김중미(2016),《그날, 고양이가 내게로 왔다》, 서울: 낮은산.

김학주 편역(2013),《陶淵明》, 서울: 명문당.

김한미(2012),《도제식 교육으로 본 성악 레슨: 오페라 성악가가 되기까지》, 서울: 서울대학교출판문화원.

나태주 편(2015), 《오래 보아야 예쁘다 너도 그렇다》, 서울: RHK.

남영호(2006), 〈러시아 공장 작업장에서의 시간과 공간, 신체〉, 《비교문화연구》 12(1): 43-79.

류종렬(2013), 〈기억의 재배치가 필요한 시간: 코로의 「모르트퐁텐의 추억」과 베르그 송의 변화의 지각〉. 김범수 외(2013), 《철학자가 사랑한 그림》, pp.132-167, 서울: 알렙.

박석무(2014), 《다산 정약용 평전: 조선 후기 민족 최고의 실천적 학자》, 서울: 민음사.

박은주(2018), 〈한나 아렌트의 '행위' 개념을 통한 가르침의 의미 재탐색〉, 서울대학교 박사 학위논문.

박준상(2015), 《떨림과 열림: 몸 · 음악 · 언어에 대한 시론》, 서울: 자음과 모음.

박찬국(2007), 《들뢰즈의 니체》, 서울: 철학과 현실사.

박찬국(2013), 《니체와 불교》, 서울: 씨아이알.

박휴용(2019), 〈포스트휴먼 시대 학습자의 존재론적 이해와 학습이론 패러다임의 변화〉, 《교육방법연구》 31(1): 121-145.

서덕희(2008), 《홈스쿨링을 만나다》, 서울: 민들레.

신영복(2015), 《담론: 신영복의 마지막 강의》, 서울: 돌베개.

안소영(2005), 《책만 보는 바보: 이덕무와 그의 벗들 이야기》, 서울: 보림.

윤지혜(2018), 〈가르치는 예술가 되기: 한 사진 예술강사의 사례를 중심으로〉, 서울대학교 박사 학위논문.

이경혜(2004), 《어느 날 내가 죽었습니다》, 서울: 바람의 아이들.

이남인(2012), 현상학과 질적 연구방법. 〈현상학과 질적 연구〉 (2012년 한국교육인류학회 · 한국현상학회 공동워크숍 자료집), pp.3-24, 서울: 한국교육인류학회 · 한국현상학회.

이 상(2016), 《오감도》(보급판), 서울: 미래사.

이성복(2015a), 《불화하는 말들: 2006-2007 이성복 시론》, 서울: 문학과지성사.

이성복(2015b), 《극지의 시: 2014-2015 이성복 시론》, 서울: 문학과지성사.

이은지(2021), 〈성소수자 부모의 커밍아웃 체험과 그 실존적 의미에 관한 교육인류학적 연구〉, 서울대학교 박사 학위논문.

이진경(2002), 《노마디즘: 천의 고원을 넘나드는 유쾌한 철학적 유목》, 서울: 휴머니스트.

이진경(2004), 《자본을 넘어선 자본》, 서울: 그린비.

이진경(2008), 《이진경의 필로시네마: 탈주의 철학에 대한 10편의 영화》(개정판), 서울: 그린비.

이진경(2011), 《불온한 것들의 존재론》, 서울: 휴머니스트.

이홍우(1998), 《교육의 목적과 난점》(제6판), 서울: 교육과학사.

일 연(c.1280), 《三國遺事》. 김원중 역(2008), 《삼국유사》, 서울: 민음사.

장상호(2000), 《학문과 교육(하): 교육적 인식론이란 무엇인가》, 서울: 서울대학교출판부.

장상호(2020), 《교육학의 재건》, 파주: 교육과학사.

장회익 외(1991), 《인간이란 무엇인가》, 서울: 민음사.

조광제(2004), 《몸의 세계, 세계의 몸: 메를로-퐁티의 지각의 현상학에 대한 강해》, 서울: 이학사.

조광제(2013), 《존재의 충만, 간극의 현존: 장 폴 사르트르의 존재와 무 강해》, 서울: 그린비.

조광제(2016), 《회화의 눈, 존재의 눈: 메를로-퐁티의 눈과 정신 강해》, 서울: 이학사.

조용환(1989), 〈문화적 권위주의와 학교교육〉, 《기독교사상》 33(10): 24-35.

조용환(1991), 〈한국교육의 문화적 전제와 교육인류학〉, 《교육이론과 실천》 1(1): 123-134.

조용환(1993a), 〈'한정된 재화의 이미지'와 한국인의 교육열〉, 《한국교육학회소식》 29(3): 9-11.

조용환(1993b), 〈청소년연구의 문화인류학적 접근〉, 《한국청소년연구》 4(3): 5-17.

조용환(1994), 〈고등학교 학생문화의 종합적 이해와 비판〉, 《정신문화연구》 17(4): 117-149.

조용환(1995a), 〈학교 구성원의 삶과 문화: 교사와 학생, 그들은 행복한가?〉, 《교육학연구》 33(4): 77-91.

조용환(1995b), 〈대학교육의 의미와 기능에 관한 문화기술적 연구: 여대생들의 '홀로 서기'를 중심으로〉, 《교육학연구》 33(5): 163-191.

조용환(1996), 〈학생의 삶과 갈등〉. 고형일 외 《신교육사회학》, pp.237-255, 서울: 학지사.

조용환(1997), 《사회화와 교육: 부족사회 문화전승 과정의 교육학적 재검토》, 서울: 교육과학사.

조용환(1998), 〈대안학교의 가능성과 한계에 관한 문화기술적 사례연구〉, 《교육인류학 연구》 1(1): 113-155

조용환(1999), 《질적 연구: 방법과 사례》, 서울: 교육과학사.

조용환(2000), 〈'교실붕괴'의 교육인류학적 분석: 학교문화와 청소년문화의 갈등을 중심으로〉, 《교육인류학연구》 3(2): 43-66.

조용환(2001a), 〈문화와 교육의 갈등-상생 관계〉, 《교육인류학연구》 4(2): 1-27.

조용환(2001b), 교육적 존재론, 〈교육인류학소식〉 7(1): 1-2.

조용환(2002), 〈교육을 보는 눈〉. 조용환 외 《세상을 보는 눈 1.6》, pp.1-31, 서울: 이 슈투데이.

조용환(2004a), 〈질적 연구와 질적 교육〉, 《교육인류학연구》 7(2): 55-75.

조용환(2004b), 〈여가와 교육: '놀 듯 공부하기'를 배워라〉, 《월간 넥스트》 8월호, pp.62-66, 서울: 월간 넥스트.

조용환(2005), 기초교육의 원리와 과제, 〈한국의 대학, 기초교육 어떻게 할 것인가?〉 (2005. 4. 14-15 International Conference Proceedings), pp.195-208, 서울 대학교 기초교육원.

조용환(2006), 내 안의 전통: 전통문화와 교육의 자전적 생애사 연구, 〈전통, 교육 그리고 질적 연구〉(2006. 11. 11. 한국교육인류학회 추계학술대회 자료집), pp.21-32, 서울: 한국교육인류학회.

조용환(2007), 〈다문화교육의 의미와 과제〉. 유네스코 아시아 · 태평양국제이해교육원 편 《다문화 사회의 이해》, pp.226-261, 서울: 동녘.

조용환(2009), 《고등학생의 학업생활과 문화 연구》, 서울: 한국교육개발원.

초용환(2011), 〈다문화교육의 교육인류학적 검토와 존재론적 모색〉,《교육인류학연구》 14(3): 1-29.

조용환(2012a), 〈어떤 변화가 필요한가 & 교육의 본질에서 본 공교육 개혁의 의미〉. 조용환 외,《새로운 공교육의 이해와 실천》, pp.3-34, 서울: 한국방송통신대학교 종합교육연수원.

조용환(2012b), 〈교육인류학과 질적 연구〉,《교육인류학연구》15(2): 1-21.

조용환(2014), 〈차라투스트라는 이렇게 수업했다: 교육인류학의 눈으로〉,《교육인류학연구》17(4): 35- 74.

조용환(2015a), 〈현장연구와 실행연구〉,《교육인류학연구》18(4): 1-49.

조용환(2015b),《우회로》, 서울: 교육과학사.

조용환(2016a), 〈교육자로서의 자기성찰〉, 조용환 · 임철일 · 신종호 공저,《예비교수자를 위한 교수법 가이드》, pp.3-51, 서울: 서울대학교 교수학습개발센터.

조용환(2016b), 실존의 삶과 공부와 취업. 한국교육인류학회 편, 〈교육인류학의 창조적 확산과 질적 연구〉, pp.69-78, 서울: 한국교육인류학회.

조용환(2017), 삶과 공부와 취업: 그 의미에 대하여. 조선대학교 사범대학 부설 교과교육연구소 학술대회 자료집 〈광주 · 전남 지역 소외집단의 교육과 사회통합〉, pp.3-13, 광주: 조선대학교.

조용환(2019), 포스트휴머니즘과 신물질주의. 한국교육인류학회 추계학술대회 자료집 〈질적 연구, 포스트휴먼을 만나다〉, pp.3-53, 서울: 한국교육인류학회.

조용환(2020), 학교 문화와 질적 연구. 한국교육인류학회 추계학술대회 자료집 〈교육혁신과 질적 연구: 학교 안과 밖에서 새로운 길을 모색하다〉, pp.7-41, 서울: 한국교육인류학회.

조용환 · 윤여각 · 이혁규(2006),《문화와 교육》, 서울: 한국방송통신대학교출판부.

KBS 공부하는 인간 제작팀(2013),《공부하는 인간》, 서울: 예담.

황순원(2006),《카인의 후예》, 서울: 문학과지성사.

內田樹(우치다 다쓰루 2007)/박순분 역(2007),《하류지향: 공부하지 않아도, 일하지 않아도 자신만만한 신인류 출현》, 서울: 열음사.

福田誠治(후쿠다세이지 2006), 〈競爭やめたう學力世界一〉, 東京: 朝日新聞社. 나성

은 · 공영태 역(2008), 《경쟁에서 벗어나 세계 최고의 학력으로: 핀란드 교육의 성공》, 서울: 북스힐.

柴野昌山 編(시바노 쇼오잔 1985), 〈教育社會學を學ふ"人のために〉, 東京: 世界思想社. 조용환 · 황순희 역(1992), 《교육사회학: 해석적 접근》, 서울: 형설출판사.

王蒙(왕멍 2003), 〈我的人生哲學〉. 임국웅 역(2004), 《나는 학생이다》, 서울: 들녘.

Aho, E., Pitkanen, K., & Sahlberg, P.(2009), *Policy Development and Reform Principles of Basic and Secondary Education in Finland since 1968*. 김선희 역(2010), 《에르끼 아호의 핀란드 교육개혁 보고서》, 서울: 한울림.

Arendt, H.(1958), *The Human Condition*, Chicago: The University of Chicago Press. 이진우 · 태정호 역(1996), 《인간의 조건》, 서울: 한길사.

Auerbach, E.(2001), *Mimesis: Dargestellte Wirklichkeit in der abendländischen Literatur*, Berlin: Narr Francke Attempto Verlag GmbH + Co. KG. 김우창 · 유종호 역(2012)(제2판), 《미메시스》, 서울: 민음사.

Barad, K.(1999), 〈Agential Realism: Feminist Interventions in Understanding Scientific Practices〉. 박미선 역(2009), 〈행위적 실재론: 과학실천 이해에 대한 여성주의적 개입〉, 《문화과학》 57: 61-82.

Barad, K.(2003), Posthumanist Performativity: Toward an Understanding of How Matter Comes to Matter, *Signs: journal Women in Culture and Society* 28(3): 801-831.

Barad, K.(2007), *Meeting the Universe Halfway: Quantum Physics and the Entanglement of Matter and Meaning*, Durham, NC: Duke University Press.

Bergson, H.(1975), *La Pensée et le Mouvant*, Paris: Presses Universitaires de France. 이광래 역(2012), 《사유와 운동》, 서울: 문예출판사.

Blanchard, K., Lacinak, T., Tompkins, C. & Ballard, J.(2002), *Whale Done!*, New York: The Free Press. 조천제 역(2006)(개정판), 《칭찬은 고래도 춤추게 한다》, 서울: 21세기북스.

Blumer, H.(1969), *Symbolic Interactionism: Perspective and Method*,

Englewood Cliffs, NJ: Prentice-Hall.

Bourdieu, P.(1977), Cultural Reproduction and Social Reproduction. In J. Karabel & A. H. Halsey(Eds.), *Power and Ideology in Education*, pp.487-511, London: Oxford University Press.

Brown, P., Lauder, H. & Ashton, D.(2011), *The Global Auction: The Broken Promise of Education, Jobs and Incomes*, London: Oxford University Press. 이혜진 · 정유진 역(2013), 《더 많이 공부하면 더 많이 벌게 될까》, 서울: 개마고원.

Buber, M.(1923). *Ich und Du*, Heidelberg: Verlag Lambert Schneider. 표재명 역(1995), 《나와 너》(개정판), 서울: 문예출판사.

Buber, M.(1947), *Das Problem des Menschen*. 윤석빈 역(2007), 《인간의 문제》, 서울: 길.

Buber, M.(1970), *I and Thou*(translated by Walter Kaufmann), New York: Charles Scribner's Sons.

Camus, A.(1942). *Le Mythe de Sisyphe*, Paris: Galimard. 김화영 역(1998)(개정판)/(2016)(수정증보판), 《시지프 신화》, 서울: 민음사.

Chawla, N.(1992), *Faith and Compassion*. 이순영 역(2003), 《마더 데레사: 순결한 열정, 가난한 영혼》, 서울: 생각의 나무.

de Certeau, M.(1984), *The Practice of Everyday Life* (Trans. by S. Rendall), Berkeley, CA: University of California Press.

de Saussure, F.(1915/1966), *Course in General Linguistics*, New York: McGraw-Hill.

Deleuze, G.(1964), *Proust et lest Signes*, Paris: Presses Universitaires de France. 서동욱 · 이충민 역(2004), 《프루스트와 기호들》, 서울: 민음사.

Deleuze, G.(1968), *Différence et Répétition*, Paris: Presses Universitaires de France. 김상환 역(2004), 《차이와 반복》, 서울: 한길사.

Deleuze, G.(1969), *Logique du Sens*, Paris: Les Editions de Minuit. 이정우 역(1999), 《의미의 논리》, 서울: 한길사.

Deleuze, G.(1988), *Le Pli, Leibniz et le baroque*, Paris: Les Editions de Minuit. 이찬웅 역(2004), 《주름, 라이프니츠와 바로크》, 서울: 문학과지성사.

Deleuze, G. & Guattari, F.(1980), *Mille Plateaux: Capiralisme et Schizophrénie II*, Paris: Les Editions de Minuit. 김재인 역(2001), 《천개의 고원: 자본주의와 분열증 2》, 서울: 새물결.

Derrida, J.(1967), *L'Ecriture et la Différence*, Paris: Editions du Seuil. 남수인 역(2001), 《글쓰기와 차이》, 서울: 동문선.

Derrida, J. 김보현 편역(1996), 《해체: 자크 데리다》, 서울: 문예출판사.

Derrida, J.(1997), *De L'hospitalite*, Paris: Clamann-Levy. 남수인 역(2004), 《환대에 대하여》, 서울: 동문선.

Dewey, J.(1916), *Democracy and Education*, New York: Macmillan. 이홍우 역(1987), 《민주주의와 교육》, 서울: 교육과학사.

Dewey, J.(1938), *Logic: The Theory of Inquiry*, New York: Henry Holt.

Dufourmantelle, A.(1997), 초대. In J. Derrida, *De L'hospitalite*, Paris: Clamann-Levy. 남수인 역(2004), 《환대에 대하여》, pp.7-54, 서울: 동문선.

Dürkheim, E.(1893), *De la Division du Travail Social*. 민문홍 역(2012), 《사회분업론》, 서울: 아카넷.

Eliade, M.(1957), *Das Heilige und das Profane*, Hamburg: Rowohlt Taschenbuch Verlag GmbH. 이은봉 역(1998), 《성과 속》, 서울: 한길사.

Foster, G. M.(1979), Fieldwork in Tzintzuntzan: The First Thirty Years. In G. M. Foster et al.(Eds.), *Long-Term Field Research in Social Anthropology*, pp.165-184, New York: Academic Press.

Foucault, M.(1995), *Discipline and Punish: The Birth of the Prison*, New York: Vintage Books.

Foulquié, P.(1976), *La Dialectique*,(8th Ed.), Paris: Presses Universitaires de France. 심세광 역(1983), 《변증법의 이해》, 서울: 한마당.

Frankl, V. E.(1983), *Man's Search for Meaning: An Introduction to Logotherapy*. 이시형 역(2005), 《죽음의 수용소에서: 죽음조차 희망으로 승화

시킨 인간 존엄성의 승리》, 파주: 청아출판사.

Freire, P.(1970), *Pedagogy of the Oppressed*, New York: Seabury Press.

Freire, P.(1973), *Education for Critical Consciousness*, New York: A Continuum Book.

Friedan, B.(1963), *The Feminine Mystique*, New York: W. W. Norton & Co. 김현우 역(2005),《여성의 신비》, 서울: 이매진.

Fromm, E.(1941), *Escape from Freedom*. 김석희 역(2012),《자유로부터의 도피》, 서울: 휴머니스트.

Fromm, E.(1956), *The Art of Loving*. 황문수 역(2019),《사랑의 기술》, 서울: 문예출판사.

Fromm, E.(1976), *To Have or To Be*, New York: Harper Collins Publishers. 차경아 역(1996),《소유냐 존재냐》, 서울: 까치.

Fromm, E.(2000, ed. by Rainer Funk), *Authentisch Leben*, New York: Internationale Erich Fromm Gesellschaft e.V. 장혜경 역(2016),《나는 왜 무기력을 되풀이하는가》, 서울: 나무생각.

Gadamer, H-G.(1960/1990), *Wahrheit und Methode: Grundzüge einer Philosophischen Hermeneutik* (6th Ed.), Tübingen: J.C.B. Mohr Verlag. 이길우 · 이선관 · 임호일 · 한동원 역(2012),《진리와 방법: 철학적 해석학의 기본 특징들》(제1부), 서울: 문학동네.

Gadamer, H-G.(1960/1990), *Wahrheit und Methode: Grundzüge einer Philosophischen Hermeneutik* (6th Ed.), Tübingen: J.C.B. Mohr Verlag. 임홍배 역(2012),《진리와 방법: 철학적 해석학의 기본 특징들》(제2부 · 제3부), 서울: 문학동네.

Gadamer, H-G.(1976), *Philosophical Hermeneutics*, Berkeley, CA: University of California Press.

Gatto, J. T.(1992), *Dumbing Us Down*. 김기협 역(2005),《바보 만들기》, 서울: 민들레.

Gramsci, A.(1971), *Prison Notebooks* (Edited & translated by Q. Hoare & G.

Smith), New York: International Publishers.

Habermas, J.(1981), *Theorie des Kommunikativen Hadelns*. 장춘익 역(2006), 《의사소통행위이론 1 · 2》, 서울: 나남.

Hamilton, C.(2017), *Defiant Earth: The Fate of Humans in the Anthropocene*, Cambridge, MA: Polity Press. 정서진 역(2018), 《인류세: 거대한 전환 앞에 선 인간과 지구 시스템》, 서울: 이상북스.

Hamilton, C. & Grinevald, J.(2015), Was the Anthropocene Anticipated?, *The Anthropocene Review* 2(1): 59-72.

Han, B-C.(2009), *Duft der Zeit*, Berlin: Bilefeld Verlag. 김태환 역(2013), 《시간의 향기: 머무름의 기술》, 서울: 문학과지성사.

Han, B-C.(2010), *Müdigkeitsgesellschaft*, Berlin: Matthes & Seitz Berlin Verlagsgesells- schaft mbH. 김태환 역(2012), 《피로사회》, 서울: 문학과지성사.

Han, B-C.(2016), *Die Austreibung des Anderen*, Frankfurt am Main: Fischer Verlag GmbH. 이재영 역(2017), 《타자의 추방》, 서울: 문학과지성사.

Hanson, F.(1975), *Meaning in Culture*, London: RKP.

Heidegger, M.(1927/1979), *Sein Und Zeit* (15th ed.), Tübingen: Max Niemeyer Verlag. 이기상 역(1998), 《존재와 시간》, 서울: 까치.

Henry, J.(1972), *On Education*, New York: Vintage Books.

Hiroko, H.(?) 최정순 역(1989), ≪어린이의 문화인류학≫, 서울: 삼동자.

Husserl, E.(1936), *Die Krisis der Europaischen Wissenschaften und die Transzendentale Phanomenologie*. 이종훈 역(1997), 《유럽 학문의 위기와 선험적 현상학》, 서울: 한길사.

Husserl, E.(1950), *Die Idee der Phänomenologie* (Ed. by W. Biemel). 이영호 역(1988), 《현상학의 이념》, 서울: 서광사.

Husserl, E.(1966), *Zur Phänomenologie des inneren Aeitbewußtseins* 1893-1917. 이종훈 역(2008), 《시간의식》, 서울: 한길사.

Illich, I.(1971), *Deschooling Society*, New York: Harper & Row.

Illich, I.(1981), *Shadow Work*, London: Marion Boyars.. 노승역 역(2015),《그림자 노동》, 서울: 사월의 책.

Jo, Y-H.(1989), *Understanding the Boundaries of Make-Believe: An Ethnographic Case Study of Pretend Play among Korean Children in a U.S. Community*, Unpublished Doctoral Dissertation, Urbana-Champaign: University of Illinois.

Kafka, F.(1916), *Die Verwandlung & Ein Landarzt*. 이덕형 역(2004),《변신 · 시골의사》(제3판), 서울: 문예출판사.

Khan, S.(2012), *The One World Schoolhouse*. 김희경 · 김현경 역(2013),《나는 공짜로 공부한다》, 서울: RHK.

Kierkegaard, S. A.(1848), *Sygdommen til Døden*. 임규정 역(2007),《죽음에 이르는 병》, 서울: 한길사.

Kincheloe, J. L., McLaren, P. L. and Steinberg, R.(2011), Critical Pedagogy and Qualitative Research: Moving to the Bricolage. In N. Denzin & Y. Lincoln (Eds.), *The Sage Handbook of Qualitative Research* (4th Ed.), pp.163-177, London: Sage.

Levinas, E.(1979), *Le Temps et L'autre*, Paris: Fata Morgana. 강영안 역(1996),《시간과 타자》, 서울: 문예출판사.

Levinas, E.(1985), *Ethics and Infinity, Pittsburgh*, PA: Duquesne University Press.

Levi-Strauss, C.(1962), *La Pensée Sauvage*, Paris: Librairie Plon. 안정남 역(1996),《야생의 사고》, 서울: 한길사.

Maharishi, S. R.(1985), *Be As You Are: The Teaching of sri Ramana Maharishi*, New York: Penguin Books. 정창영 역(2009),《있는 그대로: 침묵의 큰 스승, 마하리쉬의 가르침》(제3판), 서울: 한문화.

Marx, K.(1862), *Das Kapital: Kritik der politischen Oconomie*. 김수행 역(2015),《자본론》, 서울: 비봉출판사.

Mauss, M.(1925/1967), *The Gift: Forms and Functions of Exchange in Archaic*

Societies, New York: W. W. Norton & Co.

Mc Namee, S. J. & Miller, Jr., R. K.(2015), *The Meritocracy Myth*(3rd Ed.), Maryland, VA: Rowman & Littlefield. 김현정 역(2015),《능력주의는 허구다: 21세기에 능력주의는 어떻게 오작동 되고 있는가》, 서울: 사이.

McNeil, L.(1983), Defensive Teaching and Classroom Control. In M. Apple & L. Weis(Eds.), *Ideology and Practice in Schooling*, Philadelphia, PA: Temple University Press. 이인효 외 역(1991),《교육과 사회》, 서울: 교육과학사.

Mead, G. H. & Morris, C. W.(1935), Mind, Self, and Society from the Standpoint of a Social Behaviorist, *Philosophy* 10(40): 493-495.

Mehan, H.(1979), *Learning Lessons: Social Organization in the Classroom*, Cambridge, MA: Harvard University Press.

Merleau-Ponty, M.(1945), *Phenomenologie de la Perception*, Paris: Editions Gallimard. 류의근 역(2002),《지각의 현상학》, 서울: 문학과 지성사.

Merleau-Ponty, M.(1964), *Le Visible et l'invisible*, Paris: Editions Gallimard. 남수인 · 최의영 역(2004),《보이는 것과 보이지 않는 것》, 서울: 동문선.

Neill, A. S.(1967), *Summerhill*. 강성위 역(2003),《섬머힐》, 서울: 배영사.

Niebuhr, R.(1932), *Moral Man and Immoral Society*. 이한우 역(2017),《도덕적 인간과 비도덕적 사회》(증보판), 서울: 문예출판사.

Nietzsche, F. W.(1872), *Die Geburt der Tragödie & Unzeitgemäße Betrachtungen*. 이진우 역(2005),《비극의 탄생, 반시대적 고찰》, 서울: 책세상.

Nietzsche, F. W.(1878), *Menschliches, Allzumenschliches*. 김미기 역(2001),《인간적인 너무나 인간적인 I》, 서울: 책세상.

Nietzsche, F. W.(1885), *Also Sprach Zarathustra*. 정동호 역(2007),《차라투스트라는 이렇게 말했다》(개정2판), 서울: 책세상.

Nietzsche, F. W.(1888a), *Ecce Homo*. 김태현 역(1987),《이 사람을 보라》, 서울: 청하.

Nietzsche, F. W.(1888b), *Dionysos Dithyramben*. 이상일 역(1994),《디오니소스

찬가》(제2판), 서울: 민음사.

Nyberg, D. and Egan, K.(1981), *The Erosion of Education: Socialization and the Schools*, New York: Teachers College Press. 고려대학교 교육사철학 연구회 역(1996), 《교육의 잠식: 사회화와 학교》, 서울: 양서원.

Ogden, C. K. & Richards, I. A.(1923), *The Meaning of Meaning: A Study of the Influence of Language upon Thought and of the Science of Symbolism*, London: HBJ Book.

Popper, K.(1957), *The Poverty of Historicism*. 이한구 · 정연교 · 이창환 역(2016), 《역사법칙주의의 빈곤》, 서울: 철학과현실사.

Putnam, H.(2002), *The Collapse of the Fact-Value Dichotomy and Other Essays*, Cambridge, MA: Harvard University Press. 노양진 역(2010), 《사실과 가치의 이분법을 넘어서》, 서울: 서광사.

Rancière, J.(1987), *Le Maitre Ignorant: Cinq Leçons sur l'Émencipation Intellectuelle*. 양창렬 역(2008), 《무지한 스승》, 서울: 궁리.

Reimer, E.(1971), *School Is Dead: An Essay on Alternatives in Education*, New York: Doubleday & Co. 김석원 역(1981), 《인간 없는 학교》, 서울: 한마당.

Safranski, R.(2000), *Friedrich Nietzsche: Biographie Seines Denkens*, München: Carl Hanser Verlag. 오윤희 · 육혜원 역(2018), 《니체: 그의 사상의 전기》, 서울: 꿈결.

Sandel, M.(1999), *Justice: What's the Right Thing to Do?*. 이창신 역(2009), 《정의란 무엇인가?》, 서울: 김영사.

Sandel, M.(2010), *Why Morality*, Cambridge, MA: Harvard University Press. 안진환 · 이수경 역(2010), 《왜 도덕인가?》, 서울: 한국경제신문.

Sartre, J-P.(1938), *La Nausée*. 방곤 역(1999), 《구토》, 서울: 문예출판사.

Sartre, J-P.(1943), *L'être et le Néant*, Paris: Gallimard. 손우성 역(1977), 《존재와 무》(제5판), 서울: 삼성출판사. 정소성 역(2009), 《존재와 무》(제2판), 서울: 동서문화사.

Sartre, J-P.(1946), *L'existentialisme est un Humanisme*, Paris: Nagel. 방곤 역

(1975년 초판 문고본), 《실존주의는 휴머니즘이다》. 방곤 역(2017년 제3판 정본), 《실존주의는 휴머니즘이다》, 서울: 문예출판사.

Scheler, M.(1928), *Die Stellung des Menschen im Kosmos*, Darmstadt, Germany: O. Reichl. 진교훈 역(2001), 《우주에서 인간의 지위》, 서울: 아카넷.

Scheurmann, E.(1920/1999), *Der Papalagi*, Zurich, Switzerland: Oesch Verlag. 유혜자 역(2003), 《빠빠라기》(제2판), 서울: 동서고금.

Schopenhauer, A.(1859), *Die Welt als Wille und Vorstellung*(3rd Ed.). 홍성광 역(2018), 《의지와 표상으로서의 세계》(개정증보판), 서울: 을유문화사.

Schutz, A.(1967), *The Phenomenology of the Social World*, Chicago: Northwestern University Press.

Schwanitz, D.(1999). *Bildung: Alles, Was Man Wissen Muss*. 인성기 외 역(2001). 《교양: 사람이 알아야 할 모든 것》. 서울: 들녘.

Scribner, S. & Cole, M.(1981). *The Psychology of Literacy*. Cambridge, MA: Harvard University Press.

Sertillanges, A. G.(1920/1934), *La Vie Intellectuelle*(2nd Ed.). 이재만 역(2013), 《공부하는 삶: 배우고 익히는 사람에게 필요한 모든 지식》, 서울: 유유.

Shorris, E.(2000), *Riches for the Poor: The Clemente Course in the Humanities*, New York: W.W.Norton & Co. 고병헌 · 이병곤 · 임정아 역(2006), 《희망의 인문학: 클레멘트 코스 기적을 만들다》, 서울: 이매진.

Spranger, E.(1966), *Lebensformen: Geiteswissenschafgliche Psychologie und Erthikder Personlichkeit*, Tubingen: Max Niemeyer Verlag. 이상오 역(2009), 《삶의 형식들》, 서울: 지만지.

Steiner, R.(1904), *Theosophie*. 최혜경 역(2020), 《신지학: 초감각적 세계 인식과 인간 규정성에 관하여》, 서울: 푸른씨앗.

Sünkel, W.(1996), *Phanomenologie des Unterrichts*, Munchen: Juventa Verlag. 권민철 역(2005), 《수업현상학》, 서울: 학지사.

Thomas, W. I.(1923), *The Unadjusted Girl*, Boston, MA: Little, Brown.

Turner, V.(1969), *The Ritual Process: Structure and Anti-Structure*, Ithaca:

Cornell University Press.

Ueno, K. & Krause, A.(2018), Overeducation, Perceived Career Process, and Work Satisfaction in Young Adulthood, *Research in Social Stratification and Mobility* 2018.

van Gennep, A.(1960), *The Rites of Passage*, Chicago: The University of Chicago Press. 전경수 역(1992), 《통과의례: 태어나면서 죽은 후까지》, 서울: 을유문화사.

van Manen, M.(1990), *Researching Lived Experience: Human Science for an Action Sensitive Pedagogy*, Canada: The University of Western Ontario Press. 신경림·안규남 역(1994), 《체험연구: 해석학적 현상학의 인간과학 연구방법론》, 서울: 동녘.

van Manen, M.(2014), *Phenomenology of Practice: Meaning-Giving Methods in Phenomenological Research and Writing*, Walnut Creek, CA: Left Coast Press.

Vygotsky, L.(1986), *Thought and Language*(ed. by A. Kozulin), Cambridge, MA: The MIT Press. 윤초희 역(2011), 《사고와 언어》, 서울: 교육과학사.

Weber, M.(1949), *The Methodology of the Social Sciences*, New York: The Free Press.

West, T.(2009), *In the Mind's Eye: Creative Visual Thinkers, Gifted Dyslexics, and the Rise of Visual Technologies*(2nd Ed.), New York: Prometheus Books. 김성훈 역(2011), 《글자로만 생각하는 사람, 이미지로 창조하는 사람》, 서울: 지식갤러리.

Whitehead, A. N.(1929), *Process and Reality*, New York: Free Press.

Willis, P.(1978), *Profane Culture*, London: RKP.

Willis, P.(1981a), Cultural Production is Different from Cultural Reproduction is Different from Social Reproduction is Different from Reproduction, *Interchange 12: 2-3*, pp. 48-67.

Willis,P.(1981b), *Learning to Labor: How Working Class Kids Get Working*

Class Jobs, New York: Columbia University Press. 김찬호 · 김영훈 역 (1989), 《교육현장과 계급재생산: 노동자 자녀들이 노동자가 되기까지》, 서울: 민맥.

Wolcott, H. F.(1982), The Anthropology of Learning, *Anthropology and Education Quarterly*, 13(2): 83-108.

교육다운
교육

어떤 교육이 교육다운 교육인가?

초판 1쇄 발행   2021. 4. 23.
　　2쇄 발행   2022. 5. 20.

지은이 조용환
펴낸이 김병호
펴낸곳 주식회사 바른북스

편집진행 한가연
디자인 양헌경

등록 2019년 4월 3일 제2019-000040호
주소 서울시 성동구 연무장5길 9-16, 301호 (성수동2가, 블루스톤타워)
대표전화 070-7857-9719 | **경영지원** 02-3409-9719 | **팩스** 070-7610-9820

•바른북스는 여러분의 다양한 아이디어와 원고 투고를 설레는 마음으로 기다리고 있습니다.

이메일 barunbooks21@naver.com | **원고투고** barunbooks21@naver.com
홈페이지 www.barunbooks.com | **공식 블로그** blog.naver.com/barunbooks7
공식 포스트 post.naver.com/barunbooks7 | **페이스북** facebook.com/barunbooks7

ⓒ 조용환, 2022
ISBN 979-11-6545-373-2 93370